JN157414

ファシズム批判

河合榮治郎著

1934

序

私は今まで大學に就ての外は、時事問題に就て筆を執つたことはなかつた。所が一昨年から昨年にかけて歐羅巴に滯在してゐて、變り往く諸國を眺めながら、祖國を顧みて幾多の感慨に打たれざるをえなかつた。昨年三月末歸朝してから、差當り歐洲の見聞記を纏めてゐる際に、私には珍らしく病魔に犯され、二箇月病床に閉ぢ籠められてゐる間に、日本の將來に就て色々のことを考へさせられた。私自身が過去數年間反動の汚名を負ひながら反對して來たマルキシズムが、思想界から凋落しかけたことは、私にとつて會心のことでないではなかつた。然し日本がファッショ的に轉回しつゝあることは、更により悲しむべきことだと思はれた。そこで私の純學問的の研究に多少の犧牲を賭しても、日本の問題に就て忌憚なき意見を公にすることは、社會思想家としての私の義務とさへ考へられ、約一箇年を期して次々に時事論文を公にし、それが纏められて本書を爲すほどの分量に及んだ。一年前と今日とを比較すると、日本のファッシズムにも相當の變化が觀取される。昨年の秋まだ病床を離れなかつた當時の自分の心境を顧みて、多少の感慨なきをえない。

本書に收められた論文は、主として思想を批判した論文であつて、日本の諸問題に對する私の具體的方策を述べたものではない。之は現今の日本にとつて最も重要なことは、積極的な具體的綱領を提供することではなくて、問題の觀點を整理することにあると思つたからである。此の意味に於て本書は私の從來の思想を日本の當面の諸問題に適用したに過ぎないとも云へる。私の思想は今から約十年前留學から歸朝した當時と殆ど變化してゐない。本書は私の思想を唯他の思想との對照の形に於て現はしたに止まつて、私の思想そのものを積極的に叙述はしてゐないが、之に就ては昭和三年「社會經濟體系」に寄稿した「自由主義」、更に私の「社會政策原理」「トーマス・ヒル・グリーンの思想體系」を參照せられんことを希望する。

本書は最近一箇年の論文だけを收める積りであつたが、言論自由主義に關する論文を加へたかつたので、大正十五年に書いた「ミルの自由論」に就ての論文を入れ、更に國家社會主義に就ての二論文は、他の論文と聯關もあるので序に加へることとした。後者は一度蠟山政道教授との共著「學生思想問題」中に收められたのだが、岩波書店主の好意により再び本書に加へることが出來た。本書中の諸論文は雜誌に發表された際、問題の性質上餘りに多くの伏字を用ひることを餘儀なくされた。今度之を整理するに際しても、殆ど現形の儘にしたから、意味の把握しえない箇所も尠くないと思ふ。然し私自身は原稿執筆に當つて一箇の伏字を使用したこともなかつた。唯刊行當事者の便宜を思つてその希望に任せたに過ぎないのである。

私は今までの生涯に於て、常に他人の批評に頓着することなしに、自己の路を歩んで來た。曾てマルキシズムと對立してゐた時、最近又ファッシズムと對立してゐる時、その態度に就て終始變る所なかつた。今本書を纏めて一つの段落が着いた時、又更に人生行路の指針を思ふ。「各々の路を歩め、而して人の語るに任せよ」と云ふ古人の言は、今の私が泌々と味ふ有難い言である。

昭和九年十二月十一日

著者

目次

一 非常時の實相とその克服

(一) 國際的不安

此の一、二年「非常時」と云ふ言葉は、日本の社會の流行語となつてゐる。何が「非常時」によつて意味されるか、その內容の重點が何處に在るかは、必ずしも始めから一定したのでなくて相當の變遷があつたやうである。然し最近に於て此の言葉は、一九三五年に行はれる軍縮會議と、その會議より豫想せられる結果とを意味するかの如くに見受けられる。之が日本國民にとつて非常時であることに就ては、何人も異議を挿むものはあるまい。今から二年の後に開かるべき軍縮會議をして、非常時たらしめざる外交工作を行ふ餘地のあることは、傳へられる廣田外相の意見の通りである。勿論その外交工作も從來の傳統的外交の手段を離れた、果斷に富んだ方法と徑路とを踏まねばならないであらう。之に就て筆者も亦多少の意見がないではないが、それは別論に譲るとして、たとへ適當の外交工作が行はれたとしても、來らんとする軍縮會議の非常時性が全部的に解消するとは考へられない。こゝに於て依然として吾々は、當面の非常時に就て愼重の考慮を費す必要がある。

單に海軍軍縮會議と云ふことだけならば、會議は必ずしも今日の如く非常時の緊張を伴ふまい。それは第一回のワシントン會議第二回のロンドン會議に對して、國民が今日と同樣に非常時の語を以て迎へなかつたことを見ても明かである。然るに第三回の軍縮會議を迎へるに異常の緊張を以てするは、何故であらうか。凡そいかなる國も常時一定の對外政策を持つ、そして海軍力は此の對外政策を考慮に置いて決定されるのである。然し一般の場合には此の對外政策は抽象的な從つて未だ具體的の內容を明白にせざることが多い。日本が前二回の軍縮會議に於て比較的冷靜に處理しえた所以は、當時の日本はたとへ一定の對外政策を抱いてゐたとしても、それがまだ眼前の具體的の形態を帶びてゐなかつたからである。然るに來らんとする軍縮會議に於ては、日本は最も具體的な成案を意中に抱いて、海軍力の比率を決定しようとしてゐる。即ち滿洲國の獨立と南洋委任統治領の保持とは、讓步すべからざる最少限度の國策として、之を防衛しうるか否かを基準として海軍力の比率を決定せんとするのである。一部の人は此の二個の問題を最後まで讓歩すべからざる限界線とすることに、異論を唱へるかも知れない。然し日本國民の絶對多數は此の成案を支持するだらう。そのことを與へられた前提として考へるならば、次の軍縮會議は單なる海軍力比率決定の會議ではなくて、日本にとりては生々しき現實の政策を貫徹するか拋棄するかと云ふ決定の會議となる譯である。英米二國が會議に於て同様の態度を以て問題を處理するかどうかは確言の限りではないが、少くとも日本にとつて會議は軍縮の會議ではなくて、外交の會議である。之が來らんとする軍縮會議が非常時性を帶びる第一の理由ではないか。

若し會議が少くとも表面は單なる海軍力の比率決定の會議だけとして、日本の政策に觸れずして終はつたとしても、日本の要求する海軍力がえられなかつた場合には、包むに海軍力を以てするが中に藏するに一定の國策を以てする日本は、關係列國が日本の所要海軍力を否決したことを以て、日本の國策に對する明白なる否定敵意を端的に表白したものと解して、軍縮會議より歸るだらう。況んや豫想されることは、第一回のワシントン會議の如くに、關係列國は露胥に滿洲國の獨立と南洋諸島とを論議の俎上に載せると云ふことである。そこに現出される批判と應酬とは、日本國民を緊張と興奮とに驅るだらう。而もジュネーブの聯盟總會に於けると違つて、海軍力決定を目的とする會議であり、日本の海軍力が動もすれば劣勢に陷らんとする時であるだけに、不安と焦燥とが加はらないとは云へない。かゝる事態を背景として會議決裂した時は、暗澹たる妖雲は關係諸國を掩ひ盡すに違ひない。此の豫感が此の軍縮會議に非常時性を與へる第二の理由だらう。

然し以上は軍縮會議の最惡の場合であるが、その最惡の場合が必ずしも當然に國交の最惡の場合とはなるまい。差し當りは激烈なる軍備擴張の競爭が現出し、戰爭にまでは相當の時間と過程とが挿まれるだらう。然し相對立する數國家が、猜疑と不安と反感と敵意とに驅られることは、正に國交破裂を來すべき好個の醱酵條件である。微細なる一事件の之に加はるならば、枯草に點火した如くにやがて燎原の勢となる。墺國皇儲に投じたサラエボの一彈を迎へた、一九一四年夏に於ける歐洲の狀勢は恰もそれであつた。若し日本を中心とする極東の戰爭が假定されるならば、その戰亂の廣範圍なること、引續き諸國の渦中に捲き込まれる可能性の多いこと、その期間の長期に亙る危険性のあること、決定的の勝敗の困難なることに於て、我が國は歴史上空前の難關に逢着し、その慘害の著しき吾人をして竦然たらしめるものがある。而も假すに異常の努力を以てせざる限り、大勢は日本を驅りて此の危險なる深淵に刻々として近づけつつあるのである。

だが身を一九三三年に置いて、數年の前途を展望する時に、一九三五年の軍縮會議の決裂、それより生ずる戰爭、と云ふ一聯の事件が人間の努力を許さざる宿命的の運命とは考へられない。一九三五年の會議以前に又會議の進行中に於て、最惡の結果の發生を阻止する途がないではない。恐らくそれは明治以來いかなる外交家が爲したるよりもより以上の手腕を必要とするだらう、若し日本の外交官にその人あるならば、此の數年こそ彼が國家に奉仕すべき非常の舞臺でなければならない。然し外交官の工作を支持する國民の輿論がないならば、彼も亦手腕を揮ふに由ないだらう。今こそ國民は、目下辿りつゝある道程が日本にとつて危險なる歸結に導くと云ふ認識と、その危險がいかほどのものであるかと云ふ實感とを以て、祖國を驅りつゝある運命に對して決然たる判斷を持たねばならない。殊に此の場合に注意を逸してならないことは、かゝる道程を辿りつゝある日本の內部の狀勢を認識することである。非常時日本の問題は、實に一九三五年の軍縮會議にのみあるのではない。吾々の身邊は次に述べる數多の難問を控へてゐるのである。

(二) 社會的不安

今日多數の人は非常時の狀勢を以て、單に一九三五年の軍縮會議を考へるかも知れない。だが現下の日本に於て非常の狀勢卽ち通常に非ざる狀勢は決して之だけではない。今でこそ國防の問題に壓せられて、多數の注意を逸してはゐるが、日本の直面しつゝある別個の問題は、不氣味な沈默の裡に地上に低迷しつゝある。それは社會的不安である。こゝに第二の非常時狀勢がある。然し此の非常時狀勢は特定の時期に咄嗟に發生したものではない。その由來は遠くその淵源は古いのではあるが、それが日本の動向に及ぼす重要さに於て、その解決が一刻も忽にすべからざることに於て、非常緊急の程度は敢て第一の非常時狀勢に劣る所はない。

所謂社會的不安とは何であらうか。富は少數の大資本家に集中されて、社會は之等少數者に左右せられ、農商工を通じて中産階級は生存競爭の劣敗者として、僅かに持てる資本を手離して下層に沒落しつゝあり、新中產階級たるべき學窓の青年は就職難に苦しみ、勞働者階級はその賃銀の低額なることと、その勞働時間の長いことと、衣食住の消費生活の苦しいことと、何よりも解雇失業の不斷の脅威に曝されてゐることに於て、動物的存在を續けることにさへ惱んでゐる。富むものは富むことによつて、他人の嫉視反感と不平反抗の爲に不安と憂鬱に沈んでゐる、僅かに持てるものは明日も測られない境遇の變化を虞れてゐる、何ものをも持たざるものは今日の生存を維ぐにさへ戰いてゐる。之は凡そ資本主義の必然に伴ふ結果であつて、吾が國も亦資本主義國の一つとして、遺憾なく資本主義の害惡を滿喫しつゝあるのである。眼をあらずもがなの方向に注ぐものには、之等全社會に漲る不安を逸するかも知れない。然し社會のあらゆる成員の人間としての成長――それにこそ社會存續の目的がある――に關心を持つものは、何よりも看過しえない問題がこゝに在ることを認めるだらう。

だが若し之だけならば、世界のすべての資本主義國と共通だと云ふに止まる。然し日本は資本主義國として以上の社會的不安を持つだけではない、その資本主義が最高度でもなく最低度でもない中間の段階に位すると云ふ點に於て、ある種の資本主義國の持たざる特殊の問題を此の上に附加されてゐる。卽ち第一に英國の如く農業（水產業を含み）に從事するものは、人口中僅かに八・五パーセントに過ぎないならば、農村の問題は殆ど無視しうるだらう。又若し露西亞の如く農業者が全人口の八七パーセントと云ふ壓倒的多數を占めるならば、こゝでは反對に農業を重要視するの外はあるまい。然し日本は人口の恰も五〇パーセントが農業に從事するので、露西亞ほど重要視するに至らず英國ほど無視しえないと云ふ中間の地位に在る。此の點に於て伊太利の五六パーセントより稍少く、獨逸の三一パーセントより遙に多いが、何れも資本主義の發達段階の中間型を代表してゐる。而して吾が國が米食を改めない限りに於て、當分今後も此の率の著しい變化は起るまい。此の結果として英國や又帝政時代の露西亞と比較にならない難問題が投ぜられてゐる。それは都市と農村との對立であり、農產物の生產者としての農村と、その消費者としての都市との利害が背馳し、農村の必要品に關稅を課するかどうかに就ても、需要者としての農村と生產者としての都市との利害が對立する。

第二に我が國の資本主義發達の現段階に於ては、中小農工商の中產階級は、依然として廣大なる社會層として殘存してゐる。之等の所謂舊中產階級は資本主義の發達と共に、大資本家階級に壓倒されて、勞働者階級の地位に沈澱するとは、マルクス以來多くの社會科學者の說いた所ではあるが、資本主義の發達の中間段階に在る日本では、英國の如き高度の段階に在る國と違つて、中產階級が沒落しつゝあることは打消しえざる傾向ではあるが、その沒落の速度は當初豫言されたほど急激ではない。英國では勞働者階級は全人口の七六パーセントの絕對多數を占め、新舊中產階級を併せても二〇パーセントを超えない。曾ての露西亞は絕對的の農業國であり而も大地主の國であつた爲に、前資本主義の代表型として中產階級の數は云ふに足りなかつた。然し露西亞ほどに幼稚でなく英國ほどに高度でない中間國家は、例へば獨逸の如く四三パーセントの中產階級を包有し、日本も亦此の範疇に屬するのである。かゝる中間國家では英國や舊露西亞の如く勞資兩階級が對立すると云ふ單純な形式に收めることが出來ないで、少數の大資本家階級があると共に多數の勞働者階級があり、その中間に之と劣らざる多數の中產階級が存在する。大資本家階級がその人員は少いが富力を提げて資本主義の現狀を維持せんとするならば、勞働者階級は資本主義の後に來る社會主義社會を囑望する。而して中產階級の希望は資本主義の現在にも未來にもなくて、曾ての資本主義——大資本家階級の壓迫なく協同組合の脅威なき——に還元することにある。此の點に於て中間國家の社會構成は複雜多岐である。若し更に中產階級を細分して古き中產階級と新しきものとにするならば、新しき中產階級は一部大資本家階級と結合し、他の一部は勞働者階級に加盟する。況んや中間國家に於ては自由主義以前の殘滓たる國家主義群なるものがあつて、前記の社會層とも異る立場に在つて、或は獨立に或は何れかの社會層と結合して、社會を左右する强大なる勢力を持つてゐる。全社會に利害が交錯する微妙なる關係は、所謂勞資の二大陣營に分裂すると云ふ簡單な說明を以て盡しえないものがあるのである。

以上述べた所を一言に要約するならば、吾が國も亦資本主義國の一つとして資本主義より生ずる問題の全部を遺憾なく持つ上に、更に吾が國が資本主義發達の特殊の段階に在る爲に特殊的問題が附加されてゐる。かくて之を橫に切斷すれば農村と都市との對立があり、之を縱に切斷すれば廣大なる中產階級層を介在して、大資本家階級と勞働者階級とが對立し、此の對立より結果する苦難は勞働者階級の上に累積してゐる。之等の現象の存在自體が既に社會的不安を生ずるに餘りあるが、日本に於て不安を更に不安ならしめるのは、社會的不安の存在を認識して、不安の由來を解說しその克服を指示する指導原理の缺如してゐることと、かゝる指導原理の實現を任務とする負擔者のないことである。人はどれほどの困難に呻吟しようとも、前途に希望と光明とを持つならば、現在の苦境を耐忍しえないことはない。然るに日本に於ては暗夜に輝く一燈をさへ見出しえないで、唯前途不測の混沌に放擲されてゐる、之が社會的不安を增大する特殊的原因である。

此の不安は敢て今日に始まつたことではない、明治の末期より既に發生して最近に至つて特に尖銳化したのである。然るに滿洲事變勃發以後最近一二年間は、却て社會的不安の聲を減じたやうに見える。それでは社會的不安そのものが解消したのかと云ふならば決してさうではない。若し國民主義擡頭の爲に社會的不安が影を潛めたとするならば、それは單に注意を社會的不安から國民主義に轉ぜしめたに止まつて、變化したのは關心の對象であつて、社會的不安そのものではない。耳に國民主義を聽きながら、眼に身邊の苦境を見る時に、國民は久しからずして再び社會的不安に還元するだらう。日滿經濟ブロックや軍需工業の繁榮や圓爲替安による輸出の增進や、多少のインフレ景氣は、夫々何等かの濕ひを各階級に投じたに相違あるまい。然し現在の社會的秩序の基礎の上に立つていかなる濕ひがあらうとも、それは一時の斷片的利益を與へるに止まつて、社會的不安自體を解消することにならない。若し言論の×××爲に社會的不安の聲が壓へられてゐるならば、その聲なくしてその實が無氣味の沈默の裡に潜んでゐるのであつて、危險なること之より大なるはない。社會的不安の非常時性は、その事柄事體の重大性の外に、今日に於て多くの人が之を看過してゐることに在る。

日本が常正の進行を爲しつゝある時でも、社會的不安を克服することは緊急の必要事であるが、第一の非常時狀勢卽ち一九三五年の會議の決裂、それより生ずる戰爭の危險性、を目前に控へる今日に於て、社會的不安は一層重要視さるべき値がある。社會的不安が戰爭に與へる影響を考へるならば、戰爭の初期に於てこそ一致團結しようとも、戰爭の經過に伴つて國內の複雜なる對立は、續々として頭を擡げるだらう。然るに日本が臨まんとする次の戰爭は、かゝる危險なる國內の結束を以てするを許さないほど、國家の安危を賭するものなのである。又日本の對手國は今でも日本の國防力を檢討して餘蘊ないだらうが、歐米諸國人は日本人よりも國防力を測定する場合に、國内の社會的不安を重要視するに違ひない、かくして日本の發言力と追力とを弱めることになるだらう。次に戰爭が社會的不安に與へる影響を考へるならば、世界大戰中に於ける獨墺露等の國內狀況を反省すれば足る。ビスマルクは獨逸國內の複雜なる社會關係を考へて、獨逸の爲には絕對に戰爭を避けねばならない、若し獨逸が外敵に對した時は獨逸の內部が分解する時だと云つた、彼はかくして一意獨逸の爲に平和を熱望した。ビスマルクがかく考へたのは、普佛戰爭後獨逸隆盛時代であり、而も威重全獨逸を壓したかに思はれた鐵血宰相がかく考へたことに、吾々が愼重に玩味すべき値がある。一九一八年の十一月に獨逸は崩壞したのではなくて、實は一九一四年八月に獨逸は崩壞したのである。

一九三三年の日本の社會的不安は、他の時期の社會的不安と同視されてはならない。第一の非常時狀勢との聯關に於て把握されねばならない。而も今日本は此の國內の不安を抱いて、刻刻として危險なる道程を辿りつゝある。

(三) 政治的不安

だが非常時の狀勢は以上の二つを以て盡きてはゐない、こゝに第三の非常狀勢がある、それは政治的不安である。第一次西園寺内閣以來議會主義は、日本の政治的原理と一般に考へられ、たとへ議會を基礎とせざる內閣が成立したとしても、或は異例として默過されるか、或は憲政擁護運動によつて倒壞されて來たのであつた。然るに現在の日本では議會主義が懷疑され、××獨裁主義を眞劍に唱へるものが出て來た。會て國民はいかなる政治が行はるべきか、誰が政治を行ふべきかに就て、その意志を發表する權利を與へられてゐた。所が現在はその人の思想が何であり、その人の綱領が何であるか少しも知られてゐない人物が、突如として現はれて六千萬の國民の運命を左右するかも知れない。而して國民は之に就て一言も挿む餘地ない立場に置かれてゐる。誠に奇怪なる政治的狀勢である。

若し憲法によつて設けられた帝國議會の眞意義が國民に信條として把握されてゐたならば、今日の如き政治的不安は發生しないだらう、政治機構を改革することの必要は時に應じて起らうとも、それは議會主義の根本的立場に於てその趣意を全くする爲の改革であつて、議會主義か××獨裁かの二者選擇の途には立たされなかつたらう。日本の自由主義が歪曲された自由主義である爲に、遂にかゝる破綻曝露するに至つたのである（本書第十二章「自由主義の再檢討」參照）。然し不幸は議會主義が權威を失つたと云ふだけではない、更に不幸なことは國民の絕對多數が議會主義を放擲して獨裁主義に轉向したことではなくて、一方に獨裁主義を謳歌するものがあると共に、他方に議會主義を固執するものも亦多數あつて、その勢力の比較が必ずしも豫測を許さないことにある。かくて議會主義と獨裁主義とは、何れも決定的ではなく双方が立ち竦みの狀態に在る。六千萬民衆の運命を左右する政治機構は盲目的に擧げて宿命に委されてゐる、之が非常時狀勢でなくて何であらう。若し革命前の露西亞の如く、議會主義が皆無であつたならば、此の不安は起らないし、又若し英國の如く議會主義が不拔の信條になつてゐるならば、それでも此の不安の起る餘地はない。英露何れでもない日本は、歪曲されてはゐるが自由主義はあつた、自由主義はあつたが歪曲されてゐた、此の結果が遂に此の不安を生んだのである、こゝにも中間國家の悲哀がある。

人は或は英國に於てさへマクドーナルドの國民內閣が成立して、議會主義は沒落しつゝあると云ふ。然し議會主義の眞諦は國民の意志を問ひ、その多數の意志によつて政治を行ふことにある。國民内閣は保守自由兩黨の絶對多數の支持によつて成立し、總選擧に於て改めて國民の意志を問ひ、更に絶對多數の支持を確立したのである、その中に反議會主義の何ものも見出されない。なるほど總選擧の際には廣汎の範圍に國民の委任を要求したらう、然し此のことは少しも議會主義とは矛盾しない、非常時に變通應機の權限を求めることは當然であり、而もその政策はその後一々議會の承認を求めてゐるのである。若し數政黨が聯合内閣を作ることを以て異例だと云ふならば、なるほど異例には違ひないが、十九世紀初めのサー・ロバート・ピール以來政黨の聯合は決して珍らしくない、このことも決して獨裁主義的傾向と云ふには當らないのである。人は獨逸のヒットラーを以て獨裁政治家と云ふが、こゝに看過してならないことは、ヒットラーは一九一九年以來十四年間國民社會主義黨を率ゐてその政綱を明示し、國民の意志に問うて二千萬の投票を獲得したのである、之を以て單純に獨裁主義の政治家と云ふのは正確ではない。ムッソリニーに至つては獨裁政治家の名稱に該當するだらう、だが彼さへも曾ては社會主義者として後にはファッシストとして、その思想その政綱は國民に理解されてゐた。彼れの羅馬への進軍は突如として起つたのではない。然るに日本に於ては獨裁主義を唱へるものが擁立するものが誰であるかさへ不明であり、その人の思想もその綱領も國民は毫も知らされてゐない。此の場合に於て國民の意志は唯無視され蹂躙されてゐるのである。若し獨裁政治が實現したとするならば、その場合は國民が權力に屈從した場合か、或は政治に絶望して虛無的になつた時である。かくして議會主義と獨裁主義との對立は、尠くとも日本に於ては、思想と無思想との對立であり、言論と强權との對立であり、理性と力との對立であり、目的意識と盲目的宿命との對立である。更に力を以て始まる政治は、力を以て續き、又力を以て倒れるの外はない。その結果として力と力との修羅場が演出され、かのフランス大革命當時の如く、より過激なる集團へと政權が轉移し、殆ど收拾すべからざる混亂に陷るだらう、こゝに於て議會主義と獨裁主義との對立の、遂に歸着する所は、規律と無統制と秩序と混亂との對立となる。日本が直面しつゝある政治的不安の核心はこゝにある。而も國民は之を意識することなくして、刻々として危險なる道程を辿りつゝある。

(四) 共產黨の復活

今少しく展望の時間を延長して七、八年の前途を思ふ時そこに第四の非常時狀勢が認められる、それは共產黨の復活である。今でこそ共產黨は相次いでの檢擧によつて殆ど壞滅し、共產主義の陣營にも轉向派と反對派との分裂があるが、社會的不安が絕滅しない限り、共產主義は根絕することはあるまい。社會に千や二千の共產黨員があつて地下に潛行運動を續けても、社會の多數成員の信條が動搖しない以上は、警察の力を以て彈壓することが出來るし、憂ふべき社會的勢力とはならない。然し一度社會の多數者の基礎が動くならば、共產黨は再び擡頭するに違ひない。共產主義の思想には多少の變化があるだらうが、結局共產主義たることに差異はあるまい。共產黨が復活するか否か、その勢力がどの程度に及ぶかは、一に前三項の非常時狀勢の克服如何に條件付けられる。若し社會的不安が持續して、之に戰爭狀態が附け加はり、更に政治的不安が低迷するならば、共產黨は擡頭に就ての恰好の條件をえたものと認めねばならない。

私は理論上に於て共產主義に反對であるが、今は共產主義の良否の檢討を別とするも、共產黨にして復活するならば日本を驅りて不測の混亂に陷れることとならう。資本主義發達の特殊段階に在る日本は、前に述べた如くに複雑な社會層より成立し、プロレタリア階級のみを以てしては到底社會を左右するには足りない、從つて共產黨の復活は社會不安の解決とはならないで、結局混亂を白熱化するに止まり、之と對立する右翼主義的勢力を激昂せしめ、想像するに堪へないほどの深刻なる迫害を持ち來し、その餘勢は啻に共產黨に對するのみならず、全社會を極端に反動化せしめるに過ぎない。現在に於ても共產黨は彈壓されてはゐるが、それは法規に基き警察の活動に托されてゐて、別に社會的迫害と云ふべきものは少い。之は右翼的勢力からみて共產黨は厄介なものではあるが、今恐るべき勢力を占めてゐると思はれないからである。此の意味に於て共產黨は右翼的勢力と對立するには、餘りに輕視され無視されてゐるのである。古き自由主義とその上に立てる支配階級が、正面に對立するものと考へられてゐるからである。然し若し共產黨が勢力を增して復活する曉には、右翼的勢力と正面に對立し、その抗爭の激烈なることは恐らくナチス治下の獨逸以上であらうと思ふ。共產黨の復活はその事自體が啻に望ましくないのみならず、その及ぼす影響に於て寒心すべきものがある、之れ此の問題が非常時性を持つ所以である。

（五）　非常時克服の負擔者

私は以上に於て日本の直面しつゝある非常時狀勢が決して一九三五年の危機に止まらないで、更に第二第三第四の非常時狀勢の存することを擧げ、その相互間の聯關に云ひ及んだ。苟くも一身の安逸を貪ることなく、社會公共を關心事とするものは、その眼を掩ふことなく之等四項の非常時狀勢の何れをも餘す所なく認識し、之をいかに克服すべきかを苦慮せねばならない筈である。然し不幸にして非常時狀勢の全面を認識するもの、殊に社會的不安を重要視するものはその數に於て決して多くはないのである。

社會的不安の克服を力說するに適當なものは、無產政黨と勞働組合と農民組合だと思ふが、此の際に之等の團體の威力が衰へて、その發言が顧みられないのは、啻に勞働者階級の爲に遺憾なばかりではない、日本全體にとつて誠に不幸である。然しこゝに特異の觀點から社會的不安の克服を主張するものがある、それは荒木陸相によつて代辯される軍部諸氏である。所謂軍部が統一ある國體かどうかに就ては、道聽塗說歸一する所を知らないが、暫らく之を統一國體として新聞紙の傳へる所によれば、荒木陸相は五相會議以來國內對策を提唱し、全陸軍は之を支持してゐると云ふ。私は軍部の諸氏が問題を提げてその解決を促進することに就ては、感謝こそすれ反對するのではないが、若し軍部が獨自の對策を提げて自ら實行の衝に當るとするならば、遺憾ながら反對せざるをえない。此の場合に當然議會主義か獨裁主義かと云ふ問題を伴ふであらうが、それを暫らく別とするも、軍部が政治の中心勢力となつて、その政策を行ふことに反對する論據として次の數點がある。

第一に軍人諸氏にとつて軍事は獨特の專門であり、吾々國民は此の點に就て絕對に諸氏の技能に信賴する。然し此の專門に精進すればするほど、社會的不安を檢討しその對策を講ずる餘裕があるまい、餘暇を以て爲すには問題は餘りに複雜だからである。若し軍部の中に社會問題の專門家があるとすれば、現在の軍部はかほどの過剩冗員を有するものと思はねばならない。固より軍人諸氏も社會の一員であり、その將士は何れも中產階級か勞働者階級に屬する、從つて社會的不安を身自ら體驗してゐるだらう、然し之は一市民として聲を揚げることを資格付けることにはなるが、政治家として衝に當ることを正當付けることにはならない。第二に若し獨自の見解が社會問題に對して持てないとすれば、當然の結果として平生の専門たる軍事的立場に立たざるをえまい。而して此の立場より社會的不安を克服しようとするだらう。社會的不安と戰爭とが密接の聯關を持つことは前に述べた通りであるが、思ふに軍人諸氏が社會的不安を闘心事とするは、軍事的立場からみて社會的不安を忽にしえないからであらう。然し社會的不安と軍事國防とは密接の關係はあるが、此のことからは社會的不安を軍事的立場から解決してよいと云ふことにはならない、若し軍事的見地に於て社會的不安の解決に着手するならば、當然に生產力本位能率本位に立つだらう、結局その被害者は弱者たる勞働者階級とならざるをえない。之こそが正に私の反對せんとする所なのである。固より一旦緩急の場合に軍事的目的の爲に國力を總動員することは正當であり、その際戰時經濟軍事經濟を現出するだらうが、之は臨時の戰時經濟たるに止まつて、社會的不安の解決にはならない。社會的不安は非常狀態ではあるが、臨時非常に解決すべきものではなくて、永久的の解決を爲さねばならないのである。

第三に若し獨自の見解もなく、軍事的立場にも立たないとすれば、社會的不安の專門家を招いてその意見を聽くの外はあるまい。然し此の場合にも指揮命令と絕對服從との規律に育つた軍人諸氏が、身を謙虚に持して寛容に夫々の專門家に傾聽するか否か疑はざるをえないのである。社會問題の如きは、複雜微妙なる人心の機微を洞察する哲人政治家の能力を必要とするもので、此の種の能力が軍部といふ社會の雰圍氣と調和するものではない。一九一六年から二年間獨逸の獨裁政治家であつたリューデンドルフは、軍人としては非凡な人材ではあつたらうが、政治家としては成功しなかつた、獨逸の崩壞は彼れの犯した數多き過失に原因する所が少くなかつたのである。最後に軍人諸氏が政治の衝に當つて若し失敗するとせば、その反動として國民の不信は政治家としての軍部に止まらないで、軍人としての軍部にまで及ぶだらう。之が軍部の爲に遺憾なるのみならず、日本の國防の爲にも遺憾な結果となり易い。曾て數年前軍人諸氏が不人氣であつたのは、軍人出身の藩閥政治家に對する反感が廣く軍人全部に及んだのであり、今や軍人に對する感謝と信賴とが回復した時に、又再び舊時の覆轍を踏まざらんことを祈らざるをえない。私は軍部諸氏に毫も反感を持つものではない、寧ろ專門の軍事以外にも出でて、祖國の大事を關心事とする熱情に對して、尊敬もし感謝もするのであるが、諸氏の愛國の至情に訴へて、敢て軍事の專門領域を固守されんことを切望するのである。

社會的不安の解決は武人によつて爲さるべきでなく、須らく文人政治家によつて爲さるべきである。

それでは議會政治家は非常時狀勢をいかにみてゐるか。鈴木若槻の兩總裁は最近の地方大會に於ても、何れもファッシズムを排擊し議會政治を主張したと云ふ。私は議會主義者である、從つて議會主義に異存のあらう筈がない、だが然し敢て諸氏に聽きたいのは、諸氏がその議會主義に於て一貫してゐるかどうかである。議會主義の眞諦は民衆の自由なる意志に問うて、その多數の意志によつて政治を行ふことにある、果して今日の選擧の投票が民衆の自由なる意志の表現だと云ひ切れるか、議會主義者は議會主義の上に立脚して、今日の選擧制度を改革せねばならない筈であるが、諸氏に果してその熱意があるかどうか。又議會政治は當然の前提として言論の自由を認めねばならないが、諸氏はその在朝の時代に言論の自由を壓へることが皆無であつたか。又議會政治は單に政治の便宜よりして獨裁政治よりもより良いといふのではない、便宜は便宜の爲に捨てられねばならない、然し議會主義の存在理由は別にある、あらゆる社會の成員をして、自己の社會の問題を認識せしめ檢討せしめ批判せしめ決定せしめることとが、凡そ人としての成長に必要であり、而して各人格の成長を爲さしめることに社會存續の目的があると云ふことよりして、議會政治は道德的根據を持つのである。人は便宜だと云ふ理由で、議會政治を死守しうるものではない、道德的根據あればこそ議會政治は古來死守されて來たのである。若し諸氏にして眞に議會政治を死守せんとせば、此の根據に立たねばならないと思ふが、若し果してさうならば、今日の日本のあらゆる民衆は人としての成長を爲しうる狀態にあるだらうか。前述した社會的不安の中に於て、人は安んじて成長することが出來ない。議會政治を主張する根據そのものは、必然に諸氏を驅つて社會的不安の克服を爲さしめざるをえないのに、諸氏の口より第二の非常時狀勢に就て根本的對策を聽くことなきは如何。凡そ吾々の立場は兩刄の劍の如くである、一刄を以て敵を斬ると共に、その劍は當然に他刄を以て吾れ自らを斬らねばならない。諸氏はファッショを排擊して議會政治を主張する時に、その必然の歸結が自己の任務を鞭つことになることを意識されたであらうか。議會政治家によつて社會的不安が說かれずして、之を荒木陸相の得意の壇場たらしめることは、誠に文人政治家の恥辱であらねばならない。

(六)　非常時克服の要件

非常時狀勢の非常性は單に事態の重大性にあるのではない、狀勢を全面的に把握し、之に對する對策を提供するものがないことにある。たとへ國民の全部が一致して贊成しえない對策であらうとも、何等かの對策が與へられるならば、國民は現在の生活が社會の動向といかなる關係に立つかを理解して、安心して生活を營むことが出來る。然るに日本に缺けるものは、非常時狀勢を克服する對策のないことと、克服を使命とする負擔者のないことである。かくて國民は歸趨に迷つて暗中に模索するの外ないのである。英國獨逸の勞働者階級が曾てその苦境を耐忍しえたのは、勞働黨や社會民主黨があつて、今こそはその勢力は微弱であらうとも、自分等の努力如何により之を强大にすることによつて苦境を打開しうると云ふ希望を抱いたからであつた。

所謂對策は二つの要件を必要とする。その一は生活の現狀に即した具體的實際的なものでなければならぬと云ふことであり、その二は對策の相互が有機的に結合されて、統一的全體を形成すると云ふことである。對策は與へられた現在の狀勢に立脚して、實行しえられるものでなければならないのに、徒に架空の對策を列擧して、現在に接續する明日の生活に妥當しえないものゝ如きは、觀念の滿足を享有しうるに止まるか、或は自己の主義との矛盾を回避しうるに止まつて、吾々の必要とする對策ではない。かのマルクス主義者の提出する對策に此の種の弊が尠くない。同時に對策は單に斷片的に列擧されるに止まつて、有機的聯關が缺けてゐてはならない。かの官僚の提出する對策は現實に立脚してゐることは認められ、具體的實際的と云ふ要件を具へてはゐるが、その缺點は今日に接續した明日の對策にはならうが、明後日の對策とならない、明日と明後日との對策の間に何等の連絡がないのみならず、外交に於ける對策と產業に於ける對策と軍備に於ける對策と社會問題に對する對策等、凡そ一切の對策相互に有機的聯關がないことである。かの農村匡救費の如きは、今日の農村に相當の濕ひを投じたことにはなつたらうが、匡救費が今後いつまで繼續するかゞ不明である爲に、單に一時の生活を糊塗しえたに止まつて、社會的不安を除去することに少しも役立たなかつたのは、對策があるべき要件を缺いてゐたからである。

だが今日に必要なのは、夫々が具體的でそして相互に有機的關係ある對策だけではない。對策を指導し方向付ける一定の社會哲學或は世界觀が與へられることである。實に之を前提として始めて個々の對策が生れ相互間に有機的統一が保たれうるのである。所謂世界觀或は社界哲學は、何が社會の理想であるかを明白に指示して、國民をして現在の社會と對立した未來の社會を意識せしめ、往くべき社會の動向を決定する。かゝる世界觀あることによつて個々の對策が果して妥當なるか否かゞ、終局の根據に立つて取捨選擇されるのであり、又たとへ一個の對策が豫期の效果を生じなかつた場合にも、それは當該對策の過失たるに止まつて、國民は一末節に失望はしようが往くべき未來社會の實現に希望を繼ぐことが出來るのである。歐米殊に獨逸の政黨の綱領をみて、吾々の驚嘆することは、何れの政黨も皆堂々たる世界觀を提げ、理想社會と現實社會とを接續するものとして、各個の對策が標榜されてゐることであり、翻つて日本の政黨をみる時に、それに全然缺如するものは世界觀である。

こゝまで非常時日本に必要なもの ゝ二つ、卽ち世界觀と對策とを擧げて來た時に、日本がその何れをも生むに不適當なることを見出すは遺憾でなければならない。對策を生むには現實の社會に關する豐富なる資料がなければならないが、それが正に日本の何れの場所にも缺乏してゐるのである。比較的正確であり全國的に亙る資料を持つものは官廳であらう、然し官廳の所有する資料は徒に死藏されるに止まつて、歐米諸國の如くに出版して公共に販布されてゐない。更に官廳の資料さへもその時々に蒐集した斷片であつて、統一した方針に基いて必要な事項を網羅してはゐない。かくて日本の對策を論ずるものは、自己の狹隘なる個人的見聞を基礎とするか偏奇した地方的一部的の資料を根據とするの外なく、異る資料の前提の上に立ちて、結局水掛論に終らざるをえないのである。此の點に於て遺憾なのは、歐米諸國にみるが如き大學に附屬した社會經濟に就ての調査研究機關のないことである。日本は夙にかゝるインスチチユートを所有すべきであつた。更に世界觀を顧る時に國民の間に、世界觀の必要を感ずるものもなければ、所要の世界觀を提供するものも尠い。たとへ世界觀を持つものも、それを現實社會との聯關にまで持ち來して、對策を生むことにまで活用しうるものがない。これ一に日本の教育制度の根本的缺陷である。下は小學校から上は大學に至るまで、日本の教育機關の何れに於て、世界觀を教育し世界觀への關心を刺戟するものがあらうか。かくて國民はその日暮しの生活をなすべく準備付けられてゐるのである。

資料を所有する官廳の官僚は、幾多の對策を生むことが出來る、然し對策愈々多くして何れの對策に決定するかの懊惱愈々多い、これ官僚に世界觀がないからである。哲人は世界觀を與へることが出來るだらう、然し彼は資料を所有しないし、現實社會への關心すらも持たない。狹隘なる專門に限局された技術家はある、然し彼は技術が何の爲に存在するかを知る思想家ではない。思想家はあるが彼は迂遠なる腐儒たるに止まつて、現實を洞察し指導する實踐的能力に見捨てられてゐる。之を社會全體にみれば、俗人と哲人と、技術家と思想家と、テクノロギーとイデオロギーとを連絡する人もなければ設備もない。之を各個人にみても凡そ一人格に調和さるべき二つの能力が、夫々各人に切斷されて統一されてゐない。非常時日本に直面して、日本の根本的缺陷を痛感せざるをえないのである。

(七)　國策調査會の提唱

だが然し非常時日本を前にして、徒にその缺陷を嘆息するも詮ないことである。非常時日本は緊急に克服を必要とするからである。私は前に非常時日本に必要なるものとして、一は世界觀であり二は對策であると云つた。對策を生む爲に必要な資料は比較的官廳に備へられてゐる、然し官僚に缺けたるものは世界觀である。此のことを考慮に置いて私の提案は、現內閣が國民の智能を動員して國策調査會を設置すべしと云ふことである。この調査會は英國の王立調査委員會の如くに、世界觀の異る各方面の人材を網羅し、官廳の所有する一切の資料を提供して、自由なる活用に任せ、同一資料の上に立脚して對策を案出せしめるのである。更に英國の委員會の如くに調査會は必要な場合には、日本に於けるいかなる人をも招致し、いかなる資料をも提供せしめる權限を持ち、招致されたる人は裁判の法廷に立てる證人と同じく、正確に一切を陳述する宣誓をなし、若し虛僞の事實を申立てた場合には僞證罪を以て起訴しうるものとする。又調査會は呑氣な討論會ではなく、非常時克服の任務を持つが故に、徒に甲論乙駁に時日を經過することを許されないから、多くとも六ヶ月の期限を付して、成案を報告せしめねばならない。報告は機密に亙らない限り調査會の陳述討論の一切の速記と共に印刷刊行して民衆に公表する。然し始めより異る世界觀を持つ人々の集合であるから、之を一個の報告に纏めることは至難でもあり又その必要もない、多數派報告と少數者報告或は中間派報告の二又三の報告あることを妨げない、各々公表して公衆の批判に置くのである。

人は之を聞いて又かの調査會かと云ふかも知れない。然し從來の政府の調査會は調査會自體に缺陷があつたのではなく、調査會の組織と方法とに缺陷があつたのである。第一に從來の調査會は政府に一定の成案があつて、それを議會に通過せしめる目的を持つたのであり、此の目的の爲に委員の人選が限定されてゐたのである。然し此の調査會はかゝる區々たる目的を持つものではなく、國家の非常時打開の爲の調査會であるから、一切の知能を動員せねばならない。第二に從來は政府の成案に都合惡き資料を隱蔽して、調査會の自由なる使用に任せなかつたのである、然し此の調査會は前述したやうに、政府及び民間が一切の資料を餘す所なく提供することとせねばならない。第三に從來は無理にも一個の結論に纏めようとした爲に、各々異る立場より提出された對策の雜然とした寄木細工となつた、然し此の調査會は元來が一定の世界觀に指導された有機的一體としての對策を生むことを目的とするのであるから、始めよりして數種の異る報告を豫想する、不統一の對策の羅列を許さないのである。

人は又云ふかも知れない、外交軍備の如きは一日も早く着手すべきであつて、六ケ月の時の經過を許さないと。私も亦此の說に贊成する、從つて軍備と外交とに關しては、臨時殺急の問題として、調査會の進行と分離して決定し、一日も早くその實行に着手すべきである。而して外交軍備の對策としては、第一に日本がこれ以上讓步しえざる最少限度の國際政策を確立することである。滿洲國の獨立と南洋諸島の保持とがそれであらう。此の二つ殊に前者に就ては異論を挿むものがあるかも知れない、然しそれは旣に帝國議會に於て承認された政策であり、それを變更することは、徒に國內の混亂を惹起するに止まるから、與へられたる旣成狀態として此の二つを確立した方がよからう。第二に此の戰線を防衞しうる軍力がどれほどのものかは、軍事專門家の言に聽くの外はない、軍事當局は術策を弄することなくヤマを賭けることなく、正直に淡泊に所要の兵力量を述ぶべきであり、國民は之を是認するならば、一致して支持した方がよい。第三に絕對に戰爭を回避するといふ方針を確立すべきである。以上の二要求と此の第三の方針とは必然に矛盾すると思ふかも知れないが、私はその間に調和の餘地がなくはないと思ふ。それには一は國內に對する準備工作と、一は海外諸國に對する準備工作を必要とする。前者は政治家の任務であり後者は外交家の任務である。緊急に着手すべき軍備外交に對して、以上の三方針を確立して、その後の外交軍備を含めて調査會の調査項目は、政治的不安除去の爲の政治機構の問題と、社會的不安を除去する爲の勞働、産業、金融、財政、行政、教育の六項目を網羅せねばならない。若しかゝる調査會を設置することが出來るならば、之だけを以てして齋藤內閣は非常時日本に偉大な貢獻を爲すものと云へるだらう。異例なる超黨派的聯合內閣たる齋藤內閣に適當した事業は正にかくの如き調査會の設置であり、之が非常時內閣の使命であり存在の理由である。若し調査會をして報告を提出せしめうるならば、その實行の任を後の內閣に讓らうとも、現內閣は安心して極樂往生を爲しうべきである。

調査報告は大體二つ又は三つの種類を豫想しうる、從來と異る調査報告であるだけに、右翼又は左翼と云ふ範疇を以て分類することは困難ではあらうが、大體保守的なものと進步的なものと中間的のものとが現はれるに違ひない。各政黨が報告の何れを支持するかを明かにした後に、政府は英斷を以て議會の解散をしたがよい。今の議會は滿洲事變後犬養內閣の總選擧によつて成立したのであるが、事變後僅かに數ケ月を經たに止まり、今日の非常時狀勢は當時とは比較にならないほど進展してゐる、一九三五年の軍縮會議を前にして、國民はその總意を新しく明白に發表すべき機會を與へられねばならない。人は或は此の非常時に議會を解散するが如きは徒に混亂を累ねるに過ぎないと云ふかも知れない、然し私の見解によれば、第一に總選擧によつて國民の政治的關心は緊張する、今の國民の政治的意識の弛緩がファッシズム擡頭の好條件なのであるから、此の際政治的關心を喚起することは、政治的不安を除去するに役立つに違ひない。第二にその總選擧は從來と異つて、一定の報告に對する去就を國民に問ふのであるから、政黨の分野に尠からざる異動を生ずるだらう。それが政界に鮮新性を與へると共に政局に安定を與へ、少數黨は失望しようとも一定の對策を國民に訴へたことによつて未來に希望を持つことが出來る。第三に一九三五・六年の非常時に國民の總意が發表されてゐることは、外國をして日本の民衆の意志の何處に在るかを知らしめることが出來る。之等の效果はたとへ多少の混亂があらうとも、之を償つて餘りあると思ふ。

若し軍部始め右翼團體にして、欲するが如き對策の政黨を見出しえないと思ふならば、宜しく自己の欲する新政黨を樹立すべきである。現役の軍人が政黨運動に奔走することは許されまいが、軍部は尨大なる外廓團體を持つてゐるからその人とその資とに乏しくはあるまい。而して軍部は特有の世界觀を持つてゐるから（本書第二章「五・一五事件の批判」參照）、かゝる新政黨の出現は、世界觀を持たざる既成政黨と對立して、日本の政黨史上に一轉機を劃するだらう。

人は私の提案を或は突飛として或は迂遠として一笑に附するかも知れない。然しその人は非常時日本が不氣味の裡に辿りつゝある危險な道程と、社會のあらゆる勢力が平衡狀態にあつて、何れも立ち竦みの悲境に陷つてゐる現狀と對比して、私の提案が或は直接に或は間接に持ち來す効果を考慮に置かねばならない。

（八）結　論

以上私は非常時日本の實相とその克服の方法とを述べた。その克服の方法に就て異論は起らうとも、非常時の實相がいかに深刻なものかに就ては異論があるまい。誠に日本の建國以來稀に見る難局に吾々は遭遇しつゝあるものと云はねばならない。歐洲大戰後の世界の混亂は、百年二百年に唯一度しか廻つて來ない歴史的事件であらうが、日本が直面しつゝある難局は世界の各國のそれよりも更に倍加したものと云へるだらう。生を祖先に受け子孫に次ぐ吾々は、此の時代に生れて對策の機宜を失したならば、祖先と子孫とに對して見ゆるの面目があるまい。此の時代に成年期にあるものは、今こそ起つて同胞の爲に身を致さねばならない。

然るに吾々の身邊を顧みる時に、大多數のものが口に非常時を唱へながら、唯言葉の感傷に耽るに止まつて、恰も對岸の火災の如くに袖手傍觀し、徒に左を顧み右を盼めて、他人の努力を待ち望んでゐる。日露戰爭以來二拾數年の平和が、國民を化して此の安逸蟄居に驅つたのであらうか。それもあらう、然し日本の國家主義の教育が一因を爲すことを看過してはならない。國家主義は祖國に對する熱情を鼓吹したらう、然し各個人が自ら思慮し判斷し行動するまで、各人の自覺を鞭ちはしなかつた。人より人により命令し指揮された時、それに追隨し服從する美德は教へたらう、然し自らが率先して能動的役割を演ずる教育をしなかつた。平和の時はそれで濟んだ、戰場で命令される時もそれで濟んだ。然し時局艱難の時複雜多岐の問題に向つた時、多數の國民をして受動退嬰ならしめることにならなかつたか。祖國に對する熱情を最も必要とする時、國家主義は自らが蒔いた種を刈らざるをえないとは、悲しむべき矛盾でなければならない。

だが國家主義だけではない、マルキシズムも亦その責任の一半を負はねばなるまい。マルキシズムが宿命論であるか否かに就ては議論があらう、私は結局宿命論に歸結すると思ふが、マルクス主義者は反對に辯護をするが、而も縷々辯護をせねばならないと云ふことそのことが既に、マルキシズムが宿命論の嫌疑を受ける不德の責を免れないと云ふことである。單に宿命論でないと云ふことでは足りない、積極的に能動的に人を鞭つ世界觀こそ吾々の常時必要とするものであり、今正に日本が必要とするものなのである。然るにマルキジズムは正解に於てか誤解に於てか、多數者をして宿命的の傍觀主義に驅り立てた。日本に於けるマルキシズムは功罪何れをも持つが、之こそその罪惡の最も著しいものゝ一つである。

此の時に於て獨り軍人は戰場に生命を捨てる覺悟を持つのみならず、内政の改革にまで死を賭するの意氣を持つ。彼等がその職分を超える點に於て彼等の對策の内容に就て、私は彼等に反對ではあるが、その憂國の至情と公共への犧牲的精神とは、採つて龜鑑とすべきものがある。軍人に對立するものは軍人に劣らざる意氣と情熱とを持たねばならない。人々の公共へ奉仕するの路は、その各々の職分によつて異らねばなるまい。然し武人生を捨てるの覺悟を持つ時に於て、文人政治家亦一身を賭するの決意がなければならない。

昭和八年十二月號「經濟往來」

(二) 五・一五事件の批判

(一) 緒言

此の事件が起つた時私は獨逸にゐたので、事件がどれ程日本の社會を震撼させたかを身自ら體驗することは出來なかつた。然し世人の此の事件に對する關心も、事件の起つた當時よりも最近に於ける公判の陳述によつて高められたのではないかと思ふ。新聞雜誌を通じてみても、又直接話した人の口吻からみても、此の事件は實に多數の人を感動させてゐるやうである。

此の事件は單に一回だけ起つた孤立的の事件ではなく、日本の廣大なる社會層に漲る思想の表現したものであり、たとへ事件そのものはどう結末が付かうとも、之に表現された思想は今後も永く命脈を保持してゆくであらう。此の運動の特色は右翼のイデオロギーの上に立脚して、社會を改革せんとし、而も改革を武力を使用する直接行動に訴へんとする所に在る。從來社會の改革は左翼思想家の獨占の傾きがあり、右翼派は國家主義日本主義等を唱へて、主として倫理社會哲學等の領域に低徊してゐたのであるが、今や此の右翼思想よりして社會政治の改革が導き出された所に新しい發展があり、更に從來も右翼の改革思想が絶無ではなかつたが、單に改革案を提唱するに止まつてゐたのが、今や言論著作の範圍を越えて、武力による實踐にまで到達した所に、更に第二の發展がある。此の種の思想を暫らく右翼改革論と名づけるならば、此の改革論は今後も共產主義と對立して、日本の巨大な社會群を支配して行くと思ふ、此の點に此の運動の注目すべき思想史的意義がある。

右翼改革論が一般世人の共鳴を買ふであらうことは、極めて容易に首肯される。第一にそれは現代日本の弊害を突いてゐる。政黨の墮落、財閥の横暴、農村の窮乏、中小商工の衰頽、教育の萎微等一として世人の慨嘆しないものはない、五・一五事件の當事者は臆せず怯まずに端的に之を喝破してゐる。第二に然し之等の弊害をいかにして解決すべきかの對策は明瞭にされてゐない、弊害は突いてゐるが積極的の政策は茫漠として隱れてゐる。若し對策の全貌が明かにされるならば、人は何れかの點に反對を見出すであらう、然し何人たりとも反對されない程政策の内容は漠としてゐるのである。第三に此の改革論の内容の中明かにされてゐる限りに於ては、日本人の大多數は反對すべき何物をも發見しないのである。之を左翼改革論に就てみるならば、國家の否定、×××の廢止、戰爭の反對、現存法律道德の否定等、從來敎へられた思想と懸隔した餘りに多くの對立物を見出すであらう、然し右翼改革論にはかくの如き何物もない。國家の尊重、國體の尊重、軍備の擴張等は一般世人の共有の思想であり、世人は何等の無理なしに此の改革論に牽引されうるのである。

(二)　事件の擔當者の批判

私はマルキシズムに反對であると共に、右翼改革論に對しても亦反對である。此の改革論には局部的には共鳴しうべきものがないではないが、思想の全體の構造に於て吾々が賛成しえない幾多の難點を免れない。そこで右翼改革論の一表現として五・一五事件を抽出し、之を對象として私の批判を述べようと思ふ。

此の事件は三個の觀點から批判することが出來る、第一は行動の主動者が軍人だといふことであり、第二は武力を用ゐる直接行動によつたことであり、第三は當事者の立脚した思想の内容である。以下順次夫々に就て述べることとしよう。

第一に此の事件の主動者は軍人であるが、××××××軍人と云ふ特殊の地位に在るものが、かゝる行動を企てることが果して妥當であるかどうか。私は元來軍人諸氏に對して毫末も反感を持つものではない。日本を外國の脅威から防いで今日の地位に達せしめた功績の大半は、軍人の努力に歸しなくてはならないので、吾々は之に對して感謝の念を忘れてはならないと思ふ。從つて曾て軍人に對して非禮と思はれる程の不遇をした時代があつたが、私は輕薄なる忘恩だと思つて窃に心外に感じてゐた。又軍人は日本の社會群の中で最も純情な功利を離れた人々の集團であると思ふ。いかなる地位の人も社會に奉仕する點に於て差別はないとは云ふものの、一旦緩急の場合に家族を捨て生命を抛つ職能の人に對しては、吾々は特別の敬意を表すべきである。單に個々の人としても軍人の多くは、恬淡であり直情徑行であり情熱と氣魄との持主であり、私利私慾に汲々たるか空々寂々の生活を送るものの周圍に多い時に於て、軍人は優れた性格に富んでゐると認められる。だが然し軍人が今度の如き行動を採ることに對しては、私は遺憾ながら強く反對せざることをえないのである。

先づ第一に軍人は國の內外の安全を護ることを職能とし、此の職能の爲に特に武器の携帶を許されてゐるのである。軍人及び警官が武器を使用すればこそ、吾々は安全の中に武器の使用を禁止されてゐる。從つて軍人の武器は社會より定められた職能の爲にのみ使用すべきであつて、他の目的の爲に使用さるべきものではない。此の事件に使用された武器は、軍人として平生許された武器ではなくて、海外の戰場より持ち還つた武器が多かつたやうである。然し通常人ならば到底入手しえられない武器が、軍人と云ふ職能の人なればこそ容易に入手されたのであるならば、矢張り軍人はその特殊の職能よりして與へられた武器を濫用したことになる。今之等の武器を使用することにより爲さんとした目的の善悪は問題ではない、之は後に論及することとして、その目的の如何を問はず軍人はその抱く思想を實現するに武器を使用することが出來、軍人以外の者は之と平等の立場に於て各々の思想を實現しえないとするならば、軍人のみが自己の思想實現の獨占的特權を持つこととなり、軍人以外のものは到底之に拮抗する勢力を持ちえないこととなる。社會はあらゆる成員の共有物であり、各人は社會を改革する義務と權利とを持つことに於て平等でなければならない。その間に差異が付けられるならば、それはその改革の内容の品質の優劣か或は之に贊成するものが多數か少數かにのみ依らなければならない。若し此の事件の如き軍人の行動が許されるならば、軍人の許容しえない改革は毫も行はれずに軍人の主張のみが貫徹することとなる、之は諸氏の主張する一君萬民の趣旨にも反することと云はざるをえない。

第二に之は甚だ失禮の嫌ひはあらうが、敢て面を犯して云ふならば、現代の複雜な社會の改革を企てるには、××××充分の條件を缺いてゐると思ふ。軍人は國防を職能とするが爲に、軍事に就ては充分の敎養があると思ふし、我々は國防を安じて諸氏に御任せする。然し軍事の敎養に專念されただけ、××××××××××××××なかつたに違ひない。此の況んや廿代の青年軍人として改革の主動者となるは、大膽に過ぎるといはざるをえない。此の事は共產黨員に就ても云へる事であるが、廿代の青年が國事に奔走するは時が早きに過ぎる、今少しその熱情を抑へて思想の推敲を努むべきである。云ふ迄もなく現代社會は複雜多岐にして、之を改革するにはあらゆる問題を有機的聯關に於て把握し、之を裏付けるに組織された思想の一貫するものがなければならない。改革の容易に爲しえないのは、一は斷行の勇なきに依るが、一は餘りに問題が錯綜して見通しが付け兼ねるからである。之を改革するには多分の智慧と熱意とを必要とする、之を企てるに××××××だとは思へない。固より五・一五事件の當事者は自らが改革を爲さんとするのではなく、先づ秩序を亂して戒嚴令を布かしめ、軍制内閣を成立せしめそれに改革を行はしめんと考へたやうであるが、然し之丈の企でも既に改革の一部である。所謂破壞哲學を信じて先づ破壞せよ次に建設が來ると云ふは、餘りに亂暴だと云はざるをえない。

軍人は政治に拘はるべからずと云ふ立場から、陸海軍の檢察官は軍律を亂ると云ふ趣旨を力說された。軍人内部の規律に就ては暫く觸れないとして、私は軍人も社會の一員であり、一個の市民として國家の政策を考へる權利と義務とがあると思ふ。狹隘なる專門に跼蹐せずに、視野を廣めることは、その地位の何たるを問はず喜ぶべきことではあるが、一市民としての範圍を脫して、改革の主動的地位に立つに至つては自ら問題が別となる。國を思ふ至誠よりして、一身を犧牲として改革を企てられた衷情に對しては、吾々も敬意を表するに吝でないが、軍職に在る地位とその年歴とからみて、私は軍人諸氏の行動に賛意を表することが出來ない。

それでは若し之等の人が軍職を去つて、民間の市民としてあの行動を企てたらどうかと云ふならば、こゝに於て問題は轉じて第二に移るのである。

(三) 直接行動の批判

第二の問題は武力を使用する直接行動は妥當なりや否やと云ふことである。此の問題は結局革命主義か議會主義かと云ふことに歸着する、唯此の場合に革命主義の意味を明瞭に規定して置く必要がある。議會主義とは社會の改革を行はんとするに當り、その改革の綱領を公衆の前に發表し、自由なる批判と檢討とに置き、大多數の國民の納得と同意との上にのみ改革を實行せんとするものを云ひ、革命主義とは少數の者が國民多數の意志如何を問はず、自己の是なりとする改革を強行せんとするものを云ふのである。若し改革の内容を公表するには、その社會が言論の自由を與へてないとするならば、言論の自由獲得の運動が先づ上記の方法により爲されねばならない。而して國民の大多數の同意があつたか否かは、總選擧に於ける投票を以て計るの外に方法がない。多數が同意するのだらうといふ見込では、唯當事者の主觀的の判斷に止まり、客觀的の基礎とは云へない。從つて革命主義は國民の大多數が背後にないと云ふ時にのみ云はれるので、若し大衆の援助があるならば議會主義を採りうる譯で、敢て革命主義を採る必要はない、大衆の後援と革命とは結合しえない對立物である。但しこゝに云ふ議會主義を採ることは、現存議會制度をそのまゝに是認することにはならない、議會主義の上に立ちその趣旨に副ふべき樣に、議會制度は幾多の改革が爲されねばならない。尙此の兩主義の對立に就て詳述すべき細微の點はあるが、それは別の機會に讓ることにしよう。

上述の規定に從へば五・一五の當事者は、明かに革命主義の上に立つたのである、此の點に於て××××××××である。私は左翼と右翼とを問はず、革命主義に贊成することは出來ない。その論據をこゝに一々述べることは省略するとして（本書第十章「議會主義と獨裁主義との對立」參照）、若し少數の人が是と信ずる思想を强行しうるとするならば、それに參加しない人々は何等意見の發表を許されずして、改革の埓外に拋擲された譯である。然し社會は全成員の共有物であり、總員が社會改革に參加する權利と義務とを有するので、特定の一部のもののみが改革の特權を有すべき筈がない。日本の社會の改革を念とするものは、決して事件の當事者のみではない、然るに吾々は何故に同意を求められずして、改革の權利を剝奪されねばならないか。若しその少數者の思想のみが絕對優秀の思想なるが故に、自分等に任せよ汝等は傍觀せよと云ふならば、實はその思想の內容が公表されてゐないから、優秀の判斷が云へないのみならず、それが絕對唯一の思想だと云ふ主張は、唯その少數者の主觀的の獨斷に止まつて、毫も客觀的の合理性はないのである。

かくして革命主義は、唯自己のみが正しとする自負心の上に立脚する。吾々には自己の思想に確信を持つ權利はある。然し他人の思想を排擊し他人の批判と檢討とから自己の思想を隱蔽する權利はない。若し自己の思想に自負心があるならば、宜しく社會の批判と檢討とに曝すべきである。かくて他人の批判を幾度か聽くことにより、ある點は修正しある點は愈々自信を强め、推敲の結果は不動の確信となるだらう。かゝる徑路を踏まないからこそ、革命主義者は屢々後悔し轉向せねばならないのである。轉向せねばならない思想の持主に、國家の大事を委託することは危險極まりない、若し破壞を終へた後に過失を見出したとするならば、その時は原狀に回復することは出來ない、その時何と云つて社會の全員に辯解をする積りであらうか。

若し改革は急がねばならない、その故に國民多數の同意を得るの遑がないと云ふならば、なるほど非常時日本の改革は緊急に迫られてゐる、然し問題は過去の日本に在りしが如き簡單なものではない。國民多數の同意なくとも、社會組織を改革して形式を整へることは出來るだらう、だが民衆の信念の上に乘らざる改革は、徒に形式上の改革たるに止まつて改革の效用を發揮しえないことは、吾が憲法が與へた議會政治が運用宜しきをえないで、軍人諸氏の痛罵を買つたことに徵しても明かである。若し強制權力を以て國民を叱咤してゆくと云ふならば、複雜なる社會組織は、上より來る強制により動かずして、自發の努力を俟つを必要とするのである。若し奴隸の如くに鞭韃するならば、國民を化して強權に屈從する卑怯怯懦の徒とするか、絕望的の頽廢と沈滯とに驅るの外はあるまい。

此の事件を以て一服の淸涼劑とするものが多い、なるほど吾が國民はかくの如き異常の震撼を與へられてのみ覺醒する國民であるかも知れない、然しかゝる國民は又同時に、一時の刺戟に興奮すると共に、久しからずして熱のさめ易い國民である。事件がある刺戟を與へたことは事實だらう、然し此の××××××××××××とは思へない。眞の覺醒は唯胸奥の深みに觸れた理性の聲のみより來るのである。人は此の事件は非常特別の場合であつて、徒に法の規定を一律に適用してはならないと云ふ。客觀主義の刑法論を採らない限り、被告の主觀的條件は刑の裁量に考慮されて然るべきであらう、私はこゝで法律論をしようとするのではない。唯世上恰も×××××××××××××××××××××××××とするものが尠くない。然し若し愛國報公の念に發したことを以て、手段の如何を問はず之を是認するならば、之と同種の企を將來に防ぎえないのみならず、××××××××××××××××××××××××××。××××××××××××××××××××××××××××××××××××意見を異にするに止まるのである。徒に法を一律に適用する形式主義が採りえないと共に、法の法たるの威嚴は、同種の場合に適用さるべき普遍性を持つことに在る。此の場合に於て此の事件のみが唯一無二として例外的取扱を受ける理由はないのである。海軍の山本檢察官が「權威に屈することなきは勿論世論に迎合すべからざる」態度を持したことは敬服に堪へない。近時の大新聞の記事と云ひ世上論客の態度と云ひ、冷靜な思慮判斷を失したものが尠くない、然し非常時日本は今正に、意氣と情熱とを要すると共に、平衡を失せざる冷靜を必要とするのである、かくて私は事件の當事者の直接行動を遂に是認することは出來ないのである。

(四)　思想內容の批判　その一

最後に問題は事件の當事者の思想如何と云ふ檢討に移る。之に對する資料としては僅に被告が公判廷で爲した陳述の外にはない、而して陳述は結局公判の訊問に答へたものに過ぎないものであるから、被告の思想の全部を披瀝したものとは云へまいし、又その陳述の全部が刊行されてゐる譯ではないから、資料としては不充分ではあるが、大體に於て思想の輪廓が窺はれないではない。若し誤解があつたならば當事者の寬恕を乞ふの外はない。

事件當事者の思想を形式的方面と實質的方面とから觀察するに、形式的方面からみて此の思想には次の數點の特色がある。

第一に理想主義である。若し思想を目的論と必然論とに分つならば、此の思想は目的論であり、目的論を更に個人の利益を目的とするか、超個人的のものを目的とするかに分つならば、此の思想は後者に屬するものであり、從つて理想主義に屬する。此の點は一般右翼思想に共通であり、唯物論必然論を採るマルキシズムと對立する。私は此の點に於ては右翼思想に共鳴するのであるが、唯一般に右翼派の理想主義は推敲されてゐない爲に、名は理想主義でありながら實は却て理想主義に反することになり易いのは、後段國家主義の所で觸れる通りである。又理想主義を採るものの缺點は、現存社會の解剖を忽諸に付することである。理想主義と科學的解剖とは毫も矛盾しないのみならず、寧ろ却て必然的の關係を持つのである。

第二に日本主義である。外國の制度事例を輕視し外國の模倣を排して、日本特有の思想文化を尊重する點も亦一般右翼思想に共通である。此の場合に若し徒に外國を崇拜することを排して、日本にも採るべきものが多いと云ふならば、近時動もすれば外國文化に眩惑され易い傾向に對立するものとして私も亦同感である。又若し外國の文化を移植するはよい、然し日本の特殊の事情に適應せしめねばならぬと云ふならば、之にも亦私は同感である。然し一切の外國の文化よりも日本的のもののみが優れてゐると云ふならば、それを證明する客觀的根據が有りえないのみならず、徒に獨りよがりの誇大妄想と云はざるをえない、若しそれ日本的のもののみが優れてゐるが故にとて、日本第一主義を唱へるならば、沙汰の限りと云はざるをえない。然し日本主義は往々にしてこの結論に歸着し易い、まだまだ日本は外國より學ぶべき多くのものを持つのである。己を失はざると共に、謙虚に身を處して他を學ぶことを忘れるならば、固陋偏狹な小人と果てるの外はあるまい。

第三に復古主義である。外國の事例を排して日本的のもののみを採るならば、自己の行動の規準を日本の過去に求めるの外はない。之が復古主義の現はれる所以である。被告が常に大化の革新や明治維新を引例することに又農業を重要視することに復古主義が窺はれる。勿論此の場合に大化の革新なり明治維新なりの改革の內容自體をその儘に現代の改革に充當しようと云ふのではなく、當時の精神を現代に生かさうと云ふのであらうから、復古主義から差當り實害はない譯であるが、復古主義に纏はる一抹の危險は、現代の複雜な社會狀勢を單純化し易いことである。現代日本は大化明治の日本と歷史的に接續した日本ではあるが、既に外國の影響を多分に受けてゐる、此の點は軍人たる被告が、その生活樣式や軍器戰術を考へてわかる事である。大化の日本と現代の日本との距離は、外國と日本との距離よりも遠いのである。此の場合に學べぶきことは却て外國に尠くない。然るに大化明治の革新を云ふに熱心であるのは、社會の發達段階を無視して、錯綜した現代日本を×××××××××が隱見してゐるやうに思ふ。

（五）　思想内容の批判　その二

轉じて事件當事者の思想の實質的の方面をみると、次の數點の特色が擧げられると思ふ。

第一は國家主義である。凡そ一切の右翼思想の中心的地位を占めるのは國家主義である。國家と云ふ個人の集團を以て最高の價値あるものとし、之によつてすべてを規定せんとする生活原理が國家主義であるが、若しそれが單に被告の所謂「眼中私利私慾あるのみで國家觀念なき」傾向に對立する限りに於て國家の存在を力說するならば、私も亦同感である。利己的な資本主義的精神や階級的利益のみを認め國家の超階級的利益を無視するマルキシズムに對しては私も反對する。此の點に於て國家主義と一抹相通ずるものがあるかの如くであつて必ずしもさうではない。生活原理としての國家主義は幾多の弱點を持つのである。若し國家主義者が現存國家をその儘に肯定すると云ふならば、明白な保守主義として一應成立しえないことはない。然し論者も亦國家の革新とか改造とかを云ふのであるならば、現存國家を肯定するのではなくて、善き國家と惡しき國家とが區別されてゐる筈である、それならその區別の規準を何處に置くかと追窮するならば、結局國家の成員たる各人が人格の成長をなしうるや否やと云ふ點に求めるの外はあるまい、かくして國家主義は國家を最高の目的と云ひつゝ、國家自體を批判する別個の原理を援用すると云ふことになり、終局の原理ではないこととなる。次に國家の爲と云ふことは明白に國家と個人の利益とが對立した場合の決定原理にはなるだらう、それが最もよく現はれるのは戰爭の場合である。從つて軍人は國家意識を常に强烈に感ずるだらうが、吾々の日常生活に於ては國家か個人かが明白に對立することは寧ろ尠いので、その大部分の場合には國家主義は生活原理にならないのである。之は軍人諸氏が飮食し戀愛し娛樂してゐる場合の生活原理を考へても、無意識の裡に國家主義ならざる別の原理を採りつゝあるを見出すであらう。私の考によれば過去の日本が國家主義を生活原理として敎へ、大部分の生活を支配する原理を敎へなかつた爲に、日本人の生活が頽廢するに至つたので、被告により政黨官吏の墮落として痛罵された現象は、國家主義が生活原理として不充分だと云ふ缺陷から由來してゐると思ふ。更に國家主義は國家と云ふ全體を第一義的に考へ個人を第二義的に考へる、固より個人なくして國家はないから、個人は全然無視されるのではない、然し唯國家に役立つ限り考慮に置かれるに過ぎない一種の反射的存在に止まるのである、之が國家主義者がどれ程社會問題の解決に關心を持つにしても、その改革に限界が付けられる所以である。更に國家と云ふ全一體が最も明瞭に人々の眼に映ずるのは、外國と對立した場合である、從つて國家主義者は對外關係に重點を置く、之が國家主義から帝國主義が導出される所以である。同時に國內の改革は第二次的地位にしか置かれない、之が國家主義が往々にして保守主義に陷る所以である。然し國家の統一に必要なる限りは內政の改革を企てないでもない、然しその改革は國家の焦眉の急に應ずるのであるから、能率を專一に考へねばならない、之が獨裁主義となる所以である。要するに國家主義は右翼思想の根幹にして、後述の特色は殆ど皆之と密接の聯關がある。國家主義に就て尙述ぶべきことは多いが、それは別の機會に讓ることとする（本書第五章「國家主義の批判」參照）。

第二は天皇政治である。こゝに二つのことが含まれてゐる。一は日本の國體を萬國に比類なきものとして尊重することである。私は日本の皇室は民衆と對立的の地位に立つたことはなく、從つて外國にみるが如き君主と虐政とを聯想させる何物もないと思ふ。天皇は日本の政治上又社會上の中心として、此の國民の求心的地位を占めらるべきである。共產黨員が此の事實を認識したことは、遲かりしと雖正しきに戻つたと思ふ。第二に××××の名の下に君民の中間に君側の臣や政黨などの仲介を認めないと云ふことが云はれてゐる。然し現代の複雜なる政治を××××××れることは事實上不可能であり、被告も亦戒嚴令を布いた後某々氏の軍制內閣を企圖してゐる、之れ卽ち君民の中間物ではないか。歷史に於ても大伴蘇我以來今日に至るまで、極めて短期間を除いては××××の時代は無かつたので、その故に日本の天皇は政爭の上に超然たる地位を保持されて來つたのである。此の點に於て日本では大伴蘇我以來德川に至るまで、時の政權掌握者は自ら意識せずして歷史的批判の前に、現時の國務大臣の如く天皇に對して責任を負つて來たのである。若し天皇親政と云ふことが憲法に所謂萬機を總攬せられると云ふ意味ならば、今日でも天皇は親政されてゐるのである。要するに君民の中間はあらざるをえない、唯問題はその人の如何に在る、而して適任者をうる方法は議會主義によらざるをえまい、被告の擁立せんとする某々氏は、その思想もその政綱も吾々は少しも知る所がない、之が適任者だと云ふ保證がいかにして爲されるか。

第三は反議會主義である。被告はその直接行動に於て反議會主義を實踐したのみならず、未來の國家政治組織に就ても亦反議會主義を採る、こゝでも亦二つのことが含まれる。一は議會を單に立法府たらしめ、行政と區別しようとするので、政黨內閣を否定して超然內閣を採らうと云ふのである。私が議會主義を主張する根據は既に述べたが、立法府と行政府とを區別することは、一見政黨の醜事を防ぎうるが如くであつて、實は歷代の超然內閣の歷史が示した如くに、政黨の交渉に就て奔命に疲れ、政府と政黨との間に却て醜事を起し易い、議會制度を認めながらそれを中途に置くことは却て有害であらう。寧ろ議會主義の立場から今日の議會制度を改革すべきである、それは一は民衆の意志をよりよく政治に反映せしめる爲の改革で、貴族院と衆議院との關係、兩院議員の選擧方法等が問題となるべきである。他は今日の議會は自由放任主義時代の如く政治が單純であつた時の產物で、現代の複雜なる問題を處理するには缺點が多い。その一として例へば特殊の問題に對する專門家《エキスパート》が必要であるのに、議會にその人がなく又多數の合議機關がその所でもない、今日は專門家の必要な問題は事實上官僚が處理してゐるのである、而して官僚は官僚としての性質上、何等の指導原理と交渉なしに單純に技術的問題として處理してゐる。將來の問題は、議會の持つ政治的眼界と官僚の持つ專門家的技術とを調和した組織を考へることに在る。之に就ては改めて觸れることとする（本書前章參照）。

反議會主義の中に含まれる他の一は、統帥權の問題である。所謂統帥權が用兵作戰に關する權限とするならば、それが軍事當局者にあることは正當である。然し兵力量の決定をも含むとするならば、依然として大きな問題である。五・一五事件は他に幾多の原因はあるが、統帥權の問題を導火線としてゐる。軍人としては軍事に關しては至上の權限を持ちたいであらうが、何故に國民は國防の大事に就て口を塞がねばならないか、又何故に國民は軍事に關する豫算に就てのみは、意志を述べることが許されないのであらうか。軍人は議會は當然に反軍事的と看做すやうであるが、若し國防の必要を國民に納得せしめたならば、英國の保守黨の如くに軍備擴張を標榜する政黨が出來ないことはない。統帥權の獨立を主張するよりも、寧ろ議會の内部に國防の關心を强める方針を採る方が正道であると思ふ。

（六）思想內容の批判　その三

第四は軍備充實主義である。軍備の充實は或は國家の獨立を維持するか、或は國家の膨脹を企圖するか、何れかを目的とする。日露戰爭を最後として前者の目的の爲にする軍備充實は旣に必要が消滅した。今日世界の何國も日本の領土を侵害せんとするものはあるまい。從つて日本の將來の軍備は國家の膨脹を目的とするか、此の目的を妨げる外國の容喙を排除することを目的とするかにある。而して國家の膨脹も亦將來に起りうべき戰爭の爲の前進地帶の確保を目的とするか、日本の產業の發展を目的とするか、或は兩者を併せた目的かとなるだらう。何れにしても此の場所で論じ盡すには問題が餘りに大きい。唯一言すべきことは、獨立保持を目的とする場合には、國民を一致協力せしめることは容易であるが、國家の膨脹を目的とする場合には、緩急遲速に就て國民の見解は分裂するだらう。況んや國內に解決すべき社會問題を持つ場合には、啻に意見の一致が困難なるのみならず、一旦國交の破裂した際に、完全なる擧國一致が望まれまい、而して日本が未來に臨むべき危機は、正に完全なる國民の一致を必要とする時なのである。更に右翼思想の中に軍備充實の一項が重要な地位を占める限り、後に述べる社會改革は決して充分に行はれないことは覺悟せねばならない。巨大なる軍事費を計上する豫算は、到底社會施設を顧みる餘裕がないからである。社會改革の徹底を右翼思想と結合することは、凡そ不可能な事を求めるものと云はねばならない。

第五は大亞細主義である。白色人種殊にアングロサクソン人種の壓迫から、亞細亞民族を解放せんとするのである。亞細亞諸國は獨立を回復することを熱望することは確かである、然し日本の力を借りることには贊成しまい、何故なれば英米の宣傳により日本を誤解してゐる點もあらうが、日本の過去の外交史が彼等に疑惑を抱かしめるからである。英米を排して日本を代りに引込むならば、彼等は寧ろ英米の方を選ぶだらう、何故なれば日本の內部に於て同胞に對してさへ充分の自由を與へてゐないのに、その日本から外國は充分なる自由を與へられることを期待しえないからであり、又英米にはたとへ不徹底なりとも自由主義的思想が浸潤してゐる、異民族を統御するに就て彼等は日本人よりも妙諦を解してゐるからである。亞細亞の諸國に於ける日本の信用をば、吾々は決して過超評價してはならない。若し大亞細亞主義が何等の創土的野心を持たないで、唯亞細亞に於て日本が外國と平等の通商貿易をなすことを目的とするならば、寧ろ大亞細亞主義などを唱へるよりも、直截に通商の自由を標榜した方が却て實行の可能性も多いと思ふ。要するに大亞細亞主義が日本の利益を圖る掩蔽の口實ならば別であるが、眞劍に亞細亞民族を解放するにあるならば、日本は先づ日本に於て所謂王道を行はねばならない。日本に返れと日本主義を唱へた人々は、此の點に於てこそ日本に返らねばならないのである。

第六は反資本主義である。財閥の横暴を責め農村の窮乏を救ひ、中小商工の保護を主張してゐる點に於て、資本主義に何等かの改革を行はんとする意圖が分る。流石に切迫した社會問題は、右翼の人を驅りて社會改革にまで至らしめた、之が從來の右翼思想に缺けてゐた點なのである。今片言隻語からして此の社會改革論の特色とみるべきものを摘出すると、第一に横暴な財閥とは云ふが、大資本家階級とは云はない、此の點に於て一二特定の財閥が政黨と關係したと云ふ疑惑から來る單なる反感に過ぎないかと云ふ疑問が起る。第二に農村の救濟を力說して、商工等に對して農業の偏重が認められる、被告の口から「兵農一致」と云ふ言さへ出てゐる。思ふに軍人に農村出身者が多い爲に、その痛苦を感じてゐること、農業にはまだ資本主義が充分に浸透してゐないこと、農民の傳統的思想が右翼思想と共鳴すること等の爲であらう。外國に於ても保守主義者は常に農村問題にのみは熱心である。第三に農商工の中産階級の保護を主張すること、第四に勞働者階級に對しては、唯失業者の續出と云ふ一句に止まり、他に何等言及してゐないことである。

以上の特色から徵すると、此の社會改革論は中產階級と農民とを主とする社會改良主義である。啻に資本主義自體を變革するのでないのみならず、所謂勞働者問題は解決の緒にさへ着かないのである。資本主義の根本を維持しながら、農村のみを資本主義から防止することが可能であらうか、寧ろ往くべき道は農村を資本主義から隔離することではなくて、資本主義自體に直面することである。中產階級のすべては大資本家階級との競爭により必ずしも敗北するものではない、あるものは殘存しあるものは擡頭する、然し敗北すべき中產階級は、存在の合理性に乏しいのである。之を保護する爲に資本主義の進行を不自然に抑止することは、合理主義に矛盾することである。寧ろ勞働者階級の地位を向上せしめて、中産階級に匹敵せしめるに如くはない。要するに此の改革論は復古的な社會改良主義であり、資本主義を蟬脫した改革ではなく、曾てのありし資本主義に還元せんとするものである。啻に現代社會問題が解決されないのみではない、その意圖する目的さへ水泡に歸するの外はあるまい。

それでは社會改良主義より一步を進めた改革が、右翼思想家にとつて可能であるかどうか。右翼思想が國家主義の上に立つ限りに於て、それは不可能である、何故なれば國家の爲に爲される社會改革は、又國家の爲に限界を付けられねばならないからである。國內の統一を保ち外國に對して迫力を强める必要のある時に、資本主義の根本を改革するが如きは、不測の動搖を惹起し、國內の安定と秩序とを妨げるからである。況んや軍備充實主義と大亞細亞主義とを一方に持つ以上は、之と社會改革とを併行させることは、財力が到底許さない。なるほど大戰當時各國が行つた如き計畫經濟を强行することは不可能ではあるまい。然しそれは短時日を見越した戰時の緊張の下に於てのみ可能であり、之を平常の場合に適用することは自ら別問題である、況んや計畫經濟は自由企業に對立する點に於ては反資本主義的ではあらう、然し自由企業が資本主義のすべてではない、單に生産の無政府性を改革したからと云つて、資本主義の害悪のすべてが解消するのではない。近時統制經濟計畫經濟の聲を聞くが、問題は計畫統制か自由經濟かにあるのではない、何の爲の統制計畫かに在るのである。國家主義者の統制經濟は依然として國家主義の烙印を負うて、資本主義經濟とも社會主義經濟とも異る弊害を醸生することなくば幸である。之を要するに右翼思想の下に社會改革の徹底は期待しえない、右翼の人々が反資本主義の旗幟を立てたるが故にとて、その××××に魅惑されるものは、唯久しからずして幻滅の悲哀を味ふに過ぎないだらう。

(七)　結　論

以上私は五・一五事件に對する感想を述べ、此事件に現はれた限りの右翼思想に對して、その理論的缺點とその內在的矛盾とを指摘した。此の事件を報道した獨逸の「ベルリーナー・ターゲブラット」紙は「今日以後の日本の政治家は、最も强固な要塞を陷落せんとする將軍の持つよりも、より以上の聰明と剛毅と運命の幸福とを必要とするだらう」と云ひ、英國の「モーニング・ポスト」紙は「日本國民がいかなる戰に敗れた場合にも之より以上の恥辱にはならないだらう」と云つた。之等の批評は事件發生の狀勢を知らざる第三者の言ではあるが、それだけ一抹の眞理がその中に含まれてないとは云へない。

私は右翼思想に反對ではあるが、右翼思想は今現に多數の民衆を支配しつゝある思想として動かすべからざる存在である。而して由來右翼思想は理性よりも直觀に根據し、意識の世界よりも本能の世界に生きてゐる。その故に此の思想を理論付けることは困難ではあらうが、若し徒に直觀と本能とに放任して置くならば、日毎に別個の理論に蠶食されるだらう、又若し反對思想家の自由なる批判と檢討とに曝さないならば、右翼思想は萎微退步するの外はあるまい。右翼の人々は自らの思想を組織し系統付けるべきである。而して此の思想が無意識の世界に立て籠つてゐるだけに、平生意識の世界に於ては進步思想を採るものが、一旦非常の際に突如として本能の聲に動かされることが多い。此の人々の潜在的思想を白日の下に齎す爲にも、右翼思想は組織され公衆の前に現はれねばならない。吾々は右翼思想を徒に保守反動の名の下に斥けることなしに、虛心坦懷に之に傾聽すると共に、他方に於て忌憚なき批判檢討を怠つてはならないと思ふ、かくて始めて思想の眞正の進歩がありうるのである。

昭和八年十一月號「文藝春秋」

(三) 國家社會主義の批判

(一) 緒　言

最近の吾が國社會思想において注目すべきことは、ファッシズムと國家社會主義との擡頭である。この兩者の負擔者の間にいかなる聯關が存するかに就て、私は確實に知る所がない。從つて暫く國家社會主義のみを單獨に捉へて、その理論を批評の對象に置くこととする。その理論の代表者として赤松克麿氏を選び、同氏の小冊子「國民主義と社會主義」、昨年十一月號「日本社會主義」誌上の論文「國際社會主義における空想主義と現實主義」と、昨年十二月號「改造」誌上における論文「科學的日本主義から出發して」、本年一月號「經濟往來」誌上における座談會の記事を、私の批判の資料としよう。

同氏の國家社會主義を讀過して私は四箇の論點に分つて檢討することが必要であると思ふ。

第一は暫く國家社會主義を前提として肯定し、その上に於て同氏の思想構成は果して私を首肯せしめうるか否か。第二に國家社會主義自體は果して是認しうるか否か。第三に國家社會主義を批判するマルクス主義者の立論を、私はいかに再批判すべきであるか。最後に國家社會主義は私の反對する所なるに拘らず、ある種の暗示を日本の社會思想界に投じてゐると思ふが、それは何であるかそれをいかに我々は取扱ふべきであるか等がそれである。第一と第二の論點を本文に於て述べ、第三と第四とに就ては別に稿を改めて說くこととする。

(二)　國家社會主義の內容

凡そ一切の社會思想に對して、私は三箇の問題を提起しその解答を要求する。まづ第一にその思想はいかなる哲學を持つか、第二にそれは現存資本主義の秩序といかなる交涉を持つか、第三にそれは思想實現の方法として何を提示するかといふことである。赤松氏の國家社會主義はそれが依據する哲學について全面を展開してはゐない、だが既に國家社會主義といふ以上は、社會主義と國家主義との抱合である、從つて國家主義といふ社會哲學のみは、赤松氏も論及して居られる。次に赤松氏の資本主義に對する對案は社會主義社會である、之に就て同氏は上述の著述に於て詳論しては居られないが、旣に同氏の從來の立場から當然として省略されたのであらう。而して最後に社會主義實現の方法として、氏は議會主義と言論自由主義とを採るか、或は又暴力革命主義と國家社會主義者の獨裁主義とを採るかを明示されてゐない。唯社會主義の實現方法として、國際性を否定し國民性を力說し、このことが同氏の所論の主要部分を形成してゐる。

然らば赤松氏の社會哲學としての國家主義又は國民主義とは何であるか。氏はいふ、「マルクスからいへば、國家主義とか國民性とかいふものは反動主義である、こんなものはブルジョアジーの主義である。プロレタリアはインターナショナルである。國家と國民とを口にすることは一つの反動的ショーヴィニズムであるといふのでありますが、私はそこに非常な共產黨主義者の偏見があると思ひます」(「國民主義と社會主義」一九頁)。

進んでマルクス主義の國家觀を排斥して、國家は搾取階級が非搾取階級を壓迫して搾取を可能ならしめる强制機關ではない、從つて階級對立がなくなつても强制機關としての國家は消滅するのではない、強制力は人類の生活を統制する權力として絶對必要であり、搾取がなければ強制がないといふことは餘りに觀念論的な考ではないかと考へられる（同一九―二三頁）。かくして強制機關としての國家の存在を是認することにより、國家主義が反動主義ではなく、進歩主義と結合されうると推論されるかの如くである。

進んで氏の國民主義を窺ふと、元來プロレタリアの國家主義とは、マルクスの「共產黨宣言」に於ける萬國の勞働者よ團結せよといふ言から出たのであるが、プロレタリア國際主義は實はブルジョアーの國際主義から產れたのである。アダム・スミスから始まるマンチェスター學派により叫ばれた自由貿易主義が實現されゝば、世界單一の經濟社會が成立し、各國民は國民意識を失ふ、と考へたのはブルジョアーの學者であり、それを背景としてマルクスも亦萬國の勞働者が國民意識を失つて、國際的團結が可能であると考へた。然るに前世紀の末から現代にかけてブルジョアー・インターナショナルは敗れた。工業が輕工業から重工業へと推移するや、

「自由貿易主義は保護貿易主義となり、門戸開放主義（市場・資源の開放）は門戸閉鎖主義

（市場・資源の獨占）となり、國際的自由競爭主義は國家的獨占主義となり、世界平和主義は武力對立主義となつた。國際的分業に基く單一的世界經濟は、自給自足的經濟の方向へ進んで來た」（「日本社會主義」十一月號六頁）。

現代に顯著なるはブルジョアーの國民主義的傾向である。それと共にプロレタリアも亦國民主義的となる。

「ブルジョア・インターナショナルは破壞された。然らば萬國のプロレタリアはどんな立場に置かれたか。優勝國民のプロレタリアは高き生活水準を獲得し弱小國民のプロレタリアは低き生活水準を押しつけられた。……アメリカのプロレタリアは日本のプロレタリアの移入を拒否し、かつ既往の日本プロレタリアに對して民族的差別待遇を強要した。こゝに於て萬國のプロレタリアを貫く橫斷的なる連帶意識は必然的に稀薄化せざるを得なくなつた」（同六七頁）。

「人類の歷史は階級鬪爭の歷史であると共に民族鬪爭の歷史である」、「國內的に階級と階級との生存鬪爭があると共に、國際的に國民と國民との生存鬪爭があることは、世界歷史が我々に呈示する眼前の事實だ」（「改造」十二月號七四頁）。

以上の如き現實の認識からそして恐らくその現實を正當と是認して、氏の議論は社會主義實現の方法に接續する。世界のプロレタリアは國民的なるが故に、自己の生活水準を引さげてまで、他國のプロレタリアを援助する筈がない。のみならず一國に社會主義が實現されようとも、その社會主義國と他の社會主義國とは、依然として自己の生活水準を維持せんがために鬪爭する。社會主義の實現した曉は、世界に平和が來ると思ふは、共產主義者の夢である。國民對國民の生存鬪爭が圓滿に解決された曉に於てのみ、始めて世界平和の曙光が見えてくる。それまでの間吾々は社會主義を世界的に實現することを夢みずして一國內の實現のみを圖るべきである。然らばいかにして一國內にそれを實現するか。外國のプロレタリアは國民的なるが故に、その援助に依存すべきではない、一國無產階級の戰鬪力にのみ依存すべきである、モスコーの命令を至上命令と奉戴するは、愚劣千萬である。更に各國プロレタリアは「自己の生存權の確保を第一義として世界政策を決定するのだ。」このことは一國プロレタリアの水準を引あげるためには、他國を侵略するも可なりといふ結論に至るか。氏はそれを明白には云はないが、然し恐らく氏の論理的歸結がそこに到達するであらうことは、前後の文意よりして觀取しえられると思ふ。

（三）國家社會主義の內在的批判

以上は私の把握した赤松氏の國家社會主義の要約である。之に對して先づ第一に、私は暫く氏の國家社會主義を正當と前提して、氏の思想構成の過程が論理的なりや否やを檢討しよう。氏が國家主義を說く場合に、マルクスの國家觀に反對して、強制權力の機關としての國家が必要だといふ意見は、私も同感である。然し強制機關としての國家の存在を是認することと、國家主義を合理的だといふこととは、全く別箇の問題でなければならない。凡そ國家といふ單一の言により二つのことが意味される。一は命令強制機關であり、他はかゝる機關により統一される多數人間の集團である。而して國家主義といふ場合の國家とは後者を意味し、かゝる集團を根元的の價値あるものとし、これに對して個人を以て派生的の價値しかないといふことに、國家主義といふ社會哲學の本質が存するのである。從つて強制機關としての國家を是認したとて、それが直に集團としての國家を根元的の價値あるものだといふ立證にはならない。」氏はこの點に於て國家の語義を混同して、國家主義の正當性を說くに、論理の飛躍を犯してゐる。

次に國民主義に轉ずるならば、氏は國民主義と國家主義とを同視して居られるが、國民と國家とは必ずしも同一ではない、一國家が數國民を抱合することあると共に一國民が數國家を構成することもある。然し此點は暫く氏が國民を國家と同視する新用語例を開いたと假定する。現代のブルジョアーもプロレタリアも國民主義的であるといふ事實の認識に於て、私は氏と同意見である。然し氏の國民主義の擡頭過程の說明に於て、資本主義が輕工業より重工業へ推移したことに、ブルジョアーの國民主義の成立が理由づけられ、勞働の移住の不自由性にプロレタリアの國民主義の成立が歸せられるに就ては私に異論がある。氏のこの點の說明は三箇の誤謬を包含する。第一に氏は國民主義なるイデオロギーを全面的に把握して居られない。國民主義とは一國民は言語、風俗、感情、歷史、文化等に於て特異の樣相を有するが故に、消極的には他の國民と獨立に扱はれることを要求し、積極的には他の國民に對して擴張普及せんことを意圖する思想である。氏の國民主義とは單に經濟生活に於て現はれた國民主義であり、之を以て國民主義の全體とするは、一部を以て全部とする錯誤であり、否寧ろかゝる經濟的國民主義こそは、國民主義の表現であり結果である。第二に氏の叙述は歴史的事實に反する。氏は國民主義は前世紀の末から擡頭した思想と見られるが、國民主義運動は希臘の獨立、白耳義の獨立、伊太利の獨立、獨逸の獨立等となつて、既に氏のいはゆるブルジョアー・インターナショナルの全盛時代なる前世紀の中葉に於て現はれてゐるのである。この歴史的誤謬は一は氏が國民主義を單に經濟的にのみ解したことに原因する。第三に氏は國民主義の擡頭を、輕工業より重工業への資本主義の轉化に原因せしめる。かゝる説明は意識的にか無意識的にか、唯物史觀の立場に立脚する。氏が多くの點に於て共產主義者と對立するに拘はらず、根本の哲學に於て氏は果して唯物辯證法をとられるのであらうか。寧ろ世界の國民主義的傾向は、始めより根蔕強固なるものがあつて、たとへ經濟組織が世界的にならうとも、經濟關係に左右されざる獨自のものとして殘されてゐたのである。それを經濟關係により精算されるものと考へた所に、ブルジョアー・イデオロギーの代辯人としてのベンサムの快樂主義的人間觀の誤謬があり、プロレタリア・イデオロギーの代辯人としてのマルクスの唯物辯證法の誤謬があつたのである。赤松氏は自ら知らずしてマルクスの哲學の上に立たれたならば、須らくそれを清算すべきであつた。それから脱却しない限り、プロレタリア・インターナショナルもまた必然に決定されたイデオロギーとして是認せねばならない羽目に陥り、赤松氏はそれを誤謬なりと排擊しえざる自繩自縛の窮境に立たざるをえないであらう。

以上の誤謬の外にまだ一つ問題は殘る。世界のプロレタリアに國民主義的傾向の存在することは事實である。然しかゝる事實の存在を認識することは、必ずしも國民主義を正當として是認することの根據とはなりえない。事實としての國民主義は或はこれを排擊せねばならないかも知れないからである。いふまでもなく前者は「事實の問題」であつて「權利の問題」ではなく、事實はそのまゝに價値の判斷とはなり得ない。氏は國民主義を是認する限りに於て、事實としての國民主義の存在を說く以外に、別に國民主義を合理的なりとする論據を提示せねばならない。それを缺くことは社會科學的認識と社會政策的認識とを混同するものと斷ぜねばならない。

國家主義國民主義に就て之だけのことが云はれた後に於て、更に附加せねばならないのは、氏が果して自己の社會主義を抱合せしめんとする國家主義國民主義の實體を、餘蘊なく究明し盡したか否かといふ問題である。國家國民主義とは社會哲學の發展史上に於て、果していかなる段階にあるのか、國家や國民の名に於て叫ばれることは、果して國家國民の全成員を考慮の中に算へてゐるのか。赤松氏が今や貴重なる社會主義を提げて、結合を圖らんとする國家主義國民主義は、社會主義の實現を促進する原動力たり得るか、社會主義はその結合により自らを消失する幻滅の悲境に立たないと斷言し得るか。多くのことを賭せんとする國家國民主義の實體こそは、氏が全力を傾倒して究明すべきことであつた、而も吾々は多くを氏から聞くを得ない。こゝに氏の國家社會主義の最大の遺漏があることは後述するが如くである。

轉じて社會主義實現方法としての國民主義に及ぶ。氏の國民主義からはいふ、各國プロレタリアは國民主義的である、自己を犧牲として他國のプロレタリアを援助しない、故に自國のプロレタリアによつてのみ社會主義を實現すべきだと。この結論に私は異論はない、然し他國のプロレタリアの援助は、必ずしも自己を犧牲とするを必要としない。米國のプロレタリアは日本のブルジョアーの侵出を恐れるが故に、日本のプロレタリアのブルジョアーへの鬪爭を援助しないとは限らない、この場合に何故外國のプロレタリアの援助を排斥せねばならないかは、氏の説明だけでは充分ではない。氏は他國の援助に大して信頼が出來ないといふことには成功する、だが信頼が出來なくても排斥せねばならないといふ説明がない。氏の國民主義は更に一歩進めて、一國プロレタリアは生存權確保を第一義とすると云ふ立場から、他國への侵略を是認する如くである、然し現時に於てプロレタリアの生存權の確保から、他國への侵略が企圖されるであらうか、又他國への侵略は結果に於てプロレタリアの生存權の確保に役立つであらうか。なるほど市場の擴張は、ブルジョアーの利潤を增加する、その限りに於てプロレタリアの條件が向上しうる可能性は增加するであらう、然し之だけのことならばプロレタリアがブルジョアーの利益の殘滓に浴しうるといふことであつて、社會主義の實現が促進されることではない。侵略主義としての國民主義と抱合することにより社會主義は何のうる所なくして止まるの外はない。更に氏によれば、各國に社會主義は實現されても國民間の生存鬪爭は絕えない、世界平和は直に來らずしてその鬪爭の圓滿に解決された後にのみ來る、一國民が他國民の犧牲となることは「安價なる人道主義」である。若し果して「安價なる人道主義」に信頼が出來ないなら、國民間の生存鬪爭は永久に持續し、鬪爭の解決される時機があらうとは思はれない。それなら氏によれば結局世界平和は永久に到來せずして、世界は常住不斷の修羅の巷でなければならない。而も氏は社會主義はまづ第一段階に國民的に實現し第二段階に於て世界的に實現すると云ふ。國民的より世界的への推移は、「安價なる人道主義」に信頼するか、抑も又國民的鬪爭の激化によるのであるか。後者によることは世界平和を夢と化することであり、前者によることは國民主義の自己破綻でなければならない。この矛盾を氏はいかにして脱却せんとするか。

最後に氏の國家社會主義は、社會主義實現方法として革命か議會かに就て一言も觸れてゐない。氏は多年の社會民主主義を奉じて、依然として議會主義を維持されるのか、抑も又急轉回して暴力革命主義を採らんとするか。若し國家社會主義の提唱が、單に國民主義と社會主義との結合にのみあるならば、さまで事新しき轉化ではない。國民主義との結合は當然に革命主義への轉化を包含してゐるのではあるまいか、而も氏はそれを暗默の裡に隱蔽してゐるのであらう。若し果して然らば、それを明白に表現して氏の轉向を理論的に説明せざる所に、氏の立論の不充分さがある。

以上は氏の國家社會主義を一應の前提として、氏の思想構成の內部的批判であるが、私は次に國家社會主義自體を正面から批判の的としなければならない。

(四) 國家主義と社會主義

一つの思想を批判するがためには、當然に批判の基準を前提として豫定せねばならない。今や赤松氏の國家社會主義の批判の場合にも、私の基準と目するものを說明せねばならない譯であるが、幸にして赤松氏と私との間には共通の一點がある。それは我々は共に社會主義者だといふことである。赤松氏に於て國家主義と社會主義と、いづれに主點があるかは人により意見が分れるであらう、然し私は同氏の文章に現はれた限りに於ては、氏は社會主義に主點を置き、その實現の方法として國家主義との抱合を企てるものと解釋する。こゝに於て私の批判は次の一點に歸着する、國家社會主義は社會主義に對して果して忠實なるや否や。

國家主義とは國家と稱する個人の集團の維持と發展とに第一義的價値を置き、個人各個はその手段として派生的の價値あるものと見る思想であり、これと對稱的の地位にあるものが個人主義である。個人主義にも快樂主義的個人主義と理想主義的のそれとがある、然し國家主義はそのいづれもの個人主義と正面に對立する。國民主義とは一國民の内的及び外的生活に第一義的の價値を置き、他の國民の生活に對し同等又はそれ以下の價値を置かんとするものである。それは消極的には自國民の文化又は主權の獨立性を擁護することに現はれ、積極的には他國民の文化又は主權への侵略を是認することに現はれる。之と對立するものが國際主義であり、他國民の文化の前に自國文化の獨自性を輕視し他國の主權を尊重して之を侵害せざらんことを努力する。暫く國家と國民とを同視するならば、國家主義と國民主義とは同一事象の異る樣相の名稱である。國家主義は主として國内に於て個人と對立し、國民主義は主として國際關係に於て外國に對立するものである。吾々の問題は、かく解釋された國家主義と國民主義とは、その本來の性質に於て、果して社會主義と結合し得るものなるや否やにある。

命令强制の機關としての國家は支配階級の被支配階級への搾取を可能ならしめる機關だとマルクス主義はいふ。之に反して國家は階級對立の上に超越して、いづれの階級の利害にも偏せざる機關であると一部の國家論はいふ。前者は階級國家觀であり後者は文化國家觀である。之に關する赤松氏の所論は明白ではないが、この兩種の國家觀はいづれも一面の眞理を有すると共に、他面の眞理を看過することに於て誤謬がある。國家はある場合に於て階級的である、例へば私有財産制度に關係する限りに於て殊にこの傾向が顯著である。然し他の場合に於て超階級的の一面を持つ、それは敎育、衞生、交通、防火等に關する警察權を顧みれば首肯されるだらう。若し命令强制機關としての國家を階級國家と見るならば、かゝる機關により統一される集團としての國家もまた、必然に階級的たらざるをえないものとなり、國家主義は支配階級への阿附思想となるであらう。然し命令强制機關としての國家に超階級的一面を認める吾々は、集團としての國家が必然には支配階級の利益により左右されるものとは認めない、從つて國家を第一義的價値ありとする國家主義が必ずしも反動的傾向を持つものとは斷言しない。前世紀における英國保守黨に屬するヤング・イングランド黨は率先して勞働立法運動に參加し、獨逸のビスマルクが社會保險法の制定に貢獻したるが如き、更に遡れば十八世紀に於ける開明專制君主又は政治家の治績が、必ずしも權力階級の利益にのみ加擔したのでない一面は、國家主義の非反動的性質を物語るものといふべきである。

だが然し以上のことは國家主義が反動的傾向を持つといふ必然性を否定するだけで、國家主義が社會主義と結合し得るや否やといふ問題を論ずるに當りては、國家主義の到達すべき蓋然性を檢討せねばならない。而してこの觀點に立つ時に國家主義は次の三點において、社會主義と抱合しえない危險性を包含する。

まづ第一に國家主義と國民主義とは同じく、人間の感情に根柢を有することを本質とする。こゝにこの思想が他の思想の持たざる強みがあると共に、他の思想列に置きえない特異の色彩がある。既に感情に根據を持つが故に、この思想が終局の賴みとする所は、從來の傳統と因襲とに執着する人間性である。人間にかゝる傾向の絶えざる間は、國家主義は容易に跡を絶つまい。然しこの思想は理智により論理により組織されざることの故に、神祕の境に自己を隱蔽して、批判と吟味とを排斥する。かゝる實體の不明なる思想に、社會主義を結合せんとすることは、策として危險の道程に己れを驅り立てるものなるのみならず、國家主義はその本質に於て一切の改革的思想から清算されねばならないものである、なぜなれば感情に根據を有し因襲と傳統とに依存する思想は、その實體を窮追するならば、凡そ改革的思想と相容るべからざるものだからである。一時の權變として國家主義を利用せんとするならば別として、苟くも眞摯に社會の改革を圖らんとするものは、國家主義を利用すべきに非ずして、民衆をしてそれへの淸算に路を進ましむべきである。

次に國家主義は國家を以て第一義的の價値あるものとする、從つて國家は批判の對象とならずして批判の出所となり淵源となる。ヘーゲルが「法律哲學」にいふが如く、國家が道德的理念の實現であるならば、國家の行爲はすべて是認せらるべくして、それを批判することは冒瀆であり不道德でなければならぬ、なぜなればそれを批判することは、國家以上の價値あるものの存在を豫定するからである。國家にかゝる無批判的の尊嚴性を與へ、神聖不可侵の地位を占めさせることは、我々の道德心を枯死せしめるのみならず、國家の行爲は結局個人又は個人の集合の行爲であり、個人又はその集合の行爲が批判の對象となるならば、國家の行爲もまた當然に吾々により批判されねばならないものである、然るに國家の行爲といふ不可思議なる別種のものが存在するかの如く考へることは、現實の國家行爲の構成される過程を無視することである。若し國家を以て批判を許さゞる神聖のものとするならば、國家主義より來る論理的歸結は國家をあるがまゝに放任するといふ宿命論に陷り、結局は現狀の維持に終る保守主義である。國家主義が現存秩序の維持に終らんとするに拘らず、社會主義は私有財產を××せよと云ふ最も急進的の改革思想である。國家主義者は國家の尊嚴に加ふる所あらしめんがために、暫く現狀の改革を妥協するかも知れない、然し國家主義は早晩その本質よりして一定の停止點に到來せねばならない、その時社會主義者がその改革の不徹底性を咎めるならば、國家の神聖に容喙するものとして叱責されねばならないだらう。凡そ國家主義と社會主義とは到底相調和し得ざる異種物である。

　更に國家主義は國家なる集團を直接の對象となし、國家を構成する個人をば單に間接の對象とするに過ぎない。而して國家の何を對象とするかと云へば、文化の如き內的の條件をとらずして、經濟力の發展とか領土の膨脹とか軍備の充實とかの外部的條件に重要性を置き易い。國家主義とは集團の外部的條件を第一義的價値あるものとする所に本質がある。國家は個人の集團であるから、國家を對象とすることは、當然にそれを構成する個人の全體に關心せねばならないに拘らず、國家とは個人を離れた抽象的の一體と考へられ、それに必要ある限りに於てのみ個人の運命は考慮に置かれるに止まるのである。のみならず國家の外部的條件に囚はれる結果は、更に一層この傾向を助長し易い。これ等の條件は必要なものではある、然し本來は個人の人格の成長に對する條件として、相對的價値しか持たないものである。然るに之に絶對的價値を與へることは、いよ〳〵個人の運命と隔離せしめるに至る。なるほど國家主義は必ずしも個人の成長に無關心ではない、然し勞働者が國家主義から關心されるのは、それが國家の統一と平和とを圖るに必要だからであり、生產力の發展に必要だからであり、國軍の衞生保健のためだからであり、勞働者自體を直接の目的とするのではない、勞働者の運命は國家の爲と云ふ目的より來る反射的利益を享受するに過ぎない、かゝる反射利益は早晩限界點に到達して、それ以上は無視されるに相違ないのである。同じ社會政策的施設でありながら、獨逸の如き國家主義國と、英國の如き個人主義國とを比較せば、この事は直に理解されうる。況んや社會主義の實現の如きは、それを實行せざることが、國家の存立を危殆に驅るが如き急迫の事情にない限り、國家主義により是認される筈がない。もし眞に勞働者の運命を改革せんと欲するならば、國家主義と結合を圖るべきではなくて、國家主義的思想をまづ崩壞に導いて、個人の運命を前景にもたらす思想の擡頭を助けねばならない。それこそが社會主義への路を開く第一歩である。國家主義と社會主義とは唯結合しうるが如き外觀を呈するに過ぎない、それは本來の姿に於ては、互に分離すべき敵對思想である、之を結合せんとするは呉と越とを同舟せしめんとする愚策である。

國家主義と社會主義とはかゝる反撥性を有する。然らば國民主義と社會主義とはどうであらうか。

(五) 國民主義と社會主義

社會主義と國民主義との結合を考察するに當つては、國民主義をさきに述べた樣に消極積極の兩面に分つ必要がある。國民主義の消極的主張は、一國民の文化及び主權の獨自性を保持せんとするにある。この意味の國民主義に對立するものは、徒らに外國の文化を讃美し渇仰して、自國文化の特殊性を無視せんとするもの、又は他國の要求の前に自國の主權を讓歩せんとするものである。今日後者の如き意見を有するものは多くはあるまい。然し吾が國を以て北米合衆國の一州たらしめ、勞農露西亞の一部たらしめるも可なりといふものが絶無ではない。もしそれ後者の如き意見を有するものは決して少くない。然し私共は消極的主張である限りに於て國民主義に賛成せねばならない。

一國民はその言語、風俗、感情、歴史、文化等に於て他國民と異るものを有する。國際交通頻繁なる今日に於て、各國民の生活要素が接近しつゝあることは勿論であるが、而も尙國民獨自の要素は決して消滅することはあるまい。他國の優越せるものを吸收することを少しも排斥するのでないと共に、自國の獨自のものへの評價を忘却することは、その國民全體の人格の成長を助ける所以ではない。而して他國の主權が我々を支配することは、恐らくは、自國の獨自の生活要素を蹂躪する危險性を持つ。かくて我々は自國の主權と文化との獨立性のためには、財を棄て生命をなげうつとも之を擁護する必要がある。この意味に於て吾々は愛國者でなければならない、又この意味の國民主義者でなければならない。吾が國民の缺點は、凡そ國民主義ならばその一切を是認するか、又は凡そ國民主義ならばその一切を否認して、この意味の國民主義を眞に把握し體得せざるにある。

こゝに於て問題は、この意味の國民主義と社會主義との關係如何にある。兩者が關係する第一の場合は、他國が一國の社會主義運動に對して抑壓的の干渉を試みることである。目下の事情に於て吾が國と外國との間にかゝる關係が發生するとは考へられないが、萬一社會主義運動の進展がある程度に達した時に、資本家階級が窮餘の策として他國の援助を求めることがないとはいへない。この場合は一國主權の獨立性を主張する國民主義の立場よりして、斷じてかゝる容喙を排撃せねばならない。今日國民主義を口にする一部の人々が、この場合に外國の援助に依賴するが如き矛盾を犯さないとは限るまい、然し若しそれ等の人が眞正に國民主義をとるならば、この矛盾を犯してはならない筈である。第二の場合は他の社會主義國(例へば露西亞の如き)又は他國の社會主義團體が、一國の社會主義を援助することである。この場合は更に分れて二つとなる、即ち一は一國の社會主義の內容に關して、他國が强制的の容喙をする場合である。例へば社會主義と國體との關係に就て、或は社會主義實現の方法として議會か革命かに就て、各國を通じて一律の行徑をとるべきことを要求するが如き之である。この點に關して第二インターナショナルと第三インターナショナルとの間に對立が生ずる譯であるが、各國國民の物質的方面は資本主義なる國際的共通性を有するとも、各國は所與の自然的條件に於て同一でないのみならず、各國の文化は決して一律ではない。等しく社會主義をとりながら、その內容が何であるかは各國の異る條件に適應して異らねばならない。赤松氏が社會主義の國民性を唱ふる時に、この點に關する限りは正當である。各國民の生活要素は現に國民的である、又國民的たる事が國民成長の爲に必要である。然らば國民生活の一部としての社會主義も亦、他の生活要素と適應した形態をとることが、國民成長の爲に必要でなければならない。今一つの場合は外國が一國の社會主義の獨自性を認めながら、その運動に對して援助する場合である。赤松氏は各國プロレタリアは國民的なるが故に、かゝる援助は起らないと斷言されるかの如くであるが、私は必ずしもさうではないと思ふ。若しかゝる援助があつた場合に必ずしもそれを排斥する必要はない。その援助は一國の主權を侵害するのでもなければ、又一國民の獨自の文化を阻止するのでもない。之を甘受することは毫も國民主義の本質を傷つけるものではない。唯現實の問題としては、かゝる援助と外國の援助に對する國民一部の反感とが、比較考量していづれが社會主義運動の爲に得策であるかにある。日本の如き國に於ては援助を受けない方が然しないのであらう、何となれば善かれ悪かれこの國民の排外心は盲目的に強烈だからである。然し之は利害打算から來る賢愚の問題であつて、何れを採るべきかといふ主義と原理との問題ではない。

進んで國民主義の積極的方面に及ぶ。この方面に於て國民主義は他國の主權又は文化の獨立性を侵害する形態をとる。前述の國民主義が消極的であるに反して、この意味の國民主義は攻撃的であり積極的である。赤松氏は明白にではないが、暗默の裡にこの國民主義を是認されるかの如くである。なるほど各國が現にこの意味に於て國民主義的であり、プロレタリアでも尙國民主義的であり、階級闘爭と共に民族闘爭が我々の眼前に現はれる事實たることに疑ひはない。然しこの事實を事實として承認することと、この事實に反對し別箇の方面へ誘導する必要がないといふこととは同一ではない。積極的の國民主義はそれ自身に於て普遍妥當的の原理たり得ない。若し一國民が自國の利益を第一義に考へることが正當であるならば、他國民も亦自國の利益に就て同樣のことが考へられねばならない。恰も利己主義が普遍妥當的の原理たり得ないと同じく、この意味の國民主義も亦、何國民にも妥當し何國民も亦その原理に服せざるべからざる原理たり得ない。既にそれ自身に於て普遍妥當的の原理たり得ず、又それ以上の原理を認めないとすれば、一國民の利益と他國民の利益との衝突は、武力を以て解決するの外はない。武力の劣れるものは弱きが故に一時屈するかも知れない、然しそれは彼等が納得し得心したるが故に屈したのでないが爲に、彼等の道德感は必ずや復讐を忘れさせまい。ひそかに他日の武力の準備を企圖する、かくして世界は永久に修羅の巷と化して平和と秩序とは地を拂ふだらう。かゝる狀勢は國民を化して不斷の軍人たらしめることであつて、人としての成長の如きは措いて顧られない。侵略的の國民主義は斷じてとるべからざるものである。人は或は云ふかも知れない、現在の國家間の境界が既に正義に合しない不合理のものである、之を改廢することこそが正義であると。なるほど我々も亦現時の國境が何等合理的根據を持つものでないことを承認する、豐富なる資源を獨占する國民あると共に、貧弱なる自然に蹰躇する國民があることは、一國民内におけるブルジョアジーとプロレタリアートとの對立に比すべき、止揚さるべき對立である。然し問題は、如何にしてこの不公正を除去すべきかにある、之を戰爭に訴へて除去せんとするは、侵略主義の主張である。然し國際間の不公正を訴へる前に、まづ内に顧みて國民の中に不公正がないと云へるか。國際的に公正を要求するものが、その國民の利益が一部少數の特權階級により獨占されてゐるならば、國民の名に於て國際的公正を求める資格はない。而して外國をして納得せしめる所以でもない。まづ着手さるべき改革は、國內に於て社會×××××するにある、而してそれの進行と共にそれの完成に應じて、國際間の正義を不斷に絕叫するにある。

だが之だけではまだ侵略的の國民主義と社會主義との結合に論じ及んではゐない。私の考へでは、國民主義と社會主義とは、斷じて結合しえざる反撥性を有する。第一に國民主義的心理と社會主義とは正反對の立場に位する。國民主義は前述した國家主義と同じく、國民なる集團を捉へてこれを他の國民と對立せしめる。而も國民の領土的經濟的軍事的の膨脹發展が考へられる。他國民と對立せしめられた場合に於て、國民は唯その抽象的の概念としてのみ考へられ、國民を構成する個としての人間が沒却され易い。國民の領土軍事經濟等の發展を考へさせられる時に、之等の發展それ自身が價値あるものたるかの如くに思はれ、それはより價値あるもの(人格)の發展の條件たるを忘却せしめ易い。而して個としての人間と人格價値とが沒却される所に、決して社會主義は成長するものではない。社會主義の系統の異るにより、ある社會主義者はかゝるものが社會主義の爲に不必要であると考へるかも知れない。なるほど社會主義自體も條件たる物質的環境を改善せんとするものではある、然し社會主義が物質的條件を改善せんとする場合にもそれは暗々裡に個としての人間の人格の尊重を前提とする。社會主義は必然の前提として、個人主義人格主義の普及を必要とする。國民主義は社會主義と結合しえざるのみではない、東と西とに背馳する對蹠物である。

次に國民主義は他國への侵略の爲と、他國よりの復讐に備へる爲、不斷に國內の統一を重要視せねばならない。統一の前にはあらゆるものが犧牲とされる、外よりの脅威の前に國內の階級對立に眼を塞がしめるのみならず、對立自身が解消するの餘儀なきに至るであらう。其故にこそ保守主義者は國內の動搖を阻止する爲に、往々にして外國と事を構へて國民の視點を他に轉ぜしめんとするのである。凡そ國民の統一といふ觀念ほど、現狀維持に便宜なる合言葉はない。改革的思想を抱くものは、現狀を放任しようとするこの種の魅惑に對して、不斷の警戒と監視とを怠つてはならない。のみならず他國への侵略と他國の復讐への防備とは、軍備の充實擴張を必要とさせ、財政における軍事費を巨額ならしめる。かうして勞働者の地位を改善する設備を講ずる餘地が少くなる。社會改革家が昔から、平和と軍備縮小と經費節約とを唱へるは決して偶然ではない。侵略的國民主義と社會主義とは、遂に相容るべからざる矛盾である。

最後に赤松氏の社會主義實現方法はどうか。氏は明白には云はれないが、私の推量によれば×××主義と國家社會主義者の獨裁主義とを唱へるのではあるまいか。既に國家主義と侵略的國民主義とに立つ限り、歸結はこゝに到達し易い。國家主義と國民主義とは、國體主義であり能率主義であり結果主義であり權力主義であり威壓主義である。而して之等の何れもが言論の自由を認めることと、多數の合意により共同の問題を處理することとは衝突をする。國家主義國民主義の思想の强固なる國に於て、卽ちそれらの思想が一旦他の思想により解消される暇なかりし國に於て、議會主義と言論自由主義とは根柢を据ゑ難い。吾が國に於て社會主義が共產主義としてのみ發達するのもこゝに原因がある。しかして同一の原因が赤松氏をして多年の社會民主主義を放棄せしめるに至つた。革命主義と獨裁主義との非に就ては、私は今は說かない。拙著「社會政策原理」第四章第三節を參照せられたい。××獨裁主義が勢力を獲得し得るは、その國に國家主義國民主義が牢乎たる勢力を持つからである。而して社會主義が國家主義國民主義と反撥するに拘らず、社會主義の敵たる國家國民主義を清算するに急がずして、それの潮に乘じて革命主義獨裁主義を唱道するは、社會主義の眞實の成長を圖る所以ではないのである。之を洞察することなしに、社會主義者は××獨裁主義を振りかざすことにより、自ら知らずして國家國民主義の生命を延長せしめ、ファッシズムの擡頭を助長せしめつゝあるは、まことに思想界の奇怪なる悲劇である。

(六) 總括的批判

さて赤松氏の國家社會主義の總括的批判を試みよう。日本國民には國家主義と國民主義とは牢乎不拔の根蔕を持つ。明治維新以來の内外の事情は、それを清算せしめなかつたのみでなく、それを助長するに與つた。この點に於て革命前の露西亞とやゝ近似し、大戰前の獨逸と大いに類似する。英米佛の如き國に於て、自由主義の思想により崩壞の途上にあつた思想は、吾が國に於て今も尙國民の多數を支配してゐる。それが何故であるかに就て、私は續稿に於て詳說するつもりであるが、要するにこの事實を吾々は認識する賢明さを持たねばならないと思ふ。之を打算の外に置くことは社會改革者の怠慢である。

だがこの事實を認識する必要あることは、この事實に對していかなる批判をするかといふことと同じではない。この事實を認識するならば、この國に於て國家國民主義に抗爭することが至難なることを感ぜしめるだらう、革命獨裁主義を克服することは、鐵壁に當るが如き思ひがするであらう。このことが往々にして人を驅つて現存する潮流に妥協せしめんとする。而して社會主義に熱心なるものが、捷徑として國家國民主義の潮に乘ぜんとする魅惑がこれから發生する。彼等は必ずしも社會主義に惡意あるのではあるまい、却て熱心なるの餘りに、この權道によらんとするのである。然しそれは效果を急いで才人才に溺れるものである、人間往々にしてかゝる分岐點に立ち去就に迷ふことが多い、社會改革者の心すべきはこの場合に進退を過たないことであると思ふ。

吾々は國家國民主義と社會主義とが、その本質に於て結合し得るや否やを洞察する見識を持たねばならない。若し如上の私の說明にして過誤なくば、兩者は遂に調和しえざる異質物である。キップリング嘗て東洋と西洋との差異を歌つて、『東は東、西は西、二者は永久に相逢ふことなかるべし』と。國家主義と社會主義とは永く相逢ふことなかるべき對立物である。然し常正に現はれた場合に兩者が對立することは夙に觀破されうるに拘らず、しばしば異る二物が一應相容れるが如き外觀を呈することがないではない、今や國家國民主義と社會主義とは共に自由主義なる思想を中間に挿んで敵對關係にある、このことが兩者の類似性を思はしめる錯覺の原因である。だがあることに反對する二物は、必ずしも相互に調和するものではない。社會主義を國家主義國民主義と結合せんとする試みは、社會主義と反對なる思想の勢力を强め、我れと我が身の墓穴を掘らんとするものである。國家主義より利用された揚句に、必要の消えた後に放棄される運命にある。

赤松氏の現實への尊重は、やゝもすれば氏をして現實との鬪爭を忘却せしめる。各國民は國民主義的なるが故に、民族鬪爭は必然である、世界の平和は安價なる人道主義であると氏は云ふ。なるほど人道主義に抗爭する人間の現實の欲求は强烈である。然し科學者はこの事實を認識するに止まらうとも、改革者は現實の欲求と抗爭して、いはゆる安價なる人道主義の擡頭を促成せねばなるまい。若し人道主義を安價として沒却するならば、凡そ現實の欲求を是認するに止まつて、その結果は階級鬪爭さへも不可能にし、社會主義さへ實現を夢と化する、なぜなれば個人的の欲求と階級の欲求とは決して同一ではない、階級鬪爭を成立せしめるには、個人の欲求を克服して階級に奉仕する『安價な人道主義』の昂揚にまたねばならないからである。

要するに赤松氏は社會運動界における共產主義との對立に急なるの餘り、自ら知らざる裡に國家國民主義との結合に、己を驅り立てたのではないか。なるほど共產主義は色々の點に於て、吾が國民心理に合する要素を含む。之と抗爭することは困難であらう。然るにも拘らずそれとの抗爭の道を、國家國民主義との結合に求むべきではない。依然として唯物辨證法哲學と革命獨裁主義との批判を繼續することにあらねばならない。赤松氏の企圖は或は一時の權變として、共產主義との抗爭を容易ならしめるかも知れない、然しその高價なる代價として、日本の社會改革の途を延期せしめることとなる。吾々は自巳の主義の勝利を助けるがために、社會の進化を逆行せしめる方面をとるべきではない。嘗ての操守を保持することは、小さき主義の敗北に終らうとも、日本の改革を正常に向はしめるといふより大なる主義の勝利をうたふことが出來るのである。かくて赤松氏は依然として舊道を歩むべきであつた。

× × × ×

以上の批判に於て、私は赤松氏の著述に基いて公正であつた積りである。然し侵略的國民主義と××獨裁主義とに就ては氏は明言された譯ではないから、もし氏にして明白に否定されるならば、私はその限りに於て撤回するであらう、而も大いなる喜びを以て。

國家社會主義に關しては、數名のマルクス主義者は既に批判を公にした、之を私が再批判することは、以上の批判を反面から補充する効果がある。又國家社會主義には日本の現實に即した一箇の着眼がある、之から何を我々は攝取すべきかは殘された興味ある問題である、この二つに就て、改めて別稿に於て說明を企てよう。

昭和七年一月一日乃至一月廿五日「帝國大學新聞」

(四) 國家社會主義擡頭の由來

(一) 緒言

赤松克麿氏により提唱された國家社會主義は、理論上多くの弱點を有するに拘らず、日本の社會運動に相當の勢力を揮ふであらうと私は思ふ。それを好むと好まざるとを問はず、その重要性だけは打算のうちに置かねばならない。では何故に國家社會主義にかゝる牽引性があるか、之を明かにする一つの方法は、その擡頭の由來を明かにするにある。

之に先だちて私は國家社會主義が、現今日本の社會思想界に於て、いかなる特異性を持つかを一瞥する必要がある。それは國家主義と社會主義との結合であり、その正面に對立するものが二つある、一は資本主義のイデオロギーとしての自由主義であり、一はマルクス主義である。國家社會主義が自由主義と對立する點は三つある、第一は自由主義の擁護する私有財產制度と自由競爭制度とに反對し、第二に自由主義が基礎とする個人主義の社會哲學に反對し、第三に自由主義の政治上に現はれた議會主義に反對する。それがマルクス主義に對立する點は二つある。第一はマルクス主義の階級國家觀說に反對し、第二にマルクス主義の國際主義に反對する。若しそれ筆者の立つ理想主義的社會民主主義との對立點を求めれば、第一にそれは國家至上主義をとることに於て私共の理想主義的個人主義に反對し、第二に侵略主義をとることに於て私共の平和主義に反對し、第三に×××主義と獨裁主義とをとることに於て私共の言論自由主義と議會主義とに反對する。

吾が思想界の分野に於て、かゝる特異性を有する國家社會主義は、その成生の跡を尋ぬれば、國家主義が反資本主義の色彩を明かにすることにより社會主義に近接し、社會主義がマルクス主義より離脫したことにより國家主義に步みより、かくして兩者の結合が可能にされた。この結合の割合よりみれば國家主義が主にして社會主義が從であり、そこに私共が國家社會主義に反對する根據があり、又そこにこの思想が日本に於て勢力を持つ理由があるのである。

（二）日本に於ける國家主義

然らば國家社會主義は、何故に日本の大衆を牽引する魅力を持つか、それは國家主義が日本人の間に確乎不拔の傳統的勢力を所有するからである。ある國に於て國家主義が主要潮流となるか否かはその國の對外關係に左右されることが多い。今日本の明治以來の對外關係を回顧するに、凡そ三期の段階を區劃することが出來ると思ふ。

第一期は日本が外國からの不平等の待遇を排除せんとした時代である。日本の獨立に對する外國の脅威は、明治の初期において絕無ではなかつた、その後に於ては治外法權の撤廢と關稅自主權の確立とは、日本を外國と對等の地位に置く表徵として、當時の全日本の進路の標的であつた。この時代は大體明治二十年代の初期まで繼續するが、明治四十一年の條約改正は、時代に於ては第二期に屬するが、第一期の時代の要望の結果をつけたものとみるべきである。

第二期は前期に於て日本が獨立を確保はしたものゝ、日本の隣接國に對する外國の侵略に對抗して、間接に日本の獨立を確實化せしめんとした時代である。之が明治二十年代から三十年代を通じた時代であり、朝鮮を對象として始めは支那と、後には露西亞と對立し、日清日露の兩戰役に於てその目的を達したのである。

この兩戰役は結果において日本の產業の發展を促進したことは顯著であるが、一部の學者の云ふが如く日本の帝國主義的戰爭と目すべきではない。時時戰爭の雰圍氣に生活した何人もの經驗する如く、この時に於て日本の獨立は、間接ではあるがかなりの脅威を受けてゐた、これに反撥する防衞的の意義を持つものと觀察すべきである。

第三期において日本は從前と全く異る時代に入る。この時代には直接にも間接にも獨立は確保され、防衞から攻勢へ消極から積極へと變化し、意識的に小日本から大日本へと膨脹の政策を辿つた。朝鮮の併合と滿蒙への進出は、この政策の實現であり、今に至るも繼續の半途にある。固より滿蒙の進出も日本の自己防禦といふ根據から說明が企てられるかも知れない、然し少く共その緊急さに於て前二期と劃然たる區別がなされねばならない。明治の末期から日本は第三期に入ると共に、全く新たなる對外關係に足を踏み入れたのである。

對外關係の三階段に伴うて、國家主義にも消長があつた。第一期と第二期とに於て日本國民は、外國の脅威と汚辱とに曝露されてゐた。それを排除することは、個人の成長の爲にも缺くべからざる條件であつた。而してそれを排除する方法は、唯個人が結合することによりてのみ可能であつた。かゝる狀勢の下に於ては、國家といふ統一體と個人とは二にして一であつた。國家か個人かといふ二者擇一が問題とならざる程に、兩者を區別する事が出來なかつた。この時代に育つたものは、當時いかに國を擧げて國家の爲に奉仕したか、國家の手段となることにより個人が生きると考へたかを、今も鮮かに記憶するであらう。筆者もこの雰圍氣のうちに育てられたのであるが、當時の國家主義の横溢は現代の青年の到底夢想だもすることの出來ない程であつた。かくて今日三十年代の後半以上の年齡の人々には、國家主義は拔くべからざる根柢を持つ。唯思索の修練によりてのみ、それより離脫することが可能であつた。だが第三期に入ると共に、事情は自ら異らざるを得なかつた。對外關係が一段落を遂げると共に、國民の眼は外より內へと轉じ、國家の獨立と名譽とから、國民生活の充實へと推移した。國家なる統一體に吸收し盡されたる個人が、漸く自らの地位を自覺して、國家と個人との分化を生じたのはこの時である。文藝界に於ける自然主義や人道主義、哲學界における理想主義、經濟學界における社會政策學派、政治學界における民主主義、社會思想界におけるサンジカリズム、ギルド・ソシアリズム、マルキシズムの擡頭は、その各々が相互に對立し矛盾するに拘らず、等しく國家主義の衰頽に乘じたる潮流である。一言にしていへば、第三期に於て價値の究極は國家よりして個人へと轉化した。明治天皇の崩御に際してロンドン・タイムスの特派員が天皇の崩御と共に日本は一轉機に來た、今までは日本の勃興の時期であつた、今や日本の運命は降り坂であると云つたのは、少くとも國家主義への熱狂の凋落を指示した點に於ては、肯綮を得た觀察である。

然し明治の治世四十年を持續して根柢深く植ゑられた國家主義が、一朝にして根絕する筈がない。それのみでなく、支配階級が敎育政策の根本として、國家主義を鼓吹しだしたのはこの時期からである。前期における國家主義は求めずして成立した、その意味に於て自然發生的であつた。然るに第三期に於ては意識的にそれを敎育の指導原理とした。國家主義の權威が降下し始めた時に、それの敎育が活潑になつたのは異樣の如くであるが必ずしもさうではない、凡そある思想を意識的に鼓吹することは、反對思想との對立を意識した時か、自己の思想の轉換を自覺した時だからである。かくて小學中學の教壇から社會教育の演壇から國家主義は教授され、在鄉軍人の結成と青年團の設立とにより、組織化され社會化された。

第三期に於て國家主義への懐疑の門は開かれたもの丶、それが大地に着いた個人主義を生まざる内に、國家主義の積極的教育が開始されたのである。二十年代と三十年代の青年も、彼等の先輩と等しく、この思想的雰圍氣の中に育てられる、それから離脫することは、彼自ら思索の道程をたどつた唯少數のもののみに可能である。かくて國家主義は搖籃の中で聞きほれた子守歌の如くに、日本國民のすべてに追慕される懐かしい神祕の世界である。

だがこ丶に反問があるかも知れない。たとへ國家主義は以上の如くに根蔕が深からうとも、日本にも資本主義は發展した。さすればそれを貫く自由放任主義と、更にその基礎としての個人主義が侵入した筈である。果して然らばそれは國家主義と正面衝突して何等かの痕跡を殘したに違ひないと。之に答へるがためには私は、日本の資本主義發達の特異性を語らねばならない。

若し英國の資本主義を以て發達の常則的のものと看做すならば、日本及び獨逸のそれは變則の徑路を辿り來つた。英國に於ては資本主義に先だつて封建社會崩壞の後に現はれた近代國家の成立があつた、而してその國家は政治上においては開明專制主義を、經濟上に於ては重商主義をとつた。資本主義は重商主義を敵として勃興し、國家（政府といふ意味における）の干涉保護を排斥して個人の活動を恣にすることを目標とした。從つて資本主義と自由放任主義と夜警國家觀とは分離すべからざる一體を形成した。

然るに日本に於ては明治維新と共に近代國家の成立した時に、先進國が旣に資本主義を完成してゐたために、之と對抗の目的を以て政府が指導率先して資本主義完成の役割を努めざるを得なかつた。こゝに於て日本の資本主義は、開明專制的の國家と重商主義の國家とに對立するに非ずして、國家の開明專制と重商主義とを、缺くべからざる條件としてのみ發達することを得たのである。なるほど國會開設を眼前に控へた時卽ち明治十三四年頃、官有財產の拂下、官營事業の民營轉化等のことあつて、一時自由放任主義の實現の外觀がないではなかつた。然しそれは瞬時に止つて、明治の初年採られた重商主義は持續されて現代に及んだ。造船奬勵法、航路補助法、保護關稅の實施の如きは、その最も顯著なるものであるが、いまだプロレタリアからの要望なき時に於て工場法の實施されたるが如き、又以て當時の思潮を窺ふに足るだらう。

之を要するに日本には自由放任主義の活躍した時代はなかつた。英國における重商主義が一旦解消して自由放任主義に代はられ、やがて新重商主義に移つたのと反對に、日本では自由放任主義を省略して、重商主義に終始して來た。之けだし日本の資本主義が日本の國家の維持と發展との用具として扱はれたからで、それは國家主義の羽翼の下に溫められて成長した、その限りに於て日本に於ては資本主義のイデオロギーとしての個人主義と、その表現としての自由放任主義とは、唯國家主義の許容する枠内に於てのみ、歪曲され條件付けられて移植されたのである。それが國家主義を批判し克服するが如き、けだし思ひも及ばざる事でなければならない。

更に反問があるかも知れない、日本に於ても明治二十三年の憲法發布と共に、萬機公論に決するがために議會制度が設けられ、言論集會結社等の自由が認められた。之は自由民權の思想の普及した結果ではないか、然らば之は國家主義の牙營を崩すことにはならなかつたのかと。

なるほど明治十年前後に於てルッソー、モンテスキューやベンサム、ミル、スペンサーの文獻が邦譯され、自由民權の思想の輸入されたことは事實であるが、遺憾ながら議會制度は上より與へられたもので、民衆の胸奥より溢れ出た自由主義の結晶ではなかつた。

私見によれば、明治十年二十年代に於て明治政府の要望は、いかに先進國と對等の地位に立ち、不平等條約の改正をなすかといふ唯一點に集注した。民衆の要望に比例せざる教育制度法律制度産業制度を逸早く施行したのは、實に之がために外ならない。今に至るまで我國の文物制度が外形の整へるに拘らず、國民の內的準備と照應を缺くは、その原因がこゝにある。議會制度を布きたるも亦、この政策の現はれに過ぎない。國家主義と對立する個人主義の基礎の上にのみ立つべき議會制度は、奇怪にも國家主義の見地よりして承認されたのである。自由黨や改進黨の先輩の血を見た苦鬪をば、私は無視するのではないが、然し彼等の抗爭が餘りに熾烈に至らざる內に憲法が布かれたのも、國家の平和統一を所期する國家主義に根據してであつた。かくして成立した議會制度は、今日に至るも民衆の議會主義的確信の上に立脚してはゐないし、又國家主義と對抗し反撥する何物でもない。

今一つ附記すべきことは、日本の議會が藩閥に對抗する權力爭奪の目的を持つたといふことである。千七百八十九年の佛蘭西革命や、千六百八十九年の英國革命、又は千八百三十二年の選擧法改正は、第三階級の要望により實現された。たとへ第三階級は後に第四階級を裏切つたとは云へ、少くも當初においては「第三階級とは何ぞ」と問はれて、「それは今何物にも非ず、されどやがて一切たるべきものなり」といふに値する程、苟くも人格價値を自覺せるものたる限り、凡そ一切の人の普遍的原理を負擔してゐた。議會の設立は民衆の胸奧の琴線に觸れるほど、社會進化の一轉機であつた。だが日本に於ける議會は、薩長出身者の組織する政府に對抗して、權力の分配に與からんとする運動の結果であつた。その運動の成功に不必要なる限り、全民衆の個人人格の權威に訴ふることをしなかつた。薩長に對する土肥の出身者を首領とする政黨は、餘りにも地方的であり封建的であり、權力爭奪の露骨なる表現であつた。それはブルジョアー革命といふに値するには餘りにもブルジョアー前の運動である。現今の政黨が吾々の面前に演ずる醜態は、出發に與へられた傳統を唯踏襲するに過ぎないのである（本書第十二章「自由主義の再檢討」參照）。

×　×　×　×

かくて國家主義は自己に對立し反抗する障碍に逢着することなしに、牢固不拔の勢力として日本國民の心理に膠着した。云ふなかれ、それは單に無意識的たるに止まると。無意識的であり潛在的たるほどに、國民の腦裡に深く沈澱してゐるのだ。若し人あつて之に點火せんか、無意識が意識となり潛在が顯在とならないとは、誰が保證しえようか。

（三）　最近に於ける國家主義

それでは最近に於て、國家主義を潛在より顯在たらしめた原因ともいふべきものは何か。私は次の各個のものを擧げることが出來ると思ふ。

第一は倫敦軍縮條約に關する一連の事件である。大巡洋艦や潛水艦の縮小が國防を危くするものと考へられ、それ自體として國家主義者を刺戟したのみならず、この軍縮條約は統帥權干渉や政府と軍部との軋轢等の諸問題を惹起したが、そのいづれもが軍部、國防、國家主義といふ必然の聯關を伴ふものであつた。軍縮問題は直接には海軍軍人のみの關心事たるかの如くに見えるが、實は國家主義宣傳の好題目であり、國家主義を國民一般に喚起するに充分であつた。

第二は所謂幣原外交に對する反感である。國際協調を基調とする幣原外交と、國家主義とは本來對蹠的に立ち、一方の失敗は當然に他方の擡頭を招來する。一般には幣原外交が妥當だと考へられても、對手國が支那であり、問題が滿蒙權益の確保にある時に、この外交はやゝもすれば批判を受け易い。殊に幣原外交の缺點は、正當なる主張をなす場合にも、斷乎たる態度を缺きたるにある。この點に對する不滿が、一般的にも幣原外交への不信を釀した。

第三は議會に對する失望である。一方に政黨內閣制度が漸く確立したと同時に、他方に議會及び政黨に對する不信の高まれるは、最近の著しき傾向である。殊に政黨の收賄や議會に於ける亂鬪は議會に國政を委托しうるや否やに疑ひを起させた。一部政黨人に對立する國民全體、政黨の背後にあると思はれる財閥の利益に對する國家の利益が、この時に於て意識されることは極めて自然である。

第四は共產主義者に對する反感である。共產主義の主張する私有財產廢止に與せざるは勿論であるが、これに與する共產主義者が我が國體を破壞する運動を企て、勞農露西亞を祖國としてその指令の下に動くことは、反撥的に國體擁護と國民主義とを强めたことはいふまでもない。

第五は經濟的不況である。最近に激化した不況は、中産階級を沒落せしめ、下層階級の悲境を更に深刻にした。その對策を奈邊に求めるかに就ては意見多岐に分れるであらうが、何等か資本主義の機構に變革を加へるの必要を感ぜしめた。悲境を體驗しつゝある當事者が國家の經濟統制を要望するのみでなく、暫く悲境の埒外にある者も、現狀を放任することは國家の紐帶を緩めるものとして、國家の名に於て對策を要請するに至る。

第六は社會全般に漲る現狀打破の要求である。吾が國の政治經濟等の一切が行詰りの狀勢にあり、陰鬱の氣が全社會に漲りつゝあるは、今日に始まつたことではない。之が苟も局面展開の可能性ありと思はしめるならば、いかなる新運動に對しても、敢て精細なる檢討を試みる暇なくして、渇仰し共鳴せしめる原因となる。マルキシズムが吾が國に不相當の勢力をえたのも、この心理に依存することが多いのであるが、マルキシズムに結局信を置き得ない國民は、對案を國家主義に求めたのである。

第七は滿蒙への進出とその意外なる成功である。以上擧げた諸原因の結果であり、その意味に於て國家主義發露の結果たると共に、又國家主義擡頭の最大の原因となつたのは、昨年九月以來の滿洲事變である。一つの事件は必ずやある意識の結果である。それと同時に事件は意識を確立せしめ强固ならしめる。滿洲事變は國家主義の結果たると共に、事變に關する報知や事變に伴ふ諸活動は、一として吾が中に潛在して自らも知らざりし國家主義を意識せしめる吹奏曲とならざるものはない。由來滿洲は日本國民の國家主義的情熱を煽動する歷史的因緣がある。恐らく今後とも永く滿蒙問題は、國家主義の水源地となるであらう。

以上の項目は重要性の順位による排列ではないが、之等の原因が輻輳して現今の國家主義の擡頭を招致した。由來國家主義はその樣相として、國民主義と革命主義と獨裁主義とを持つものであるが、上述の各原因を顧れば、之等の樣相に照應することを見出すであらう。卽ち第一の軍縮問題、第二の幣原外交への反感、第七の滿洲事變は、國民主義を喚起せしめ、第三の議會への失望は、革命獨裁主義を喚起せしめる。

然し若し之だけならば現今の國家主義は單に反國際主義と反議會主義たるに止まるが、國家主義擡頭の原因の中で看過すべからざるは、第四の共產主義への反感と第五の經濟的不況と第六の局面打破の要望である。共產主義はたとへ反感を惹き起したとはいへ、資本主義批判の眼を開かせた。經濟的不況は當然に資本主義の變革を求めさせ、局面打破は主として經濟組織の打開を意味する。こゝに於て現今の國家主義は、反資本主義といふ特異の色彩を帶びてゐる。これが從來の國家主義とその內容を異にする所以である。而して現今の國家主義が單に反國際主義反議會主義たるに止まらずして反資本主義的たることが、國家主義と社會主義との接近を一應可能にした原因であり、又國家主義と社會主義との結合を、合理的たるかの如くに思はせた錯覺の原因でもある。

目下擡頭しつゝある國家主義は日本國民の廣汎な層に亙つて浸潤してゐる。凡そ之と明白に對立する思想を把持せざる限り多少なりとも之に振り動かされないものはあるまい。だが特に國家主義の負擔者たる數個の群のあることを忘れてはならない。その一は軍部であり、二は官僚であり、三は小農手工業者及び小商人である。

若し議會主義にして完成してゐるならば、軍部は政府に對して從屬的の地位に退き、軍人はそれぞれ何れかの政黨に所屬するに違ひない。然るに我國に於ては、國際關係に於ける日本の地位からして軍備に重要性を置いたのと、我が憲法が軍部に對して特殊の地位を與へたために、軍部は日本に於て權力を持つ特異の社會群である。加ふるに有爲の材幹がこゝに集合し、勞資の階級から獨立し政黨抗爭の渦中から脫却し、身を以て國家主義の負擔者を以て任じて來た。彼等は盡忠報公の至誠を持ち、捨身を以て所信を斷行する實行力に富む。彼等の公共の善に對する執心は多とするも、何が盡忠報公たるべきかに關する理論的檢討を缺くことに遺憾がある。

官僚は戰前獨逸の誇りたりしが如く、日本の誇りでもあつた。開明專制主義を以て國內の施設を指導し來れる政府は、明治以來數多くして質の優秀なる官吏を育成して來た。たとへ彼等は近時政黨の勢力の下に抑壓されたとはいへ、今も尙日本において無視すべからざる勢力を持つ。彼等もまた政黨に偏せず階級に限らず、國家的見地に立つて至公至平の權杆をとらうといふ自信を抱いてゐる。國家主義はこゝに一方の支持者を有する。

若し資本主義が發展の極に達したならば、小農や手工業者や小商人は、プロレタリアに沈澱してその影を潜めるかも知れない。然るに吾が國の資本主義の幼稚なる段階と日本の產業の特殊性とは、この一群の中產階級層をかなりの厖大さに保存せしめてゐる。彼等を國家主義に結ぶ特別の因緣はないが、彼等が反國家主義思想以前の殘滓たることと、若し資本主義を自然の進行に任せるならば、彼等は大資本家の壓迫の下に沒落するの外ないので、彼等のすがらんとするは唯國家の名に於てその進行を阻止することのみにあるからである(拙著「歐洲最近の動向」參照)。

之を要するに軍部と官僚と中產階級との勢力は、何れもが日本の政治的經濟的進化が、先進國より一歩遲れてゐることに原因する。わが社會が急激に變化せざる限り、彼等の勢力は依然として持續するだらう、その限りに於て國家主義も亦熱烈なる支持者を失ふまい。彼等は大資本家の橫暴を憎む點に於て共同戰線に立つ、この點に於て彼等は等しく反資本主義的である。だが反資本主義は當然には社會主義ではない、況んや中產階級は最も私有財產に執着するものである。反資本主義を當然に社會主義と誤認して、國家主義と社會主義とを結合せんとした所に、國家社會主義の迷妄がある。

だが私は次に視點を轉じて、社會主義の方よりの國家主義への接近の跡を辿らねばならない。

（四）　日本に於ける社會主義

吾が國の社會主義運動から、何故に國家社會主義が生れたかの理由を述べる爲には、暫く本文の冒頭に立ち返つて、國家社會主義と他の社會主義との異別を顧みる必要がある。他の社會主義と云ふのは、共産主義と社會民主主義とであるが、國家社會主義と共産主義との差異は、前者が階級國家論と國家死滅論とを採らないことと、國際主義を捨てて國民主義を採ることである。國家社會主義と社會民主主義との差異は、前者が侵略主義を採るに對して後者が平和主義を採り、前者が××革命と獨裁とを是認するに反して、後者が議會主義と言論自由主義とを採るにある。

こゝに於て何故に社會主義運動から、國家社會主義が生れたかといふ問題は、別言すれば社會民主主義が何故に國家社會主義へ轉向したかといふことと、共産主義から何故に國家社會主義への離脱が生じたかといふ二つの問題に歸着する。私はその二つに就て各々の理由を語らねばならない。

日本の社會民主主義には、凡三つの潮流があつた。一は理想主義的社會民主主義であり、英國の社會主義に類似するものであり、之に屬する一派は社會民衆黨内にある。その二はマルクス主義の上に立つ社會民主主義で、獨逸社會民主黨の社會主義に類似し、社會民衆黨の大部分は之ではないかと思ふ。その三はマルクス主義の上に立ち、今は暫く合法政黨の假面を被るも必要あらば××革命と獨裁とを辭さない一派であり、その多數が勞農大衆黨にある。之等三派の社會民主主義の內、第三のものは事實に於て共産主義と異る所なきものである。從つて嚴密には社會民主主義に屬せしむべきではなくて、次の共産主義の範疇に含ましむべきである。第一の理想主義的社會民主主義こそは眞正の社會民主主義を代表するものであり、その社會哲學において個人主義を採り、國際平和主義を守り議會主義と言論自由主義とを固執するものであるから、之と國家社會主義とは必然に對立し反撥する。この一派は今に至るも國家社會主義と抗爭しつゝ社會民主主義の孤壘を守りつゝある。

第二派は社會民主主義をとるものゝ、マルクス主義の理論を受容するものである。而して私見によればマルクス、エンゲルスの根本思想とその文獻とからは、社會民主主義よりも共產主義が歸結すべきであり、この點に於てマルクス主義者たる限りに於ては、カウツキーよりもレーニンの方が正當なのだと思ふ。從つて第二派は社會民主主義を唱へてはゐたものゝ、議會主義と言論自由主義とを守らざるべからざる確乎たる信念があるのではなかつた。この派には早晩共產主義に轉化すべき可能性が、始めよりして包藏されてゐたのである。彼等が社會民主主義に執着したのは、唯暫く偶然の事情がそれを必要ならしめたに過ぎない。而して最近の國家社會主義は彼等を中心として擡頭し來つたのである。

然らばこの一派は何故に國家社會主義に轉向したのか、それには次の如き數箇の原因があると思ふ。

第一に帝國議會及び府縣會に對する失望である。議會に對する失望の中には三つの種類がある。その一は凡そ議會と稱する合議體の國政の審議機關としての職能の限界に對する失望である。この種の失望は誠に尤もであり、議會主義者は愼重にこの問題を考慮せねばならない、だが然しこの點が議會への失望となつたとは、すくなくとも日本の社會民主主義者については事實ではない。第二に議員の選出方法に關する失望である、一言にして云へば現存の選擧法を以てしては、民衆の意志が的確に議會に反映しえないといふ失望である、これも尤もな不滿であつて、至急に選擧法の改正を企てることは、議會主義者の義務だと思ふ。第三の失望は最近に於ける中央及び地方議會に於ける無產黨の勢力に徵して、未來の發展性に對する失望である。現行選擧法の下に無產黨が不利なることは勿論であるが、現在に於ても今より以上の勢力を獲得することは困難ではない。然るに戰線の不統一、民衆の自覺の不足、無產黨が選擧に對する常住不斷の準備の缺乏等がこの不結果を來した。獨逸社會民主黨や英國勞働黨の歷史に徵すれば、不利な條件に於ても着々として勢力を伸張しうる筈である。然し耐忍と辛抱とを持たないために、逸早く議會を通しての社會變革に絕望を抱くに至つた。

第二は共產主義者に對抗する手段として、國家社會主義によるの外なかつたことである。吾が國現下の社會主義運動界に於て、社會民主主義者と共產主義者とは、その思想に於てもその感情に於ても相對立しつゝあるが、社會民主主義者が共產主義者と自己を區別しそれと對抗する旗幟は、従來議會主義をとることにあつた。然るに前項の如き理由により議會主義に絶望するとせば、他に對抗すべき旗幟を求めねばならない。かくして選ばれたのが國家主義であつたのだと思ふ。

第三は最近の國家主義の横溢に影響されて、平和主義と國家論に動揺を生じて來たのであるが、これは次項の共産主義と一括して説明しよう。要するに以上の理由が従來社會民主主義を唱へた人々を、國家社會主義へと轉向を促した説明ではないかと思ふ。

それでは共産主義者又は擬似共産主義者の一群は、何故に國家社會主義へ轉回したのか。擬似共産者とは明白には自らを共産主義者とは呼ばないで、一應社會民主主義をとるかの如き外観を装ふも、その實革命獨裁を是認する一派である。議會主義と言論自由主義とを、拔くべからざる確信を以て固執するものでない限り、その人は擬似共産主義者であるから、吾が國の社會主義者中にこの種の人々は決して少くない。彼等は革命獨裁を是認するのであるから、この點に於て彼等と國家社會主義者とを區別させる何物もない。彼等相互間の異別は侵略主義か、國際主義か民族國家論か階級國家論か、日本の國體を是認するか否かといふ點にある。彼等をして共產主義を離脫せしめたのは、次の理由にあると思ふ。

第一は日本の共產主義者の中から、漸くマルクス主義に對する批判が現はれて、自己の本質を自覺したといふことである。マルクス主義は少くとも思想界に於ては、燎原の火の如き勢ひを以て吾が國を席捲した。それは國際主義と階級國家論と國家死滅論とを敎へた。今まで盲目的に無批判的にマルクス主義を受容した人々は、これ等の理論をも無條件的に信じてゐた。然し今や日本のマルクス主義はその發展史上一段落を終へて、一應宣傳力の飽和點に來た。民衆がマルクス主義の何ものたるかを知らざる時には、他を顧みる暇なくこれを捕捉したが、今日漸く靜かにマルクス主義の內容を檢討し審査し批判する段階に到達したのである。而して前項に於て逃べたやうに、日本人の間に國家主義は牢乎不拔の勢力を持ち、唯思索の修練を經た者のみが、之より脫却することが出來た。而して日本人に根蔕深く植付られた侵略主義と民族國家論と國體論とに直面して、マルクス主義は之を覆すほどに民衆の心の底に浸透してはゐなかつたのである。マルクス主義に對する無批判時代を經過して、靜かな反省の時代に入れる時に、不拔の國家主義が再び胸奧より擡頭して、マルクス主義より離脫させるに至つたのである。而して最近の思想界に於ける國家主義の擡頭がこの傾向を促進したことは云ふをまたない。

第二に日本の共産主義者は、日本に於て社會主義を實現するに當り、何が障碍となるかを意識するに至り、暫く國家主義と妥協することを戰術上の方便と考へたのである。前項の理由はマルクス主義からの心からの離脱であるが、之は心に轉回があつたのではなくて、實現手段としての術策である。嘗てバートランド・ラッセルは前世紀の末に「ドイツ社會民主主義論」(Bertrand Russell : German Social Democracy, 1896)を書いて、マルクス主義が獨逸に於て逢着する障碍を擧げて、一は無神論たること、二は家族共有論たること、三は國際主義たること、四は革命主義たることだと云つた。吾が國に於てもマルクス主義に對する反感は、それが社會主義たることにあるよりも、寧ろ他の方面にある。無神論や家族共有論や革命主義たることとは、日本に於ては獨逸に於けるが如く反感の原因とはならない、寧ろ重大な反感は、國際主義たることと日本の國體を破壞するといふ二點にあると思ふ。この二點に逢着してマルクス主義は巖に當る波の如くに、碎けるの外はない、この難點を處置せざる限りに於て、日本のマルクス主義の發展は限界づけられてゐる。もし明敏なる社會主義者があるならば、逸早くマルクス主義から暗礁となるべき理論を削除するだらう、之は少くとも戰術上には巧妙な試みだと云はねばならない。

社會民主主義と共產主義との一派から國家社會主義への轉向を說明した以上の敍述にして誤りがないならば、この轉向には必然の徑路と偶然の徑路とがあると思ふ。

社會民主主義は議會に失望して議會主義を放棄すべきではなかつた。彼等は一方に於て現存議會制度の改革を實現すべきであると共に、他方に於て今よりも大なる熱情を以て議會主義に直進すべきであつた。彼等の最近選擧に對する失望は始より豫期さるべき失望であつて、之によつて今更に議會主義に疑ひを挿むべきものではない。彼等の議會主義がいかに始めよりして皮相なものであつたかを立證するに外ならない。かくして共產主義者に對抗する旗じるしとして、彼等は依然議會主義を固持すべきであつて、國家社會主義に鞍替すべきではなかつた。マルクス主義の階級國家論や國家死滅論や國體論は、始めよりして誤謬であつた。今日之を悟つたことは時の遲かりしを嘆ずるが、然し悟らざるよりも優ること數等である。だがマルクス主義を無過失でないと認めることは、國際主義より侵略主義へ轉換することが正當だといふことにはならない。若しまた單に社會主義實現の戰術として國家主義と妥協するが如きは、眼前の功を急いで却て自己の理論體系に混亂を惹き起し、打算より出でて寧ろ打算に反する結果を釀すに過ぎないだらう。社會改革者の念とすべきは、明確な思想體系を保持するにあつて、事態に順應する變通の術に耽るべきではない。彼等は今重大なる過失を犯しつゝある。

だが國家社會主義への轉向が必然性を缺いてゐようとも、之は批判であつて之によつて轉向の事實を無視することにはならない。日本國民に不拔の根柢を持つ國家主義は今や潜在より變じて顯在となり時をえ顏に横溢しつゝある。この潮流に乘じて國家社會主義は相當多數の社會主義者を率ゐて吾が社會運動界に一勢力をなすであらう。然し前章「國家社會主義の批判」に述べたるが如く、國家主義と社會主義とは相反撥する異質物である。偶然の事情が暫く國家主義を反資本主義たらしめ、社會主義を國家主義に接近せしめたに過ぎない。やがて彼等自らが同舟の呉越たることを意識して袂を別つに至るまで、自己と伴侶とに錯覺を抱きつゝ、手に手をつないで進むだらう。唯彼等が別離する時は、日本の社會主義運動に惑亂を生じ、保守主義の勢力を增加するといふ憐れな業績を殘して、社會主義が國家主義より拋擲される時であらう。

(五) 結論

最後に國家社會主義擡頭の社會思想史上に於ける意義に觸れよう。

この擡頭は我國に於て國家主義なるものが、いかに根帶の深きものなるかを知らしめた。マルクス主義がかくも思想界に勢力を揮ひたるに拘らず、結局國家主義を精算するには何の效果もなかつた。而して國家主義の强大なる所、そこに社會主義は永久の蹉跌の石に逢着せねばならない。この石を除去せずして日本の社會主義は着實の前進をなし得ない。外國に於て國家主義の牙城を破れるものは、實に理想主義的個人主義であつた。社會主義は決して理想主義的個人主義を敵とすべきではなくて、それをして自己の前進の路を開拓せしむべきであつた。然るに國家主義と照應して理想主義的個人主義を挾擊したる結果は、遂に社會主義を前進せしめずして國家主義を增大せしめ、社會主義は保守主義の壓迫の下に苦しまねばならなくなつた。自ら播ける種を自ら刈らねばならないのは、惨ましい思想界の悲劇である。

次にこの擡頭は我國のマルクス主義の普及が一轉機に來たことを物語る。無人の境を行くが如くに侵入したマルクス主義は、外延的には一應普及の飽和點に達したと共に、靜かに自己反省と自己批判との時機に來た。その階級國家論と國家死滅論と、消極的國民主義をも無視する理論とは、早晩清算せねばならなかつたのが、今やその時は到來したのである。而して之等の理論の清算は單にそれのみに止まらないで、更に進んで唯物辯證法の哲學にまで清算の手を延ばさねばならない。更に今までマルクス主義者たらば進歩的な殉教者たるかの如くに思はれ、マルクス主義に反對するものは恰も人でなきが如くに思はれ、一の思想を採るか否かに道德的評價を伴つたのは、吾が思想界における奇怪な現象であつた。このことがマルクス主義者に玉石混淆を惹起し、マルクス主義のためにも喜ぶべきことではなかつた。今やマルクス主義と反對の思想を持つものが、堂々と社會を歩みうることは、思想の自由といふ立場からは、少くとも一段の進歩だと思ふ。

最後にこの擡頭は、新たなる社會思想を待望せしめる。マルクス主義が一轉機に來たことは思想界の喜びである、然しそれよりの離脱が、國家社會主義への轉向を意味するならば、思想界の損失でなければならない。マルクス主義か國家社會主義かの二者擇一のみが存在するは、吾が國に於て他の社會思想の體系が存在しないからである。ラッサール嘗て曰く、「世に憂ふべきは一の誤りに誘發された他の誤りである」と。誤れる國家主義は誤れるマルクス主義を誘發し、更にそれは誤れる國家社會主義を誘發した。マルクス主義から階級國家論と國家死滅論と無批判的な國際主義とを整理し、當然にその前提としての唯物辨證法の哲學を清算する新しき思想體系の出現こそが、現下の日本の緊切な要望でなければならない、而してそれは理想主義的社會主義でしかありえない。

若しそれマルクス主義の革命獨裁主義は、本來國家主義に伴ふものであり、それなればこそ日本に於て國家主義が優勢なるに伴ひマルクス主義がかくも强大の勢力を張りえたのである。マルクス主義者は言論の自由と暴力否定とを唱へて、社會進化を常正に導くべきであつたに拘らず、徒らに民主主義を敵とするに急なるの餘り、社會を擧げて暴力行使と專制獨裁とに傾けしめた。左右兩翼は互に暴力を揮つて、社會を擧げて修羅の巷と化して了ふであらう。その被害者は結局に於てマルクス主義者であることは、正に奇怪なる運命である。

昭和七年二月廿九日乃至三月廿一日「帝國大學新聞」

(五) 國家主義の批判

(一) 現代日本の根本問題

今日盛に街頭で叫ばれる非常時といふ言葉は、普通に一九三六年を控へた日本の國際的危機と云ふことに限られるかの如くである。然し日本が臨みつゝ非常時は、單に之だけではない。固より國際的不安もその一つではある、然しその外に社會的不安と政治的不安とが擧げられねばならない（本書第一章「非常時の實相とその克服」參照）。人は更に此の外に思想的不安を附加するかも知れない。だが普通に云ふ思想的不安とは、主としてマルキシズムの蔓延に對する不安を意味するらしいが、それならばそれは社會的不安に對する一思想としてのマルキシズムを對象とするもので、思想的不安と云ふ言葉には該當しない。若し思想が動搖して安定を缺くことを思想的不安と云ふならば、その意味の思想的不安のこの國に存することは確かであるが、前に擧げた三種の不安は畢竟するに、各種の問題に對する思想の動搖不安から由來してゐるので、此の意味の思想的不安はすべての不安に伴ふもので、特にそれだけを獨立に引き離して別の第四の不安に數へるのは當らない。

唯こゝに思想的不安と云ふ言葉に適當した一つの問題がある、それは事物を判斷する終局の價値に就て、混亂と惑迷とが起りつゝあることである。凡そ吾々が個人の事にも社會の事にも、何等かの判斷を爲す場合には、常に一定の價値觀念を前提とし、之によつて是非の判斷を爲すのである。勿論その價値觀念は、人によつて意識的なる場合と無意識的なる場合との區別があらう。前の場合は思索と反省とを經過した場合であり、後の場合は唯傳統と因襲とに依る場合である、然しかゝる區別があるにしても尙何れの場合にも、人は終局の價値あるものを前提として、事物の批判を爲すことに就ては差別はないのである。此の價値觀念は國際問題に就ても、社會問題に就ても政治問題に就ても、あらゆる問題の根柢に橫はつて、それを解決する指針となるもので、此の意味で思想的不安は前三種の非常時の不安の基本的條件をなすものと云ふことが出來る。

それでは吾々日本人の多數を支配しつゝある終局の價値は何であつたか、私は二つを擧げることが出來ると思ふ。一は國家主義であり他は利己的個人主義である。吾々が幼少の時代からいかに父兄の膝下に於て學校の教室に於て、日本帝國の膨脹と發展とに、輝かしい矜誇の念を鼓吹されたかを顧るならば、吾等の中の國家主義を否定することは出來まい。而も國家主義と併行して、吾々を指導する價値觀念は、自己の立身と出世とを要望する利己的個人主義である。吾々の日常の努力と勤勉とは、此の觀念により鞭撻されてゐないとは云へまい。國家主義と利己的個人主義、之が吾々の指針となる終局の價値原理であるならば、吾々には價値の原理が二個あつて、何れも終局性を主張してゐることとなる。然し世に終局なるものは、唯一つあつて複數ではありえない、それなのに吾々の間に終局の價値あるものは、二つあつてその間の關係は曖昧に葬られてゐる。こゝに吾々の價値の混亂が伏在し、更に價値の混亂は社會生活の動搖の基礎となつてゐる。若し現代日本の最深の問題に着眼する人があるならば、彼は日本人の價値の原理を統一し、唯一の終局のものを求めねばならない筈である。

それでは今迄の價値原理の一つであつた利己的個人主義を以て、唯一の價値原理と爲さんとするか。利己的個人主義は終局の價値あるものを物質に置いて、それを各個人が獲得することを内容としてゐる。所が物質の數量は有限であるから、之を獲得する爲には當然に他人を排斥して自己のみが獨占することとならざるをえない、これ利己的個人主義の支配する所、そこに常に爭奪の修羅場が現出せざるをえない理由である。今まで利己的個人主義の跳梁に多少なりとも、制限を附けて抑制したものがあつたとすれば、それが之と併行してゐた國家主義であつた。若し國家主義を排除して利己的個人主義のみを殘すとしたならば、世は無制限の修羅場と化するの外はない。それでは國家主義のみを以て唯一の原理とするか。人は國家主義を以て利己的個人主義と對立し反撥する兩極のものと考へ勝ちである。然し實際は國家主義と利己的個人主義とは、後に述べるが如く一抹の共通性を持つて、表面異るが如くにして實は同一の地盤の上に根ざしてゐるのである。又國家主義は價値の原理として之を以て一切の事物を批判するには、不充分であるといふ弱點を持つてゐる。今まで國家主義に配するに利己的個人主義を以てせざるをえなかつたのは、一に國家主義の此の弱點を補充する爲に、別個の原理を借用する必要があつたからである。

利己的個人主義に對しては、人は既にその跋扈跳梁に惱んでゐる、今更之を批判する必要はあるまい。然るに非常時日本は利己的個人主義を牽制する爲に、國家主義を更に強調することによつて、その目的を達しうるかの如くに考へてゐる。××××××××××××××××××××××××××××、××××××××××××××××。此の原理こそ日本人の間に本能の如くに根ざして、牢乎不拔の地盤を持つてゐる。だが若し昭和維新なるものありとせば、それは日本人の價値原理の再檢討を以て始まらねばならない、而してそれは國家主義の清算を重要な内容とするものでなければならない。然らば國家主義とは何か、その不備とその弊害とは何か、之を語るのが本文の目的である。

（二）　國家主義の意味

國家主義とは、國家を以て第一義的に終局的に價値あるものとして、他の一切のものは之に從屬し、國家の手段として役立つた場合にのみ、その價値を認めるに過ぎない思想を云ふのである。個人とか階級とか組合とか大學とか、又宗教とか學術とか藝術とかは、それ自體に於て價値あるものではなくて、唯國家によつて價値付けられるものであり、從つて第二義的の價値を有するに過ぎない。國家は價値の王座に位し、國家の存續と發展と膨脹とが、吾々の最後の目的であり、吾々各人は之が爲に生き之が爲に死し、之が手段として生き死ぬことによつて吾吾の存在價値が與へられる。人は之ほど明確に云ひ表はされた國家主義と云ふものが、吾々を支配してゐることに疑を挿むかも知れない。然しそれは國家主義の思想が抽象的に定義的に致へ込まれてゐないからであつて、若し吾々の間に起る色々の問題の取扱ひ方を少しく反省してみる時に、いかに國家主義が不知不識の間に吾々を支配してゐるかを理解しうるだらう。×××××に、國家か個人かといふ對立が一度なりとも考へられたことがあるか、此の對立には思ひ及ぶこともないほどに、無條件に國家が選ばれてゐるではないか。學術や宗教はその本質的價値の故に評價されないで、國家に役立つか否かによつて評價されてはゐないか、或は國家に有利か不利かによつて取締や監督が行はれてゐるではないか。若し國家主義の勢力を身邊に意識しないとすれば、國家主義が存在しないからではなくて、それが原理通りに實行されてゐず、別の思想によつて隱蔽されてゐるからで、國家主義はいつにても前面に現はれる準備を整へて、待機してゐるに過ぎないのである。

國家と云ふ言葉には二つの意味がある、一つは强制權力機關といふ意味である、かのマルキシズムが階級的國家觀を唱へる場合の國家とは、此の意味の國家である。他の意味の國家とは、强制權力によつて統一されてゐる個人の集團である。凡そ個人の集團を廣く社會とするならば、此の意味の國家は社會の一種である。日本國民は一旦緩急あらば國家の爲に身命を擲てよと云ふ場合の國家は、强制權力機關としての國家ではない、日本人なる個人の集團たる社會としての國家を意味するのであつて、國家主義が第一義的に價値ありとする國家も亦此の意味の國家を指すのである。

吾々個人は他の侵入を許さない獨立の生活領域を持つと共に、又他面に於て他の個人と共に各種各樣の社會を構成して、その一員として自己の生活の擴大豐富を營んでゐる。家族、學校、市町村、敎會、勞働組合、消費組合、同業組合、カルテル・トラスト等數へ來れば無數の社會が、吾々の身邊を圍繞してゐる。實に多くの社會が多彩に交錯してゐることこそ、近代生活の特徵でなければならない、而してその社會の一種としてこゝに國家がある。國家も亦一つの社會であるが、此の社會が他と異る特色の一つは、生れながらにして吾々がその社會の一員であり、任意的加入を俟たずして加入を強制されてゐることで、國籍を脫して他の國家に加入せざる限り、吾々は出生と同時に國家の一員と看做されてゐることである。更に特色の第二は、此の社會の目的が強制權力にあることで、他の社會も亦必要な限りに於て強制處罰の權限を持つてはゐるが、それも窮極に於ては、國家の強制權力に依賴せざるをえない。國家と云ふ社會の目的が強制にある點が、敎會の目的が宗敎にあり學校の目的が敎育にあり、その他夫々の社會が持つ夫々の目的と異る特色である。

こゝに國家と同じく社會の一種でありながら、國家との聯關に於て特說を要するものが二つある。その一つは民族《ネーション》であり他の一つは人類《ヒユマニテイ》である。國民とは言語と歷史と風俗慣習と感情と利害とを共通にする個人の集團であつて、之が社會の中で最も包括的な又目的の最も廣汎な社會である。人類は未だ全き意味での社會にまで進化してはゐない、然し或は國家を仲介として、或は個人直接に、吾々は異る國家の人々と、經濟的に文化的に接觸して、旣に相當の共同意識を抱くに至つてゐることは否定出來ない、若し人間の社會構成の進化の徑路を考へるならば、始めは家族部落種族と云ふ狹い社會にのみ生活してゐたものが、徐々として進化して遂に民族にまで到達したが、やがては人類といふ社會を完全な社會とするに至るかも知れない、今吾々は此の進化發展の道程に在ると云ひうるであらう。

國家と民族とは曾ては同一の個人を包括してはゐなかつた。一つの國家が異る民族を包括し、一つの民族が異る國家に分屬してゐた。然し「一民族即一國家」といふ主張が國民主義《ナショナリズム》の名に於て唱へられてから、同一の民族は同一の國家を構成し、異る民族は獨立して一國家を構成することが行はれた。實に近世以來國家の分解と合同とは、國民主義を基調として爲されたのであるが、特にその傾向を强めたのが十九世紀に於てであつた。共通の感情と利害とを有する個人の集團たる民族が、獨立の强制權力の下に立たんとする要望は自然であり亦至當であつた、その故に國民主義は苟くも人間の成長を希求するあらゆるものの共鳴と同感とを持ちえたのであつた。然るに國民主義を實現して、一民族が一國家を構成した後に於て、自己の國家の下に異る民族を從屬せしめんとする運動が始められた。之が帝國主義と稱されるものであり、曾て國民主義が國家の合同と分解とを果したと同樣に、今や夫々の國家が膨脹發展を企てて人類社會に角逐鬪爭の混亂を現出しつゝある。

私は以上に於て簡單に國家の意味と、國家の他の社會との關係を述べた。人若し個人と個人の集團たる社會を展望する時に、そこに國家主義と類似の思想を到る所に見出すであらう。それは個人が集團を爲すや、必ず集團に個人よりも超越的な價値を與へんとする思想であつて、之を全體主義と總稱する事が出來る。家族を至上として個人を之に從屬するものとし、結婚は汝個人の爲のものではなくて、家族の爲であると云ふ結婚觀は、家族を中心とする全體主義であり、敎會の爲には個人の判斷は犧牲とせよと云ふ舊敎主義は、敎會を中心とする全體主義である。彼の國家主義とは全體主義と稱する思想の一種であつて、國家を以て至上絕對とするものである。故に國家主義はその發現の方向から二樣に區別することが出來る、その一つは國家內に於て、個人と他の種類の社會とに對抗して、夫等を從屬的のものとして自己の至上の位置を主張するものであり、他の一つは人類と云ふ社會の中に於て、他の國家を從屬的のものとして、自己の利害と幸福とを第一の關心とするのである。前者の立場から國家主義は、個人主義（それが利己的個人主義であれ理想主義的個人主義であれ）に對立し、又他の社會の獨自の價値を主張する思想例へばマルキシズムの階級至上主義に對立する。後者の立場から國家主義は、國際主義平和主義に對立する。國家主義を價値原理として批判することは、かゝる至上絶對の地位を國家に與へることが正當か否かを、檢討することに外ならないのである。

(三)　國家主義の發生過程

國家主義とは國家に至上絶對の地位を與へるものだから、單に國家に存在の理由あることを肯定することではない。人は國家に充分の存在理由あることを認めうる、何故なれば國家と云ふ集團は、吾々の成長上必要な基本的條件だからである。又國家の目的とする命令强制は、今日の人間成長の段階では、尙排除するをえない必要なものだからである。だが此のことから國家主義が正當だと云ふ結論が、直には導き出されない。そこには理論上の飛躍がなければならない。所があることが必要な存在だと認めて、その存在を繼續することに努力が爲されねばならない時に、その努力を最も緊張せしめる爲に、人は往々にしてそのことの價値を誇張し、比較的重要だと云ふことから、やがて絶對的に價値あるものだと云ふことに推移する。必要な手段であつたものが、必要なることそのことの故に、手段としての地位を蟬脫して、それ自身目的としての地位にまで高揚されることは、資本主義下に於ける財産——その表象としての貨幣——を考へれば、直に理解されるであらう。財產は必要であつた、然し必要であると云ふことは、既にある他のことの爲であることを意味するのであるが、やがて必要な財産は、財産を必要ならしめた目的を度外視して、それ自身目的となり、曾ての目的と地位を倒錯して曾て財產を驅使したものが、今は財產に驅使される奴隷となる。かゝる價値の變革過程の一つが、國家に就ても行はれ、こゝに國家存在の理由を承認することから、國家を絕對至上のものとする國家主義なる原理が發生して來たのである。

國家主義は近世思想史上に於て、二個の段階を經過してゐる。一は中世の末期から近世の始めにかけて、封建的の對立を統一して、所謂近代國家の成立した時代である。逸早く國民主義の下に國家を構成した英佛二國に、先づ第一期の國家主義は現はれた。人は先づ集團の中に生れて集團の中に生きる。個人が集團の中に在つて、自己と集團との分化を意識するには、集團が相當成熟して、その使命を完了した後に於てである。從つて第一期の國家主義の時代には、個人の自己意識は未だ擡頭するに至らずして、個人は國家に吸收され、國家と個人とは分化對立するに至らない。當時に於ては國家は至上絶對の地位を占めてゐた、然し之は國家に對立するものが現はれなかつた故であつて、此の點に於て國家は至上の地位を占めてはゐても、意識されることなく唯事實上至上の地位を占めてゐたに過ぎない。

やがて國家の中の個人は、自己の全部が國家に吸收されてゐるのではなく、國家の一員としての自己の外に獨自の存在としての自己を意識した時に、國家と個人との分化對立が行はれた。かくして當然に國家主義に反對して、個人に至上絶對の地位を與へ、唯個人に必要な限りに於てのみ國家に存在の意義を認めんとする思想が現はれた、之が十七八世紀に於ける個人主義である。だがその個人主義は前時代の國家主義への反動として生れたことの故に、不必要な點にまで國家への對立と反撥とを强調した。又その個人主義は機械論的の個人主義であつた、その故にその個人主義が啻にそれ自身肯定しえないのみならず、國家の存在を承認した限界內に於ても、個人と國家との聯關が說明し兼ねると云ふ弱點を持つてゐた。ここに於て當時の個人主義を國家に調和せしめんとする試みが企てられた、その任務を果したのがジァン・ジャック・ルッソーの「社會契約論」（一七六二年）である。

彼は個人主義の時代に生きながら、又ある意味に於て「社會契約論」に於て個人主義の代辯書を書きながら、自ら知らざる裡に個人主義を超剋する立場に立つてゐた。彼は同書第一卷第八章「市民國家」の中に云ふ「自然狀態より市民國家への變化こそ、人間にとつて實に著しき變化を釀すものである。それは彼れの行爲に於て本能に代ふるに正義を以てし、彼れの行動に今迄缺けたる道德性を與へるからである。……」又更に云ふ「吾々はすべて此の事より以上に、人が市民國家に於て取得するものとして、道德的自由を附加したい。道德的自由とは、唯之のみが人をして眞正に彼自身の支配者たらしめるものである。食慾の單なる衝動は奴隷である、然るに吾々が吾々自身に規定する法律に服從することをこそ自由と云ふのである」と。然らば彼れの所謂法律とは何か、そは一般意志を表現するものであり、一般意志とは各個人の特別意志と異り、又特別意志の單なる集合なる全部意志とも異り、常に正しくして過つことなく、常に公共の福利を念とするものであると云ふ。ルッソーが人間に正義と道德性の輝く餘地を認めたことは、從來の個人主義の利己的人間觀と著しき對照を爲すものである。此の人間觀はやがてカントに傳へられて、その道德哲學の基本を爲した。國家の意志たる法律に從ふことゝ、愈々多くして自由愈々多しと云ふ所に、從來と異る自由の意義を見出し、國家と個人とを對立反撥するものとする前代の個人主義を蟬脫して、個人と國家との調和を企てたものと云へる。然し國家が常に正しくして過つことなき一般意志の主體であるならば、國家は批判さるべき對象ではなくして、正義の權化だと云ふこととなる。彼は個人と國家とを調和することから既に超脫して、國家主義の先驅者となつた。ルッソーを更に發展せしめたのが、ヘーゲルであつた。彼は「法律哲學」(一八二〇年)の中に於て、國家は道德的理念の實現なりとし、國家はそれ自體に於て理性的なりと云ひ、又國家はそれ自體終局の目的にして、個人に對して最高の權利を有する、個人の最高の義務は唯國家の一員たるに在ると云ふ。かくてヘーゲルに於て、國家主義は第二期に到達し、こゝに近代國家主義は古典的の代辯者をえたのである。

(四)　世界觀と社會思想

英佛の如く近代國家が逸早く成立して、第一期の國家主義に次いで個人主義が逸早く擡頭し、その勢力を揮ふ期間の長かりし國は、結局個人主義を以て終始した。たとへ英國に於てバークの思想が起り、佛國に於てシャトーブリアン等の思想があつたとしても、遂に個人主義の根蔕を搖がすに足りなかつた。又その個人主義が利個的個人主義から理想主義的個人主義に推移したとしても、個人主義を價値原理とするに變化はなかつた。英國に於て十九世紀末にボサンケ等によつてルッソー、ヘーゲルの國家主義は唱へられたが、その影響は大を爲さずして終つた。此の點に於て米國も亦英佛兩國と同一の範疇に屬する。之に反して獨逸伊太利の如く近代國家の成立が遲れて、第一期の國家主義が十九世紀の中葉まで繼續した國に於ては、國家を至上絶對の王座より引き降す個人主義の擡頭する充分の餘裕なき間に、既に帝國主義的發展に接續して、直に第二期の國家主義を迎へて、國家主義は殆ど不動の原理として支配し續けた。吾が日本の如きも亦獨伊の範疇に屬するもので、明治維新以來國家主義は不斷の信條として終始し、たとへ自由主義が輸入されたとしても、自由主義の基礎原理たる個人主義は排斥され、自由主義すらも國家主義の許容しうる限りに於てのみ、輸入を許されたに過ぎなかつた(本書第十二章「自由主義の再檢討」參照)。

人は或は云ふかも知れない、國家主義は獨逸日本の如き特殊の國の思想でもなければ、又歐洲大戰後の一時的傾向でもない、自由放任主義の凋落した前世紀末に於て、國家の活動の擴大するや否や、爾來永續したる世界的思潮であつて、英國の如き個人主義國でさへ、國家の職能は膨脹して、國家主義に轉化したのであると。此の說に答へることは、國家主義の本質を明瞭ならしめて、前段の所說を補ふことに役立つだらう。元來國家主義とは、國家を以て最高の價値の所在とする思想で、之に對立するものとして暫らく個人主義を採るならば、之は個人を以て最高の價値の所在とするもので、共に價値原理上の對立で、別の言葉を以てすれば世界觀上の對立である。之に反していかにすれば最高價値としての國家又は個人に役立つか、個人の自由活動に放任する自由放任主義が是か、或は命令强制機關としての國家の活動を擴大するが是か、と云ふ對立は、社會思想上の對立であつて、世界觀上の對立とは領域を異にした別個の對立である。自由放任主義と云ふ用語の代りに、往々にして個人主義と云ふ言葉が使用されることがあるが、此の場合の個人主義とは社會思想上の用語であつて、世界觀上の個人主義とは、言葉は同一であるが內容を異にするので、個人主義に此の二義あることを峻別する必要がある。命令強制機關としての國家の活動を擴大せんとする思想を、ダイシー教授は嘗て團體主義《コレクテイビズム》と稱して、社會思想上の個人主義に對立させたが、若し之を國家主義と云ふならば、國家主義なる言葉が一は世界觀上に他は社會思想上に二義に使用されてゐるのである。

從つて世界觀上の國家主義は必ずしも、社會思想上の團體主義を伴ふことにはならない。若し國家に奉仕する最上の路が、各個人の自由活動に放任するを可とするならば、社會思想上の自由放任主義を採らないとは限らない。十九世紀の獨逸や明治時代の日本が、自由放任主義を採用した場合が、稍々之に近似するものである。同時に世界觀上の個人主義を採りながら、社會思想上に團體主義を採ることは、十九世紀後半以後に於ける英國がその適例であらう。勿論團體主義を採るならば、世界觀上の個人主義よりも國家主義に傾くことの可能性は多いだらう、又個人主義の思想構成の如何によつては、團體主義を社會思想上に採ることの不可能の場合もあらう、然し理論上は世界觀と社會思想とは嚴格に區別されねばならない。恰もある人が營利の爲に狂奔してゐる場合に、その人は營利の外何物もなき世界觀を抱くこともありうると共に、同じく營利に狂奔しつゝ獲得したる利益を公共事業に寄付して心樂しむといふ世界觀を抱くこともありうる。外面に現はれた行爲の形式は同一であらうことも、その心情に於て異るのと同一である。從つて同じく帝國主義を採りながら、ある國では國家主義の上に立ち、ある國では個人主義の上に立つことが考へられうる。歐洲諸國が最近に於て外部的に現はした行動は同一であるが、そのことは各國が等しく國家主義を採つてゐると斷言することにはならない。國家主義を原理としてゐるかどうかは、別の材料を加へて再檢討することを必要とするのである。

要するに國家主義と團體主義とは必然に伴ふものではない、從つて最近數十年の世界を擧げての團體主義の傾向を以て、世界觀上各國一様に國家主義を採りつゝあると云ふのは當らない。此のことを强調する必要のあるのは、個人主義の世界觀は必然に自由放任主義を伴ひ、團體主義と反撥するものと獨斷し、自由放任主義は現代に於て採りえない、故に當然に國家主義を世界觀として採らざるをえないと妄斷するものが多いからである。これ一に世界觀と社會思想との混淆に由來するものである(「改造文庫」「リツケルト論文集」は此の點に於て參考に値する)。

（五）國家主義の理論的缺陷

世界に於ける少からざる國が國家主義に向ひつゝあるに拘はらず、又日本に於て國家主義が牢乎不拔であるに拘はらず、私は斷乎として國家主義に反對せんとするものである。

先づ國家主義は價値原理として論理上に缺陷がある。第一に、國家主義は國家を以て至上絕對の地位に置くのであるから、若し論理に忠實であるならば、國家の現狀に放任して袖手傍觀に陷るの外はない、何故なれば若し國家の現狀を批判して之を改革せんとするならば、國家は旣に批判せられる對象となつて、批判するものではない。然るに批判されることは、已れを批判するより高きものを前提條件として認めざるをえない。而も國家主義は國家を以て唯一絕對のものと看做して、より優位のものの存在を否定するのであるから、國家主義より來る論理上の歸結は、國家の現狀を維持する保守主義だと云ふこととなる。だが此のことは後に述べることで、今こゝに私が論及しようとする點ではない。多くの國家主義者は歸結が保守主義に到達すべきに拘はらず、必ずしも現狀放任論者ではなくて、寧ろ國家の現狀に不滿なる悲憤慷慨の士が多く、何等かの改革の念に燃えてゐる。その場合に國家主義者の前には、現在の改革さるべき國家と改革されたる國家とが對立し、前者を捨てゝ後者を採るのであるが、前者と後者とを比較對照して何れかを選擇するには、必然に選擇の基準となるものがなければならない。その基準あつてこそ之に徵して、之が良く彼が悪しと云ふ判決が下されうるのである。然らばその基準とは何かと云ふに、それこそが卽ち價値原理であつて、その價値原理は國家を批判しそれに是非の判決を下しうるものであるから、明かに國家よりも優位の價値あるものでなければならぬ。然るに國家主義は云ふ、國家が至上絕對の價値あるものだと。從つて國家主義を奉ずるものは、その理論に忠實であれば保守主義に墮するか、若し保守主義に陷らざらんとすれば、自ら國家主義を否定して、別により優位の價値の存在を肯定せざるをえないと云ふ二者擇一の窮境に陷るのである。

然し國家主義の不備は啻に之だけではない。國家主義者が國家の現狀を改革せんとする場合に、現狀の國家と改革された國家とを比較して、前者を捨てゝ後者を採る時に、既に暗々裡に、自己と異る價値原理を援用してゐるのである。例へば國家主義者が農村に關する××××

×して、農村の窮乏を救濟しようとする場合に、何故に×××××を企てるのかと問はれたならば、農民の窮乏は農村の衰頽を來し、食糧の自給能力を妨げて、一旦緩急の時に外國に對する抗爭力を鈍くする、或は農民の窮乏は國家に對する××××××、國內の和平統一を妨げると云ふ論據を以て、一應は國家主義と論理の辻褄を合はせうるかも知れない。然し何故に農民の窮乏は農村の衰頽や××××××を醸すか、又××××××××せずして救濟せんとするかと反問された時に、自己の窮乏に反撥するは人間の至情だからと答へるかも知れない。然し窮乏したルンペンが他人の財產を强奪するも亦、窮乏が然らしめた結果であるに拘はらず、之を人間の至情として許容せざるに拘はらず、農民の窮乏のみを救濟せんとするは何故かと再問されるならば、農民の窮乏は×××××××し、現存社會制度が制度としての使命を果してゐない爲に、それから由來する××××××××××するのであらう。ここに於て社會制度の使命は何かと云ふ最後の問題に到達するが、此の問に對して制度の使命は國家の爲に役立つに在ると答へるならば、その答は始めに戻る循環論法に終るの外はない。若し此の問に對する答を充分に爲さんとするならば、制度の使命は社會のあらゆる成員の人格成長に必要なる條件を與へるに在ると云はねばならない。然し此の答へは正に國家主義と對立する理想主義的個人主義より來るもので、國家主義は自己と對立する價値原理を排斥しつゝ、結局窃かに反對の原理を援用せざれば、成立しないと云ふこととなり、自己の思想の中に自己と矛盾する原理を包含して、二元的の不統一を犯すと云ふ結論を承認せざるをえないこととなる。之が國家主義の第一の缺陷である。

第二に、國家主義が價値原理たる爲には之を以てあらゆる事物を批判しうる基準でなければならないに拘はらず、實際には國家主義を以てして批判しうる事物は極めて僅少の範圍に限られると云ふことである。あることが國家の爲に役立つか否かは、直接國家を代表する人物の行爲か、又は國家に影響する因果關係の直接的の行爲かに限られる。例へば政府當局がある政策を行はんとする時に、國家に役立つか否かは、決定の基準となりうるだらう。又戰場に於ける軍人が突進するか退却するかの決定も亦國家主義によつて爲されるだらう。又自國の機密を外國に漏洩すべきか否かも、國家に依つて決定しうる。然し國家主義の活動しうる領域はかゝる場合にのみ限定されて、一般民衆が日常の業務にいそしむ場合、戀愛し結婚し勉學し社交する場合、一言にして云へば日常平凡の生活に就ては、國家主義は茫漠として、行爲の決定の基準となりえないことに氣が付くであらう。例へばこゝに青年があつて、いかなる婦人と結婚すべきかを考へる時に、何れの婦人と結婚することが國家に役立つかでは、何等の決定をも爲しえないのである。之が國家主義の價値原理としての缺陷でなくて何であらう。だがその缺陷は單に之だけではない。此の缺陷を補ふ爲に國家主義は必然に別の原理を補充的に借用せざるをえないこととなる、此の補充的任務を果す爲に、日本に於て使用されてゐるのが、利己的個人主義であつた。

利己的個人主義によれば、國家主義では出來ない行爲の決定が爲される、例へばいかなる婦人と結婚すべきかと云ふ時に、利己的個人主義で兎も角一つの決定に落付くことが出來るだらう。なるほど行爲の決定原理として役立つことにはなるが、利己的個人主義がいかに吾々の社會に害毒を流してゐるかは、旣に多くの人の知る所で今更に説明を必要としまい。それは啻に理論として成立しないのみならず、弊害の著しきものがあるのである。かゝる原理を借用せねばならない所に、國家主義の缺陷がある。一つの原理で任務を果しえないで、他の原理を借用することゝ、既に二元的の不統一を曝露してゐるが、國家主義と利己的個人主義とは凡そ正反對のものである。一は國家と云ふ全體の爲に個人を犧牲とせよと命令し、他は個人を萬能とせよと云ふ、之が對蹠的のものでなくて何であらう。かゝる對立し矛盾するものを、吾々の社會は平然として包擁してゐるのである。吾々の周圍に國家主義を盛に標榜する名士が、公人として又私人として、國家主義とは似も付かない醜怪な事件を釀してゐるのは、思へば無理からぬ所もある。日本の社會の××は、實にかゝる價値原理の混亂に原因があると云はねばならない。前に國家主義は消極に於て理想主義的個人主義を援用してゐると云つた。然し此の場合は暗々裡に於てであつたが、今や國家主義は明白に利己的個人主義を援用する。凡そ價値の原理は終局的であり統一的であり唯一的であらねばならないに拘はらず、一つの價値と併立して他の價値を併用するならば、既に價値原理として成立しない、國家主義は遂に破綻に陷らざるをえなくなる。

（六）國家主義の弊害　その一

以上は國家主義の理論上の缺陥であるが、國家主義より來る弊害は、更に特說される必要がある。第一に國家主義は結局保守主義に陷ると云ふことである。前に述べたやうに、國家主義は國家を以て至上絕對のものと考へるのであり、至上絕對のものに批判を加へることはありえないから、若し國家主義の理論に徹底してゐるならば、結局國家の現狀維持を謳歌するの外ないのである。だが國家主義と保守主義との關係は、別の方面からも說明することが出來る。國家主義の古典的論據は、ルッソー、ヘーゲルにより與へられたやうに、吾々に內在する理性が外部に實現したものが國家だと云ふことに在る。吾が國の國家主義者はルッソーやヘーゲルの如き精緻微妙な論據の上に立つとは思はれないが、暫らくルッソーやヘーゲルの論據の上に立つと假定すれば、理性とは一切を批判する源泉である、若し理性の實現したものが國家だとすれば、國家は一切を批判する主體でこそあれ、批判される對象ではなくなる。國家を批判することと理性を批判することであり、理性は批判する源泉であつて批判されるものではないから、國家を批判することは、ありえないこととなる、國家の爲すあらゆることは、そのまゝ承認し服從せざるをえず、之に異議を挿むことは理性に對する冒瀆だと云ふことになる。こゝに於てルッソー、ヘーゲルの國家主義から來る結論は、國家は無批判的に服從さるべき神聖不可侵のものと云ふことであり、正眞正銘の保守主義に歸着するのである。だが國家主義から保守主義への徑路は、まだ外にも在る。一體に國家主義が力强く唱へられる時は、國家の內部に各種の改革運動が起つて、統一が亂れたかに見える時である。その時に××××××××を提げて、その下に××の歸一を圖らうとするのである。だが國家は××××××××ではなくて、利害互に××××階級や個人から成立する集團である。此の時に××××××××國論の統一を求めようとすることは、存在する利害の對立と云ふ事實を掩蔽して、現狀を維持する××××××××。更に國家主義は、外國との對抗に國民の注意を集中せしめて、眼を國內の問題から逸せしめる作用を爲すことが尠くない。國家主義の名に於て、いかに多くの爲さるべき××××されたであらう。國家主義は保守主義の僕婢となることを、吾々は警戒しなくてはならない。

國家主義の弊害の第二は、吾々の道德的源泉を枯死せしむことである。再びルッソー、ヘーゲルの國家主義に立ち返るならば、彼等は云ふ、吾々の理性の實現したものが國家であると。然し理性は完全の姿に於て決して外部に實現するものではない。よし假りにある時の理性が部分的に實現しようとも、その時に實現した理性は、再び理性によつて批判されねばならない。彼等が理性の實現したものが國家だと云ふ說明が、旣に理論上誤謬があるが、暫らく理性が完全に國家に於て實現したものとしても、別に問題が生ずる。吾々の理性の實現した國家の命令なるが故に、之に服從することは吾々の理性に服することであると解釋することは、凡そ道德の最深の意味を解消せしめることである。國家が理性の表現だとするなら、國家の命令に服從することによつて、行爲の結果として望ましいものが現はれるかも知れない。然し國家の命令に服することには、處罰を怖れる利己的の動機からすることもありうる。若し行爲の善惡は行爲の結果にのみ係ると云ふ道德說を採るならばいざ知らず、行爲の善惡は結果によらずして動機に心情に依存すると考へるものにとつては、國家の命令に服從すると云ふだけでは、吾々の行爲の善惡をまだ決定することにはならない、否服從と云ふことだけを强調して、服從に至る動機と心情とを看過する所に、此の國家主義は道德の根本に背反するものと云はねばならない。誠に此の國家主義こそ理想主義から出發して、理想主義を邪道に驅るものと云ふべきである。

だが之だけならまだよい。國家主義は國家を以て批判を超越する神聖不可侵の王座に据ゑる、その結果として人は國家の命令に唯々として服從することを以て能事終れりとする、かくてそこには機械的に××××××のみが作られて、潑剌たる道德的批判の源泉は枯渴する。「すべて氣高き思想は常に個人より唯個人のみより來る」にも拘はらず、盲從を事とする個人よりのみ成る國家は、遂に脆弱な弱者の集團として己れを見出し、國家主義者は自らの蒔いた種を刈らざるをえないだらう。道德的批判の源泉の枯渴した所に、意志自由の自覺がない。その土壤にマルキシズムの唯物論の種子が蒔かれた時に、何等の反對なくすくすくと成長するだらう。國家主義の旺盛なる所到る所に、マルキシズムが猖獗を極めてゐるではないか。マルキシズムの唯物論から來る意志決定論と國家主義から來る機械的服從とは、一抹相共通するものがあるからである。マルキシズムを蛇蝎の如く忌み嫌ふ國家主義者が、自らマルキシズム醱酵の條件を釀すとは、正に運命の惡戲である。

（七）　國家主義の弊害　その二

國家主義の弊害の第三は、それが武力崇拜に陥ることである。自國の運命を第一義的に考慮して、他國を從屬的に考へる國家が併立してゐる時に、そこに當然に角逐鬪爭の修羅場が演出されねばならない。而も國家主義は國家を以て至上絕對の地位に置くから、國際間の紛爭を解決するに、自己より高き判決の聲を認められない。かくてその結果は武力を以て解決するの外はない。戰爭の慘禍がいかに大きなものであるかは、今更に說明するまでもないが、之と併せて國際問題に對する筆者の見解は、別に一文を草することとしよう（本書第五章「國際的不安の克服」參照）。今こゝで必要なことは、國際上に弱肉强食が行はれることが、國內の人心に及ぼす影響である。國際上に强者が支配することは、飜つて强力の讚美暴力の崇拜となつて現はれて、理性の聲は影を潛めて、原始的の力が橫行する。國家主義は別な徑路からも、×××××傾き易いが、武力崇拜と云ふ一點からも、それへ落ち行く危險性がある。更に國家が他の社會と區別される特徵は、命令强制を目的とする點にあると前に述べたが、特に國家と云ふ社會を特出して、之に至上の地位を與へることの中には、命令强制を讚美する心理が潛んでゐる。吾々も今日の國際關係に於て絕對に武力を使用してはならないと云ひ切る自信はない、又國內に於て人々の意志に反して命令强制する必要のあることも認める。然しながら武力と權力とは必要ではあらうとも、而も尙依然として止むをえざる××たることに變りはない。然るに止むをえずして必要を認めることから一步を進めて、武力と權力とを禮讚するに至つては、本末を顚倒するものである。威壓と强制とは必要ではあらう、然しそれを必要ならしめることは、吾々の恥辱でなければならない。此のことを忘れて暴力を當然の事として看過し、やがては人は威壓と强制とによつて動くものと解釋し、彈壓政治と獨裁政治とに傾くのは、國家主義より來る嘆ずべき害惡である。

國家主義の弊害の第四は、それが物質主義だと云ふことである。こゝに物質主義とは、人格の爲に必要な物件を目的として、之に最高の價値を與へる思想を云ふのであるが、吾々の目的は唯人格にのみある、あらゆる物件は之が爲の手段に過ぎないものである。人格こそすべてのものを價値付けるものであるのに、價値付けられるものを移して、價値付けるものとする、之が物質主義である。國家は個人の集團たる社會である。人間の集團たることに於て他の物件とは異るものではあるが、尙社會は依然として物件であつて、人格の主體ではない。國家が人格成長に必要な物件たることには、吾々も勿論異議はない、然し必要であることは、之を必要ならしめるもの、卽ち人格を前提としてゐる。物件たる國家を至上絶對のものとする國家主義は、凡そ最も神聖にして尊嚴なる人格の存在を看過することに於て、同じく物件たる財產や貨幣を至上絶對のものとすると異る所がない。彼の利己的個人主義は、國家主義と對立するかの如くであるが、利益を以て至上のものとする物質主義たることに於て、國家主義とは靈犀相通ずるものがあるのである。國家主義は物質主義であるから、國家主義者が國家を考へる時に、國家の中の個人の魂の成長は視野から逸せられて、領土の擴張や貿易の增加や軍隊の人數や軍艦の噸數のみが、前景に浮び出て來る。國家主義者にして學問や藝術や宗敎や之等の文化に着目するならば、その人は旣に國家主義ならざる思想を混入してゐるのである。物質主義が資本主義により育成されて、いかに多くの害毒を流しつゝあるかは、世人は旣に充分に知り拔いてゐる。物質主義の弊害を嘆ずるものに國家主義者が多いが、而も國家主義自體が一種の物質主義たることを知らざるものの多いのは遺憾である。

國家主義の最後の弊害は、彈壓獨裁政治に傾き易いことである。國家主義に於ても人間各自を無視するのではない。國家を構成する成分として、個人は國家の貴重な要素である。然し國家主義にとつて個人とは、第一義的の國家から反射的に、考慮の對象となるに過ぎないのである。從つて國家に必要なる限りに於て個人は計算されるが、個人への關心は常に國家の爲か否かによつて制約される。のみならず國家主義が物質主義たる結果として、人間の至重なる靈魂の成長は遠く背景に押し退けられてゐる。かくて國家主義者からは、科學や藝術や宗教や教育の眞正の價値は輕視され、又苦しみ惱む民衆の成長の爲にする社會政策は厄介な問題とこそ映ずれ、爲さねばならぬ意義あるものとは考へられない。彼の言論の自由とか政治上の自由とかは、民衆の人間としての成長と云ふ所に、最深の根據を求めねば主張しえないのである。然るに國家主義者は此の根據には無緣の衆生であるから、彼等は之等の自由を尊重することを知らない。唯國内の思想統一を機械的に企てることのみを知つて言論を壓迫し、能率を發揮することのみを知つて、多衆代表制度を無視して官僚政治や獨裁政治を謳歌し易い。殊に國家主義が外國との對抗を重要視する點からも、國内の和平統一と處置の敏活とを急いで、壓迫獨裁に傾き易い。かくて見來れば、國家主義を採るか否かによつて、吾々の社會生活は全面的に異る姿を現出するだらう。國家主義を採らざりせば、現代のより重要な問題がより鮮かに前景に現はれて來るだらう、然るに國家主義は人の眼を掩うて之から注意を逸せしめる。誠に國家主義こそは、吾々の視界を曇らすものでなければならない。

（八）　國家主義に代はるべきもの

私は國家主義の不備とその弊害とを指摘した。要するに國家は至上絶對の地位を與へらるべきものではなく、國家主義は吾々の批判の基礎たるべき價値原理ではありえない。さればとて國家が輕視され無視さるべきものだと云ふのではない、國家の爲と云ふことは、消極的牽制的な役割を演ずるには必要である、唯それは唯一絶對の原理として價値の王座に位すべきものではない、傍系的從屬的な原理としての地位を與へられれば足るのである。

それでも人は尙國家主義に一抹の執着魅力を感ずるかも知れない。それは國家の命令強制の權力が必要缺くべからざるものだと云ふことと、國民と云ふ社會が他の國民と對立して、吾々の生活基礎として必要だと云ふことを腦裡に描いてゐるからであらう。だが私も前に述べたやうに、國家存在の理由を否定するのではない、唯それだからとて國家に至上の地位を與へることにはならないと云ふだけである。國家主義を排除すればとて、之に代るべき價値原理を以して、國家に至當の地位を與へうるならば、人は國家主義に執着する必要はなからう。又國家主義の魅力は、全體を高唱することによつて、飽くなき個人の慾望と止む所なき××××とを抑制することが出來ると云ふ點にあるかも知れない。確かに利己的個人主義と階級至上主義とに對立して、之等を牽制するものは望ましい、だが國家主義がたとへ之等と對立するものだとしても、それだけで國家主義を是認する根據にはなりえない。他に之に代つて國家主義と等しく、利己的個人主義と階級至上主義とに對立し牽制するものあるならば、その人は國家主義を淸算して滿足すべきである。

然らば國家主義に代るべき價値原理は何か。それは理想主義的個人主義である。至上絕對の價値あるものは、人格であり唯人格のみである。それこそがあらゆるものを價値付けるものであり、人格の成長としてどれだけ役立つかによつて、あらゆるものは價値付けられる。而して人格の主體は唯個人のみであつて、個人以外の何物でもない、個人の集團たる社會は固より人格の主體ではない。これが吾々が個人主義を採る所以である。然し人は又彼の個人主義かと嘆息するかも知れない。然しその時その人は個人主義に二種あつて、一は利己的個人主義であり、他は理想主義的個人主義であると云ふ區別を忘却してゐるのである。利己的個人主義は既にその弊を極めた、だが理想主義的個人主義は之とは全く異るものであり、利己的個人主義に對立して、之を克服すべく生誕したものに外ならない。

人格の成長は各個人の獨自の任務である、だが成長に必要な條件にして具備せざる限り、人格も亦枯死するの危險がある、こゝに於て吾々は人格成長の條件として、精神的物質的の條件を必要とする。教育宗教科學藝術等はその精神的條件であり、命令强制の權力や經濟や本文第二項に擧げた各種の社會は、その物質的條件である。吾々が國家の命令强制の權力を是認するは、それが人格成長に必要な條件だからであり、又吾々が國家と云ふ社會を外國に對立して防衞せんとするは、國民と云ふ共同社會が、吾々の人格成長に必須の條件だからである。吾々は人格をその最深の部分まで窮める時に、單に自己のみを關心事とすることなく、自己の同胞への關心をそこに見出すであらう。人は自己が生きんが爲に同胞を犧牲とすることを羞恥し後悔し懺悔する。若し甘んじて他を犧牲とするものがあるならば、それは人の生れながらの罪惡に非ずして、かくせずんば止むをえざる社會制度の缺陷に基づくのである。かくて人格の成長は當然にその内容として同胞への關心を育成する。同胞を無視して自己の成長がありえず、成長ある所に同胞への關心が高められ深められる。自己の人格の成長と同胞の人格の成長への希求とは、二にして一なるものである。こゝに於て理想主義的個人主義から到達する社會批判の基準は、あらゆる社會成員の人格の成長と云ふことであり、之によつて人は社會制度を批判しうるだらう。あらゆる成員と云ふ概念の中には、自己と同胞とが共に包含される。かくて理想主義的個人主義は徒に自己を犧牲とすることを要求する精神主義に對立する、何故なれば自己の人格の成長に努力することは「自己の」なるが故にとて輕視さるべきではではない、「人格の成長」の名に於て、吾々は尊重の權利があるからである。吾々が苦しみ惱む民衆の社會運動を是認するは、此の立場に於てである。又理想主義的個人主義は、自己のみを關心事とせざることに於て、利己的個人主義に對立する。自己に關心すると共に、之が爲に同胞を犧牲とすることを許さない、何故なればあらゆる成員は、自己と共に吾々の關心の對象だからである。自己を主張すると共に、排他獨占に陷らないこと、之が吾々の限界でなければならない、吾々が資本主義の根本的改革を要求するは、此の立場に於てである。

理想主義的個人主義は、國家主義の如くに、明白にも暗默にも、他の原理を借用する必要を認めない、それあるを以て足る一元的の原理である。又それは國家主義の如くに、保守主義にも武力崇拜にも彈壓主義にも物質主義にも陷る危險性のないのみか、吾々の道德的批判の源泉は、此の原理よりして滾々として湧き出づるであらう。

(九)結論

今や非常時日本は、資本主義下に於ける利己的個人主義と、資本主義に反對するマルキシズムの階級至上主義とに對立して、國家主義の名に於て打開を試みようとしてゐる。だが國家主義は既に數十年間日本を指導して來た原理であつて、今更に新しきものではない。その名に於て新日本が更生しないのみならず、過去の日本を誤てるものが、寧ろ國家主義ではなかつたか。新日本の爲すべきことは、國家主義を古き囊中より呼び起すことではない。遡つて國家を至上絕對とする價値原理を再檢討することである。社會的不安も政治的不安も國際的不安も、すべての解決は、先づこゝに出立を開始すべきである。傳へられる昭和維新とは、吾等の價値の維新を意味するものでなければならない。

殊に吾々の注意すべきは、國家主義者が往々にして愛國の名を獨占して、自己と異る思想を目して國賊視することである。言語と歷史と慣習と感情とを共同にする同胞國民を、誰か關心の對象とせざるものがあらう。輝かしい特殊の文化を育成した此の國家を、誰が愛護せざるものがあらう。だが國家を愛することと、國家主義を信奉することとは同一ではない。英國々旗が世界の隅々に飜ることよりも、英國の貧しき人々の負擔が、六片より輕からんことを望むと云つたグリーンの言葉も亦、等しく國家を愛する至情の發露ではないか。

愛國と云ふ名に於て、いかに多くの罪惡が此の世に爲されたることよ。現代の重大な問題は、國家を愛するか愛せざるかの對立ではない。國家を愛することとは何であるかを究めることでなければならない。

昭和九年十月號「改造」

(六) 國際的不安の克服

(一) 世界に漲る戰爭氣運

特に鋭敏な感能を持たないものでも、今日の世界に戰雲の深く立ち罩めてゐることに氣付くであらう。一九三二年ムソリニーは云つた、「ファッシズムは平和主義の學說を排擊する、それは鬪爭を拋棄することから、又犧牲に對する卑怯の行爲から生れるものである。唯戰爭のみが、一切の人間的精力を最高の緊張にまで引き上げ、それに突進する勇氣ある人民に、高貴の印象を刻する。……かくして平和と稱する此の有害なる學說の上に築かれた學說は、ファッシズムに敵對するものである」と。又ヒットラーはその著「余が鬪爭」の中で云ふ、「戰爭の意圖を目的に包含せざる同盟は、價値なきナンセンスである」と。更にパーペンは、「一九三三年一月三十日に於て、獨逸は平和主義と云ふ言葉を、その單語より撤去したと云ふことを、世界に向つて知らしめねばならない」と云ふ。傲然として之等の言葉が發せられる最近數年を、かの大戰直後の平和主義旺盛の時代と比較する時に、人は隔世の感に打たれざるをえまい。戰爭直後には戰爭の生々しい慘禍と戰後の整理への忙殺とが、世界を擧げて平和主義を謳歌せしめ、國際聯盟は國際平和實現の樞軸として仰望された。然し一九二三年乃至一九二五年を一轉機として平和主義は徐々として退潮して、之に代はつて軍國主義が擡頭し、遂に一九二九年の米國恐慌以來その形勢は更に拍車を加へられた。今日の世界が戰爭の危機に臨みつゝあることは、一九一四年以上だとさへ云はれて、世界各國は刻々として危險なる戰爭への道程に車を驅りつつある。

吾々の身邊に解決を迫つてゐる問題は多々あらう、だが戰爭に關するものほど重大でそして複雜なものは尠い。他の問題はいかに解決されようとも、ひと度戰爭の危險が迫る時に、それらの解決は跡方もなく役に立たなくなる。否戰爭の脅威がある時に、解決さるべき一切の問題が看過されて了ふほど、國民の眼は唯戰爭にだけ注がれる。これ戰爭に關する問題が重大だと云ふ所以である。又國內の問題はいかに複雜であらうとも、言語と慣習と感情とを等しくする國民の内部であるだけに、それを解決するに一應の見通しを付けることが出來ないではない。だが國際間の問題となる時に、すべての前提を異にする數箇國が、互に原因となり結果となつて紛糾した事態を形成してゐるので、何れを原因だと指摘することが困難であり、若し他國の蒙を啓かうとしても、言語と思考とを異にする他國民は、殆ど自然現象に訴へるが如きもどかしさを感ぜしめるだらう、これ此の問題を複雜な問題だと云ふ所以である。のみならず、戰爭と云ふ問題の前に立つ時に、吾々は自らの心の中にさへ、異樣なる對立を意識しないであらうか。冷靜な書齋の裡に理性の聲に聽く時に、それは戰爭に對して一つの態度を指示するであらう。だが街頭に出て軍事物語を聞く時に戰爭映畫を見る時に、凡そ前とは異る思ひに胸の躍るのを禁じえまい。本能かと思はれるほどに、祖國の爲の戰爭は、吾々の魂を慄はす力を持つてゐる。いかなる問題に就ても屢々力を現はす彼の理性と本能との葛籐は、此の問題に就て擴大されて現はれて來るではないか。その故に戰爭に對する冷靜なる檢討は、更に一層困難であ
る。

吾々は世の所謂平和主義に與してはならない。何故なれば、安價な感傷を以て平和が獲得さ

れるほど、戰爭の由來は淺薄ではない、又戰爭への執着は、人の心に餘りに根深く巢食つてゐるからである。同時に吾々は所謂×××に××してはならない。×××××××××祖國の爲に忠なる所以ではない、誰か祖國を愛せざるものがあらう、唯問題は何が祖國を愛することかと云ふことのみに在るからである。吾々は今此の國と彼の國との戰爭を念頭に置くことなく、況んや一九三六年の危機をいかにするかに囚はれることなく、凡そ戰爭と云ふ重大な問題の前に、冷靜に客觀的に立たねばならぬ。文明を思ひ祖國を思ひ個人を思ふものは、今日に於て此の問題を看過することは出來ないからである。問題はいかに困難であらうとも良心あるものの勇氣あるものは、之から卑怯にも面を背けてはならないのである。

（二）　戰爭原因の第一

命を惜しみ富を欲するのは、人間の至情である。然るに一旦戰爭と云ふ時に、巨額な富と大量の命とを犧牲にして、少しも怪しむ所なきは何故であらうか。日常生活に於けると餘りに異る人間が、そこに現はれて來るではないか、何がかくも著しい變化をさせるのであらうか。

私はこゝに戰爭の原因に就て、煩瑣な學究的記述をしようとは思はない。戰爭は曾ては宗教が原因で、又曾ては王朝の名譽と虛榮との爲に爲されたこともあつた。然し今は之等のことは戰爭の原因にはならない、少くとも十九世紀以來に於ける世界の戰爭を眺めて、殊に最近に於て戰爭の危險ある强大國を考慮に置いて、吾々は戰爭の原因を、次の三つに求めることが出來ると思ふ。此の三個の原因は決して互に聯關のない孤立したものではないが、しかも吾々は三個を區別することが可能でもあり又必要でもあると思ふ。

第一の原因は、國家の獨立への要求である。共同の言語と慣習と生活樣式と歷史と感情とを有する個人は、國民と呼ばれる集團を形成して、自己の意志によつて共同生活を規律しようとし、他からの干涉を排除しようとする要求を持つてゐる。若し他國からの干涉があるならば、自己とは異る生活條件から生れた意志が、自己を支配して自己の成長は不自然に歪曲されるからである。恰も國家內に於ける個人が、人格權の名に於て國家と云へども干涉すべからざる個人の領域を確保しようとするのと同じである。未だ獨立しない國民が、從來の國家から離れて、獨立した新國家を形成しようとする時に、從來の國家と戰爭し、又は旣に獨立して國家を成せる國民が、獨立を失ふ危險のある時に、自國を脅威する國家と戰爭するが如きは、何れも國家獨立への要求が、戰爭の原因となる場合である。亞米利加合衆國が獨立の爲に英國と戰爭し、ナポレオン當時に於ける獨逸が佛蘭西と戰爭し、更に十九世紀の中頃に於ては、白耳義が和蘭と、希臘が土耳古と、伊太利が墺太利と戰爭したるが如き、又歐洲大戰の直接原因となつたバルカン戰爭の如き、その事例は歷史上に餘りに多い。一民族卽ち一國家と云ふことを標榜した國民主義は、十九世紀以來最も多くの戰爭を指導した原理であつた。所が國家獨立への要求は、一旦獨立が完成した場合に、直に解消して了ふと云ふ固定的のものではない、それは次のものへと發展する擴張性を持つてゐる。第一に國家の獨立を要求すると云ふことそのことが既に自己の國民が獨自の存在價値を持つと云ふ矜誇の念を包含してゐる、此の念からやがて自國の優越慾を滿足させようとする方向に發展する可能性がないとは云へない、こゝに於て第一の戰爭原因は後に述べる第三の原因に接續する。第二に獨立といふことは、必ずしも外國の軍隊が自國に駐在することや、外國の法律が自國を支配すると云ふ軍事的又は法律的のことに限られない。若し一國家が工業原料を獲得する爲に他國に叩頭せねばならない場合、工業製品を販賣する爲に他國の一顰一笑に左右されねばならない場合に、その國家は完全な意味に於て獨立と云へるであらうか、こゝに於て國家の獨立と云ふことは、次に述べる第二の戰爭原因たる經濟的利害の對立と云ふことに移轉する。更に第三に獨立の危險と云ふことにも、直接的と間接的との差別がある。當面の敵として外國が自國に砲身を向けるのでないとしても、自國に近接した土地が外國に領有される場合には、自國の獨立を防衞すること不可能であるか、又は非常に困難になる場合がある。例へば英國が對岸の白耳義の獨立を關心事とするは、之が爲である。又日露戰爭前に於て、日本が露西亞の朝鮮への侵入を恐れたのも、之が爲である。之等の場合は未だ自國の獨立が直接的に侵害されてゐるのではない、然し間接には重大な脅威を受けてゐる。若し國家の獨立への要求が、是認されるならば、間接的の脅威を排除することも亦、是認されねばならないと云ふ心理が發生する。だがまだ之だけではない。既に間接的脅威と云ふことまで許されたならば、その間接なるものは無限に擴張されて來るだらう。現代の微妙な軍事的技術から云へば、地理的に近接してゐるかどうかは、脅威に必ずしも決定的ではない。ハワイが外國にとられた時の米國、シンガポールがとられた時の濠洲は、場所が遠く隔絶してゐるに拘はらず、間接の脅威が充分に在ると云へる。又若しある二國が早晩戰爭せざるをえないと云ふ前提に立つた時に——その前提が錯覺であるか正覺であるかは別として、又その戰爭がいかなる原因に基くかは別として——自國が敗北した場合は、當然にある種の獨立を失ふことは豫想せねばならないから、敗北を免れるが爲のあらゆる努力が、獨立を擁護すると云ふ名目に聯關させられないことはない。かくて國家の獨立と云ふことは、止め度もない擴張解釋の危險性がある。ともあれ國家の獨立への要求が、或はその狹義の意味に於て、或はその擴大された意味に於て、近代戰爭の原因の大部分を爲すことは疑ふ餘地はない。

（三）　戰爭原因の第二

第二の戰爭の原因は、國家間の經濟的利益の對立である。此の原因は前項の原因とも次項の原因とも聯關してゐて、それだけで戰爭の原因となるのではないが、資本主義が世界各國に支配的となる時に、戰爭原因としての經濟的利益は、頓に重要性を帶びて現はれて來る。

國內に都市と農村とが併立するやうに、世界は資本主義の高度に發達した商工業國の群と、未發達の半農國狀態の國家の群とに二分される。前者の群の國家の資本家と、後者の群の資本家との間に、次で又前者の群の國家の資本家相互の間に、次のやうな關係が開かれて、やがてその關係は資本家相互の關係から、國家相互の關係にまで變化する。

第一は原料資源の獲得である。先進資本主義國の資本家は、自國に乏しい未開國の財貨を輸入して、稀少價値から來る巨額の利潤を獲得したことから始まつて、工業の發達に伴ひその原料を後進國に求めるのと、食糧品を地代の安い賃銀の安い後進國に求めることとなつて、先進國と後進國との間には、食糧品や工業原料の需要供給の關係が成立する。所が之等の原始生產物が先進國の生活と工業との爲に、缺くべからざるものであるだけに、その獲得は永續的で確實だと云ふ保證が必要になつて來る。そこで資本家は自國の政府に求めて、後進國に對して排他獨占的の權利を承認させる。若しその原料品が軍需工業に必要なものならば、政府は敢て營利から來る資本家の要求を俟たないで、國家の軍事的見地から進んで資本家を慫慂して、原料の獲得を確實にすべく積極的努力を試みるに違ひない。之等の場合に若し後進國の政府が要求を肯んじなければ、先進國は武力を使用して强制するだらう。

第二は商品販路の獲得である。資本家が利潤を增加するには、商品の生產費を切下げねばならない、利潤は販賣價格と生產費との差額だからである。生產費を切下げるには、生產額を多量にすることが一つの方法である。若し生產額が增加して生產費が切下げられゝば、利潤が增加するから、その餘裕を以て價格を安くすることが出來る、かくして販路が擴張して生產額が增加すれば、生產費が低下して利潤が增加する、そこで資本家にとつて販路の擴張が必要になる。販路擴張の一つの路は、國內人口の大部分を占める勞働者階級の賃銀を引き上げて、消費能力を擴大することである。然し之では販路を擴張する代りに、賃銀の增加に伴ふ生產費の增加となつて、却て利潤を減少することになるから、資本家は此の方法を喜ばない。こゝに於て販路擴張の別の方法が採られる、それは國外に消費者を求めることである。此の場合に第一に着目するのは未發達の國家であることは當然である。同樣の商品が生產されないか、又は非常に幼稚な生產方法を以てその商品を生產してゐる所に侵入すれば、普通利潤以上の超過利潤を占めることが出來るし、その外に生產額を增加した爲に生產費を切下げて、利潤を增加すると云ふ二重の利益があるからである。だが資本家の着目は必ずしも先進國の消費者を逸しない。

同じ先進國であつても、生産技術の優秀性に差等があるから、生産費を引き下げて、當該國の資本家と競爭することが出來る。此の場合に假りに自國に於けるよりも以上の利潤が價格の點からえられなくとも、少くとも生産額を增加しえただけでも利潤が增加したといふ利益を獲得することが出來る。國外の販路を前方に眺めて必死になる時に、國內販賣の獲得の爲に資本家相互が競爭してゐては、外國での不安の競爭に加へて國內に不安を擁して、腹背不安を負はねばならない、こゝに於て國內資本家が協定して、國內販路の獲得に就て休戰して、一致して國外の販路に全力を傾注する爲に、カルテル、トラスト、コンツェルン、コンビナチオン等々が成立する。若し之等の協定が成立すれば、國內には獨占價格を以て販賣し、その超過利潤を提げて、國外には販賣價格を極度に引下げて競爭することが出來る。假りにその時の價格が生産費を償ふだけであるとしても、國內からの超過利潤を以て滿足することが出來るし、しかも生産額の增加は利潤を增大すると云ふ利益はその上に殘る譯である。かうして所謂ダムピングが行はれる。

こゝまでは先進國と後進國との、及び先進國相互の、國家の對抗とはならないで、尙まだ資本家相互の對抗に止つてゐる。所が後進國に對して先進國相互が競爭することは、利潤を減少することになるから、その後進國を自國の排他獨占的の消費領域とすることが出來れば、上々だと云はねばならない、そこで自國の政府を動かして、或は自國に倂合し、或は保護國又は特殊利益國とする。そこまで强制されない後進國の場合には、やがて先進國に倣つて資本主義化するに伴つて、自國の幼稚産業を保護する爲に、所謂育成關稅を設定するだらう。此の關稅の障壁を突破する爲に、先進國の資本家は政府を動かして、關稅自主權に干涉させようとする。こゝへ來て旣に先進國と後進國とは、資本家相互が對抗してゐるのではない、國家が對抗して來るのである。やがて先進國の後進國に對する武力的壓迫となるか、後進國が國家獨立の要求と結合して、先進國の經濟的使略への反抗となつて現はれる。

所が對立は、先進國と後進國とだけではない、後進國に對する販賣競爭に就て、先進國相互が對立する。此の對立に有利な條件を與へる爲に、各々の政府は或は補助金の下附、或は運賃の値下げ、或は資金の融通、更に或は低爲替政策等々に依る。又先進國の資本家が互に他國に商品の賣込をする場合には今擧げた方法が用ひられるのみでなく、關稅率の引上げによつて輸入を阻止する、之は直に相手國の報復關稅となつて現はれ、更に自國の產業を保護する爲の育成關稅でなしに、自國の有利な產業を更に外國に對して有利ならしめる爲に、攻擊關稅を設定して、國內の販賣價格を引上げて、外國での價格を引下げさせるダムピングの作用を爲さしめる。かくて先進國相互の間にも、資本家が對立するのでなしに、國家が前景に活躍して、經濟的對立が露骨に尖銳化して來る。

第三が資本の投下である。先進國の餘剩價値が增加して投下さるべき資本が國內に過剩である場合には、資本の供給が多いだけその利潤は低下する。若し之を資本の乏しい後進國に投下することが出來れば、後進國から國內利潤とは比較にならない超過利潤が占められるし、投下された資本が減少しただけ、國內資本の利潤が增加すると云ふ二重の利益がえられる。況んや後進國に投資する場合には、多くは借款の附帶條件として各種の利權が伴ふばかりでなく、借款によつて起される事業に必要な材料は、投資國の生產物を購求することを要求することが多いから、資本投下は商品販路の擴張をも伴ふ譯である。外國への投資は、關稅の障壁の爲に商品の販賣が困難になるにつれ、一層增加する、何故なれば資本の輸出には關稅と云ふものがないからである。所謂國外投資には、單に利子を目的とするものと、外國に於て自ら事業を經營して利潤を目的とするものとがある。後者は商品の輸出が困難の爲に、その國に於て商品を生産して販賣すれば、關税の適用を免れることが出來るのと、先進國では勞働組合が發達し勞働法規が適用されてゐる爲に、低賃銀の勞働者を過長時間使用するには、後進國にて勞働者を雇入れるに限るからである。

國外投資は大戰前に、佛蘭西が露西亞に對し英國が米國に對して爲したやうに、同種の先進國に對する場合もあるが、若し後進國に對して先進國の資本が輸出される場合には、信用の確實でない後進國から、投下資本の回收が可能であると云ふ保證がなければならないし、後進國に於て事業を經營する場合には、秩序平和が安定することと、事業が有利に行はれる爲の獨占的地位が與へられねばならない。之が爲には當然に自國の政府を背後に負ふ必要がある。既に先進國の金融資本家は鞏固なトラストを形成してゐるから、容易に政府を動かして目的を達することが出來る。然し後進國は之が爲に先進國に隷屬せざるをえないから、當然に先進國と後進國との國家的對立となり、更に後進國を目的として先進國相互が角逐競爭して、先進國家相互が對抗的關係に入るのである。

之を要するに、戰爭原因の第二としての經濟的利害の對立は、始めは資本家の對立であり、やがて國家の對立にまで發展するのであるが、資本家と政府との結合に就ては、二種の種類が區別されるであらう。資本家が先づ動いて××を動かす場合と、××が比較的早く動いて資本家を援助する場合とがある、英國の場合は前者の適例で、獨逸××の如きは後者の例である。先進國の中に於ても比較的立ち遲れの國では、一般に資本主義そのものの發達に對して、政府が積極的に助長政策を採つたと同じく、外國との經濟關係に就ても、政府參加の程度が濃厚であり、その時期も亦早かつたのである。然し何れにしても、現代世界の先進國の資本家は、或は政府を同行し或は政府を背後に控へて、世界の經濟競爭場裡に角逐鬪爭を演じてゐる。その修羅場を貫く一條の金線は、各國資本家の利潤慾である。恰も國內の資本主義に於けるが如く、國際間に於ても亦、利潤獲得の資本主義のイデオロギーが、全世界に躍り狂つてゐる。國家が資本主義を以て立つ限り、換言すれば資本家階級が國家の產業××××限りに於て、資本家倒れて國家の產業は倒れ、國家にして富まんとせば、資本家をして富ましめるの外はない。かくて國家は資本家を擁して、或は後進國家と對立し、或は先進國と對立し、彼倒れるか我倒れるかと云ふ緊張した場面に立たされてゐる。既に後進國のあるものは之が爲に壓倒されて聲なく、あるものは先進國に叛旗を飜さんとし、更に先進國相互は緊張さの永續に堪へないで、武力の衝突にまで近づかんとしてゐる。曾て伊太利の獨立や洪牙利の獨立に際して、マッチニーやコスートに同情して國民主義運動に喝采し、果ては米國の自國からの獨立に對してさへ同情した英國の自由主義者は、今日支那や印度の國民主義運動から面を背けるだらう、蓋し經濟的利害の對立は、自國の運命にとつて焦眉の急を告げるからである。

（四）　戰爭原因の第三

第三の戰爭原因は、國家の優越慾の滿足である。第一の原因としての國家獨立への要求も、既に國民としての自尊心から出立してゐたゝ、やがてその自尊心が積極性に能動性に轉化して、自國を他國に對して優越的の地位に置かうとする要求となる。未だ獨立をも果しえない國民や、既に獨立してゐる國家と云へども、到底他國に對して優越しうる自信を持たない國には、此の原因は作用しないが、優越しうる希望性ある國、卽ち現代の强大國は、此の心理を抱くが故に、××への危險が增大して來るのである。優越慾は必ずしも特定の對象の獲得を欲しない、唯他國に對する特定の地位を樂しみ味ふことを目的とする。個人にイゴイストとイゴチストとが區別される、前者は利己主義者であつて、利益の獲得を目的とする、然し後者は衆人の中に於て自己の特殊卓越の地位を味ふことを目的とする、從つてその地位をうる爲には、利益を犧牲とすることも意としない、否却てイゴチストはイゴイストならざることが多い。國家の優越慾とは、國家のイゴチズムである。優越慾を滿足するには、最も端的に現はれては他國を戰爭に於て押へ付けるにあるが、必ずしも戰爭まで往かずとも、他國を押へ付けうる希望性を味へれば、それを以ても滿足する、だが相手國も亦優越慾を持つ時に、當然に二つの優越慾は衝突して、戰爭にまで到達せざるをえない、何故なれば優越の地位は、唯一無二にして複數の存在を許さないからである。

優越慾は何かを對象とした優越の地位への要求である。その對象が何であるかと云ふならば、理論的には自國の宗教や學問や藝術を對象とすることが考へられないことはない、然し之等の對象は超世俗的のものである、國家が世俗的の存在である限り、國家の優越慾は兵力とか富力とか領土とか、世俗的のものを對象とする。超世俗的のものを對象とする時に、優越慾は必ずしも闘爭角逐を必要としない、然し世俗的のものを對象とする時に、當然に對立者間の修羅場が出現せざるをえない。その最も終局的な結末は××であるが、そこに至る迄の過程に於て、富力や領土の獲得に就て、既に××を幾度か經過せざるをえないのである。

經濟的利害の對立は、唯それだけならば必ずしも戰爭にまで切迫せずに濟みうる、何故なれば利益の打算から出發する限り、何等かの協定への可能性があるからである。なるほど必勝の見込の充分なる場合には、戰爭をも辭しまい、これ弱小後進國に對しては先進國が戰爭を急ぐ所以である。だが强大先進國相互の戰爭は、勝敗の豫測が困難で、賭する危險率が巨大である。若し單に氷の如き打算にのみ徹底するならば、經濟的利益のみからでは、戰爭に至らずして協定に至るのが順當である。國內に於て容易にカルテル、トラストが成立するのは此の故である。然るに國際間に戰爭が避けられないのは、勝敗の觀測の誤謬からのみでなく、他國に壓倒されたと云ふ屈辱感に堪へないからであり、他國を××××××××××××××からである。

以上の各種の原因は複雜に化合して、何れの原因とも究め難い原因となつて、各國間の戰爭を釀成する。だが弱小後進國家は先進强大國と戰爭を企てても、自己のみの力では到底敵し難いから、夷を以て夷を征するの策を採つて、他の强大國の援助を求めるの外はない。又若し一强大國が後進國を壓倒するならば、そのこと自體その强大國を强めることであるから、他の强大國は雲烟過眼視することをえない。かくして現代の戰爭は、先進强大國相互が捲き込まれるか、或は先進强大國相互が始めより對抗するかの外にはない。若し强大國が互に假想敵國として意識するならば、その意識が正覺であらうとも錯覺であらうとも、又かく意識するに至つた原因が上述の何れであらうとも、その時は戰爭原因を旣に逸脫して、戰爭自體を目的とする準備が、當面の原因として作用する。自國とは何等の交涉のない地域に、相手國が勢力を扶殖することも傍觀しえない、何故なれば力は比較的であつて相手が强くなることは、自己が弱まることだからである。自己の親邦又は聯邦が相手國に敗られることを坐視しえない、何故なれば自己の信用と勢力とに影響するからである。又止め度もない軍備擴張の苦痛に堪へないで、寧ろ一擧に雌雄を決することを快しとするだらう。戰爭の危機に瀕する××××××、×××××××××、些細な差別しかない。いかなる時機に機先を制するかが、戰局を左右する重大な契機たる時に互に自己に有利な機會を選ぶに苦心するだらう。そのことは當然に相互を神經過敏に驅り立てて、唯後れざらんと焦慮させる、こゝまで來た時に戰爭は既に開始されたも同じである。野に枯草は積まれてゐる。それは唯點火を待つてゐる、誰がいつ點火するかは問題ではないのである。

（五）　戰爭の危險と國內狀勢

既に自國に戰爭が迫つて來たと感じられた時に、いかなる狀勢が國內に起るであらうか。吾吾は暫らく之に一瞥を與へる必要がある。

戰爭の危險が何處より來れるかの檢討は、今は問題ではない、國民の前に投ぜられた二者擇一の課題は、勝利か敗北かである。誰か敗北を欲するものがあらうか。××××××××××××××××××××、×××××××××××××。新聞雜誌は戰爭に關する記事と物語とを滿載し、戰爭を題材とした小說は書かれ映畫が撮られ、民衆を鼓舞激勵する講演は、或は演壇から又或はラヂオを通じて、津々浦々に及ぶ。更に××××××××勇ましき戰士と忠實な銃後の國民とを育成する××××××××、×××××××××××。さらでだに祖國愛は、人心の奧底深く宿る本能である、此の本能は時に無意識の潛在たるに止まることがある、然るに×××××無意識を化して意識とし、潛在を化して顯在××××××××××××××。

此の雰圍氣の遂に凝集して理論化したものが、彼の國家主義の學說である。それは云ふ、國家の膨脹發展こそ吾々の目的であり、吾々個人は國家×××××××××××、個人は國家の爲に死して而して生きるのだと。又それは云ふ、吾々に內在する理性の具現したものが國家である、國家に服從することは、吾々が理性に聽くことであると。かくて國家は×××××對象ではなくて、凡そ一切を批判する主體となる。國家を是非することは、理性を是非することである、だが理性こそは凡そ是非することの源泉であるならば、國家を是非することは、論理の矛盾でなくて何であらう。かくして國家は神聖不可侵の王座に位し、その爲す所は常に正しく常に過つたことがない、その爲に爲されるあらゆることが是認され、之に反するあらゆることが否認される。かゝる×××絶對無謬性が、精緻な哲學の權威を以て、吾々に敎へられるのである。だがまだ之だけではない、×××××××××、×××××××××××××××××が新聞雜誌に掲げられる。×××××××××××××××××、多少なりとも×××××××××××××、國民は盾の兩面を眺める××××××××。×××××××××、事重大に亘る質問は議會に於ても封じられる。歐洲大戰前に英佛間に秘密の軍事同盟規約のあつたことは、アスクィス內閣の唯首相と外相とのみが知つてゐて、閣員と云へども氣が付かなかつたといふ。英國五千萬の運命に關する重大の契機は、唯二名の政治家の判斷に握られてゐたのである。愈々戰爭開始の機の至るや、各々の國家の政治家は、美辭麗句を以て來らんとする戰爭を說明し、正義の名に於て戰爭の爲に起てよと云ふ。歐洲大戰開始直後、英國首相アスクィスの演說を讀むならば、その中に次の一句を見出すだらう、「獨逸人はその國土の眞唯中に敵の勝利者を見る迄は、トライチケーとニーチェから去つて、再びルーテルとゲーテとに眼を轉じまい」と。敵國民の關心を偉大な宗敎家と偉大な藝術家とに向けしめんとすること、誠に高貴の態度ではある。だが之と類似のことがその獨逸の教授よりして、英國民に就て云はれてゐるのである。英國は白耳義中立の神聖の名に於て參戰すると云つた。然し若し外相グレーにして、眞に白耳義の中立を維持せんとしたならば、獨逸人を動かすことが出來たのである。普佛戰爭當時にグラッドストーンは、白耳義の中立を維持することを眞正の目的とした爲に、ビスマルクをして服せしめることが出來た。然しグレーにとつては白耳義の中立が重要なのではなくて、中立擁護の美名を摑むことが重要であつた。當時の經過を辿るものは、いかに戰爭名目の空虛なるかに啞然たらざるをえまい。かくて××の迫れる時に、人は冷靜な檢討をする餘裕がないのである。

人或は云ふかも知れない、近代帝國主義の戰爭は要するに××××××××××と。私は此の言葉を全部的に誤りだとは思はない、然し單に戰爭が××××××だからとて、それだけで戰爭が片付けられて了はない。たとへ×××××だと分つても、敵國の×××××よりも、×××××の爲の方がよいと考へるほど、國家意識は强烈である。國家主義は××××のイデオロギーと云はうとも、吾々は無より有を作ることは出來ない、國家主義を標榜すれば××××××××××されるほど、國家主義は始めよりして魔力を持つてゐるのである。プロレタリアに祖國なしと口に筆に唱へて來た獨逸勞働者は、一九一四年の八月に、忽ちにして「獨逸よ獨逸すべての上に」と聲高らかに歌つたではないか。

戰爭が曾て王室の野心や虛榮の爲に爲された時には、それは大衆の眞情と必ずしも符合してはゐなかつた。然し心すべきは、近代の戰爭が民衆化されたといふことである。形式上から云つても、戰爭豫算の贊否は、議會に於ける討論の題目となり、總選擧に於て民衆から投票された代議士は、民衆の意志を代表して、可否を表現することが出來るのである。又戰爭は近代に於て民衆の中に、複雜な利益關係を織りなしてゐる。××××××されればされるほど、××××××置いてそこに生活してゐる人員は多い、その故に××××××に熱心なのだと云ふほど私は邪推深くはない、だが戰爭に直接的の關係を持つ人々は、戰爭に冷淡になりえないのは人情の自然である。國際問題の係爭地域に職を奉じて働いてゐる人も亦多い、その人とその家族とその親戚知人とは、その地域が自國から離れることに無關心ではありえない。軍需工業に雇はれる勞働者は、戰爭あれば生活資料がえられ戰爭なければ職を失ふのである。輸出工業の勞働者や輸出貿易商の使用人も亦、販路擴張の爲の戰爭と無緣の衆生ではない。一般的に云つて、巨大な植民地を持つ國家の資本家は、超過利潤を獲得することが出來るから、その利潤の一部を割いて勞働條件を改善することが出來る。勞働者の就職率は增加し、賃銀は高められるのである。これ人が帝國主義のプロレタリアを勞働貴族と稱する所以である。固より資本家の利潤と勞働者の殘滓とは、比率幾何かとは云へるだらう、だが尙戰爭はプロレタリアを濕ほさないとは云へないのである。若し近代戰爭の複雜性と民衆化とを顧みずして、單に平和の福音を說くものあるならば、その人は事實の前に目を瞑り耳を掩ふものとの非難を免れまい。

（六） 今日迄の平和方策

以上の說明によれば、强大國間の戰爭は必至の運命だと云ふことになる。だが命を惜しみ財を好むは、人間の本性である、たとへ戰爭は止むをえないとしても、若し戰爭を避けうる途があるならば、何人も好んで戰爭を企てようとはしまい。果して戰爭回避の名案があるか、そこで吾々は平和方策を檢討してみる必要がある。

國際仲裁々判制度や軍備縮少條約も亦、戰爭を防止する一方法ではある、然し之等は或は一部的であるか、或は一時的であるかであつて、たとへ望ましくはあるとしても、恒久平和の方法ではない。永遠的平和實現の方法として、今迄唱へられ今も尙考へられる二つの案だけを問題とするならば、その一は世界王國の實現であり、その二は國際聯盟の建設である。

世界王國とは、ある一國が壓倒的の權力を以て萬國を征服し、世界を打つて一丸とした統一國家を意味するので、それまでに戰爭は行はれようとも、その時に始めて戰爭は止み、又その時までは戰爭は止むまいと云はれる。カントはその「永遠平和論」の中で、此の案を問題にした、現代にも此の說を唱へるものがないではない。戰爭とは國家間の戰爭を云ふのであるから、國家の複數が消滅すれば、戰爭の解消することは確實であらう。だが世界王國の實現が一切の夢であるか否かは暫らく問題外としても、それが實現されるのは、よほどの時間を必要とし、無數の戰爭を經過しての後であらう。その後に永遠の平和が到來しようとも、それに至るまでの過渡の犧牲は餘りに多くして、最後の樂園は餘りに朦朧としてゐる。然し世界王國の致命的缺點は、之等の點にはなくて、よしそれが實現されたとしても、その本質が反對されねばならないといふ點に在る。世界統一の國家は、各々特殊の歴史と文化とを有する國民性を無視して一個の主權の下に一律無差別に支配することを本質とする、然し國民の特殊性は無視されるには餘りに顯著であり、獨自の存在を主張しうる充分の根據を持つてゐる。その特殊性を維持してこそ、人は自然の成長を遂げうるのである。抑々××××××、戰爭自體が悪いからではない、それが人間の自然の成長を阻止するからである。なるほど世界王國の實現によつて戰爭は防止されるかも知れない、然し戰爭の代償に世界王國を迎へるのは、前門に虎を防いで後門に狼を入れるの愚を冒すものである。又恐らく國民獨立への要求は、不斷に統一國家の分裂を招き、かくして戰爭は結局根絶されまい。若し又世界王國が各國民に自治獨立を與へることになれば、その時は所謂世界王國ではなくて、次に述べる國際聯盟である。

各國家の獨自の存在を承認して、而も國家間の諸問題を各國協議の上に處理せんとする案は、遠くサン・ピエール、ルッソー、カント以來腦裡に描かれ、遂に大戰の後に具體化するに至つた。國際聯盟こそは、廿世紀が實現した最も偉大な制度である。だが理念としての國際聯盟は偉大であらうとも、ヴェルサイユ會議によつて作られた現實の國際聯盟は、少くとも次の二點に於て根本的の弱點を持つてゐた。その第一は聯盟が規約違反國を制裁すべき武力を所持してゐないことである。違反國は世界の舞臺に於て道義的批判を受けるだらう、然し國際平和に關する道義的信念は、未だ必ずしも世界を通じて確立してはゐないのである。違反國は良心の苛責なしに、自己を辯護する論據を持ちうるかも知れない、從つて道義的批判を甘受するならば、殘るは經濟的制裁のみであるが、若し違反國にしてその危險を賭して、違反を敢行するならば、各國が必ずしも經濟的制裁を企てるとも限らない、何故なれば此の種の制裁は結局は戰爭を惹起するし、各國は戰爭の渦中に投ずるを好むとは云へないからである。而して强大國は、各國が戰爭困難の狀態に在るを洞察するか、又は數國との戰爭を覺悟して、正に違反を敢行するのである。若し聯盟が全世界を促して戰爭の危險をも冒さしめんとするならば、聯盟は各國家の唯一絕對の「主權」と矛盾し、主權を尊重すると云ふ前提の下に、國際聯盟は建設されてゐる、之が世界王國と異る點なのである。各國家の主權と聯盟の主權とは矛盾であり、制裁のない限り、戰爭を防止するは不可能である。缺點の第二は、聯盟の根本前提が世界の現狀《スタツス》維持《クオー》に存することである。之は聯盟規約の「國際平和」「國家の安全」「政治的獨立」「領土保全」等の語句に現はれ、更に米國のモンロー主義を容認し、英國の「自國の平和と安全とに特殊的又根本的利害」ある地域に關しては、軍事行動の自由を留保したこと等に窺はれる。なるほど今までの所謂平和とは、現狀を維持することであつたらう。その故に過去に多くの戰爭を經て、現に厖大な領土と富源とを所有するものは、現狀を維持して平和の美名を荷ひ、遲れて現狀を打破せんとするものは、平和侵害の汚名を負はされる。だが現在の世界地圖は、神の豫め定めたものではない。一方に巨大な土地と資源と販路とに富むものと、他方に惠まれざるものとが對立すればこそ、惠まれないものは最少抵抗線に沿つて、より弱小の國家に戰爭を挑むのである。眞實の平和は、公正の基礎の上に立たねばならない。徒に假面の平和を唱へて現狀維持に努めるのは、持てる國家を幸ひするに止まつて、持たざる國家を納得せしめえない。國際聯盟が、現在の所謂平和に立脚する限り、戰爭防止の眞諦に觸れることは出來ないのである。

私は現實の聯盟が、以上の缺點を持てばとて、尙多くの貢獻をしたことを否定しない、況んや理念としての聯盟は、永久に顧みらるべき高貴の制度である。だが現實の聯盟によつて、戰爭が防止されると考へるのは、空想に近いといはねばならない。要するに世界王國の實現も國際聯盟も、戰爭を根絶して平和を謳ふ保證にはならない。若しこゝに世界王國の夢を提げて、その實現にまでの戰爭を讃美せんとするものあらば、人はその夢に迷はされてはならない。又若し口に平和主義を唱へて、內心現狀維持に汲々たる國家があるならば、人は現狀の神聖性の論據を聽くことを忘れてはならない。

（七）　戰爭の社會的影響

戰爭の原因が根深いものであり、戰爭の發生を防止する方策がないとしたならば、結局戰爭は必然不可避であることになるか、そして不可避であると說明すること自體が、現代世界に漲る××××××××、××××××××××にならないか。だが吾々は結論を急いではならない。なるほど戰爭は必然不可避であらう、然しそれは戰爭發生の原因を如何ともすべからざるものと前提とした限りに於てである。吾々は遡つて戰爭の前提を問題として、そこで××××の議論をする自由が殘されてゐる。だがその前に暫らく立ち止まつて、戰爭はいかなる影響を國民に與へるかを考察してみる必要がある。戰爭がいかなる弊害を伴ふとも、戰爭は止むをえないのだといふ議論が出るかも知れない、然しそれは後に廻される議論であつて、此の場合に吾々は唯戰爭自體を冷靜に客觀視する立場に立たねばならない。

先づ第一に戰爭は多數の生命と超巨額の財貨と夥しき生活の困苦を伴ふのである。今更にその數字を羅列し、戰爭國の困窮を物語る必要はあるまい、吾々は歐洲大戰に關する手頃の一書を繙けば充分である。戰爭は止むなきものだといふ前提の上に立つから、人は之等の××××××××××××してゐる。然し一度退いて、かほど×××××××××とを以て×××××向けたらんには、いかにき××××が出來るかを考へて見るがよい。日常平和の時に於て緊急必要だと思はれてゐることの數々が、××××××××を以て遂行されることを思ふならば、いかにその××××××××稍想像されるだらう。而も現代の戰爭技術からみて悲慘は擴大され、複雜な列國の利害關係から多數國家が捲き込まれるので、勝敗の觀測は容易に付け兼ねるから、當然戰爭は長期に亘るし、各國互に縺れた經濟的交渉があるから、戰敗國の崩壞は戰勝國に重大な影響を及ぼして、何れが勝つて何れが敗れたか分明しないほどであることは、英佛諸國が歐洲大戰後に茫然自失したことをみても明かである。

次に戰爭進行中と戰爭終結後に、社會の各階級の受ける變化を考へるならば、戰時に國家は外國と交通のない封鎖經濟を甘んじねばならないから、在來の產業のあるものは倒壞し、市場は狹隘となつて需要は減少し、巨額の軍事費を支辨する爲に稅率は高められる。大資本家はカルテル、トラスト的方向に一層邁進して、獨占の力によつて此の難局を切拔けることが出來るが、中間階級はさらでだに抵抗能力の乏しいのに、此の負擔を加へられて、××××××。經營の集中と資本の集積と云ふ資本主義の發展傾向は、戰爭を迎へて加速度的に進行するのである。勞働者階級は、直接稅を負擔することは少いが、間接稅は當然高められて頭上に加へられるし、資本家の直接稅は生產費に加へられて物價騰貴となり、獨占企業の商品價格も上るから、彼等の賃銀はたとへ增加したとしても、生活資料の高價によつて實質的には低落する。のみならず戰時中は非常時の名の下に、彼等の××××は××されるだらうから、××××の向上は限界付けられる。戰爭が敗北に終つた場合の慘狀は度外視するとして、勝利となつた場合にも、敵國の復讐に備へる爲に軍備は維持又は擴張せねばならないのと、軍事公債の利子支拂の爲に、戰時中の課税は持續するのみならず增率されさへする。關税は高められ、獨占商品の價格は益々上る。その負擔は消費者の肩に落ち、その消費者の大部分は×××××である。前に私は近代戰爭は民衆化すると云つた。然し軍事工業の勞働者と輸出貿易の使用人とは、その數に於て全勞働者に比して問題とならないし、帝國主義勞働者が受ける超過利潤の殘滓は、以上の負擔に比して九牛の一毛にも足らないのである。尙忘れてならないことは、戰爭は往々にして、××××の好機となることである。私は資本主義の變革には贊成しようとも、暴力手段を以てする變革には同意しえない。戰時戰後の××××はよし成功したとしても、偶發事情の援助の下に爲されるので、社會の正常の進展の結果ではない、從つて××後に必ず××××が右傾化する。若し××が成功しなかつた場合には、右翼勢力の擡頭を促して、反動革命が成功することは、伊太利、獨逸の事例に徵して明かである。

最後に往々にして吾々の注意を逸する戰爭の影響がある。それは戰爭自體から來る影響ではないが、戰爭の危機を孕む間、國家内に起る異常の變化である。假想敵國に劣らない軍備を整へる爲に、必然に豫算の大部分は軍事費に投ぜられ、×××××××社會改良の經費や、學術藝術等の文化の爲の支出は、緊急でない××××××××××××。國民の注意は外に向けられる爲に、國内の改善は等閑に附せられて、唯現狀維持にこれ努める、かくて國家は只管に保守反動へと傾いて往く。目前の急に應ずる爲には、能率本位が第一主義となる、かくして獨裁主義的傾向が强まり、國論統一一糸紊れざらんが爲に、××××××××されて、××××が支配する。勝利を希求するが故に××を崇拜する念が高まつて、理論や理想は世の中に××××××、正しくとも力がなければ駄目だと云ふ現實主義が×××××。殊に人間をそれ自身神聖なる目的として尊重する××××××、單に××として××として××として輕視する彼の嫌惡すべき價値觀は、知らざる裡に社會に横溢して來るのである。

人あつて云ふかも知れない、たとへ之等の害惡はあるにしてもそれは唯戰爭前後の一時に止まるのだと。然し戰爭を防止する方法が現實にないとすれば、いつ戰爭が止むと誰が保證出來るか。たとへ戰爭のない時はあつても、それは戰爭前後の休戰狀態に止まつて、梅雨の晴間に喩へらるべきものである。又云ふかも知れない、現代の國民は苦痛を受けようとも、次の時代の國民の爲に忍ぶのだと。だが戰爭が次の時代に絶えると云ふ保證が出來ないのみならず、次の時代の戰爭は現代の戰爭よりも、苦痛が輕少だといふ保證がどうして出來るか。要するに上述した××××は、戰爭の根絕せざる限り永續する。此の害惡がいつかは免れることが出來ると思ふ人があるなら、その人は自己の影を追うて走るが如く、をやみなき無限の追求を企てるの外はない。

然しこゝに抗議が出るだらう、たとへ戰爭に害惡が伴ふとも、それは止むをえざる害惡であつて、戰爭はこれを償つて餘りあるのだと。そこで私は××××の根本問題に始めて正面から對立する時に來た。

（八）　戰爭是非の批判

××××××××××××と云ふ問題を扱ふ時に、吾々は此の國彼の國の戰爭を腦裡に描いてはいけない、凡そ一切の特定の國家を念頭に置くことなしに、抽象的に××××することが必要である。從つて又日本の當面の問題を直接批判の對象としてゐるのではない。戰爭是非の議論は云はゞ、一個の總論であつて、之を現實の具體的の戰爭に適用するには、總論から各論に至る過程を必要とする、だが總論は各論に對する前提として必要な役割を果すであらう。

世に戰爭は絕對的に罪惡だと云ふものがある、蓋し暴力を使用するからである。然し私は此の說に與しない。暴力の使用それ自體が無條件的に罪惡ではない、之を罪惡とするか否かを決定する論據は別に他に在る。吾々個人が暴力を揮ふ必要を無くする爲に、警察權が嚴然と控へる國家內に於てすら、正當防衛の爲には暴力を以て侵害者を殺傷することを許してゐるのである。それでは一切のものを批判する根據となるものは何か、私は「社會のあらゆる成員の人格の成長」と云ふことだと思ふ。考慮に入るべき人は、あらゆる成員――ブルジョアたるとプロレタリアたるとを問はず――たることを必要とし、關心すべき對象は、その成員の成長――正確に云へば成長に必要な條件――である。私は前項で戰爭の影響を述べた時に、既に此の批判の根據に立つて、××××××××說いたのである。所が戰爭自體は害惡を結果しようとも、若し戰爭の目的にしてその害惡を償つて餘りあれば、戰爭は是認されねばならないだらう。そこで私は「あらゆる成員の人格の成長」と云ふ規準に立つて、果して戰爭目的は害惡を抹殺しうるや否やを検討せねばならない。

戰爭原因の第一は、國家獨立の要求である。此の原因から來る戰爭は如何。私は此の戰爭××は是認さるべきだと思ふ。既に世界王國に就て述べたやうに、國民と云ふ共同體は自己の意志によつて支配さるべきもので、他の國民の意志に隷屬すべきではない。國民が獨立自主の主體となつた時、始めて國民の成員は自然の人格の成長を爲しうるのである。なるほど獨立の爲の戰爭に伴つて、前項の害惡は起るだらう。然し之と類似の害惡は、他國に隷屬する限り永久に繼續すると思はねばならない。私は私の規準に照らして、此の場合の戰爭は是認する。だが云ふ人があるかも知れない、飽くまで支配を續けて往かうと云ふ國家にとつては、獨立によつて受ける損失は大きい、之は國民の人格の成長に反しないかと。私は答へるだらう、他國民を隷屬せしめて、何處に人格の成長があるか、若し人格成長の意志にしてあらば、獨立を侵害しまい。獨立によつて支配國の成員は、啻に人格成長に失ふ所ないばかりでなく、却て之によつて人格成長の正道に戻るのであると。然し國家の獨立と云ふ言葉は、嚴格に狹義に解さるべきで經濟的獨立××××××××××××、之に就ては後に述べるであらう。又間接的に獨立を侵害する脅威に對する戰爭は含まれない、何故なれば間接の意味は殆ど無限の擴張性があり、停止する所を知らないからである。

第二に戰爭の原因は、國家の優越慾である。之より來る戰爭は如何。優越慾は自己と他との地位の比較を問題とし、自己の向上自體を問題としない、假りに自己の向上を努めることがあらうとも、それは比較の必要から來る偶然の結果であつて、必然の本質ではない。その故に優越慾は往々にして否多くは、自己を懶惰の地位に置いて、他の地位を下落せしめることになり易い。之が凡そ優越慾に伴ふ害惡である。此の慾望の支配する所、その國民の眞の人格の成長はありえない。のみならず他國に對する優越を求める國家は、その内部に於て優越を味ふ××××××、××××××××××に分たれてゐることだらう。優越慾からの戰爭は當該國の成員にかゝる害惡を獵すが、他方に於て此の國から挑戰される國家は、徒に害惡を受くるのみで何の新に得る所はない、故に當然に此の戰爭は否認されねばならない。

第三の戰爭の原因は、經濟的利益の獲得である。現代强大國間の大部分の戰爭は、此の原因と前項の原因との複合する場合である。此の戰爭の禮讃者は云ふかも知れない、たとへ戰爭に伴ふ害悪はあらうとも、それはほんの一時的に止まつて、勝利を占めた後に、原料を獨占し販路を獨占したならば、國家は富み榮えて、國民の經濟生活は向上し、かくて人格成長の條件は實現するのだと。暫らく敗北國の慘禍は度外視しても、戰勝國に就て此の言が妥當するか否かを検討する必要がある、何故なれば此の種の議論が現代の戰爭に合理的論據を與へてゐるのであるからである。なるほど原料販路投資を獨占することによつて、内地の産業は勃興し、勞働者の就職は增加し、資本家の超過利潤の一部は勞働者にも及んで、賃銀その他の勞働條件は向上するだらう。その限りに於て確にプロレタリアにとつても不利ではない、だが資本家階級の獲得する超過利潤と比較して、その輕重果して何れであるか。のみならず大資本家の集中と集積とに逆比例して、中産階級はその壓迫に抵抗し兼ねてプロレタリアに沒落し、資本家の海外進出は、内地に獨占體が形成することを前提するから、中産階級も勤勞階級も消費者として、獨占價格による物價騰貴の前に立たねばならない。そこで帝國主義戰爭は、國家を富み榮えさせるではあらう、××××××××××××××××××、××××××××××××××××××××××××、×××××××××××××××。×××××××××××××××××

×××、××××××××××××××××××××××××。

　更に一歩進んで考へると、此の種の戰爭は社會の大多數の勤勞階級の利益とは、その出發に於てもその結果に於ても、×××××××××××××××××××。×××××は、資本家の國外投資獨占から起る。國外の投資は內地に蓄積された資本が過剩で利率が低いから、後進國の超過利潤をえたいと云ふことから起る。所が若し內地に剩餘資本が存在して利率が低ければ、生產費は低落して物價は低下し、消費者は幸福になれるのである。此の幸福よりも超過利潤を選ぶからこそ、海外投資が企てられ、××××××の原因となるのである。又戰爭は資本家の國外の販路擴張から起る。然し若し資本家が勞働者の賃銀を增加して消費能力を向上させれば、內地に於ても販路を擴張させうるのである、だが資本家は賃銀を引き上げることよりも、利益が多いから國外の販路開拓の方を選ぶのである。從つて××××××××××××××、×××××××××××××××××××××××××××。×××××××××××××××××、×××××××××××××××××××××。××××××××××××××××、××××××××××××××××××××××××、×××××××××××××××

×××、××××××××××××××××××。

（九）　永久的の平和方策

たとへある種の戰爭は正當でないと云ふ道義的批判が宣告されようとも、それによつて戰爭は根絶はしまい、何故なれば戰爭とは數箇國間の關係で單に一國家の態度如何によつて如何樣ともすべからざるものだからである。若し相手國にして不當にも挑戰して來た時に、自國の滅亡を賭しない限り、之に應戰せざるをえまい、而して自國の滅亡を要求する原理は、何處を探しても見當らないからである。×××××××××××××××××××××××××××。××××××××××××××、×××××××××××××××××××××××××××××××××××する時に、餘りに多くの類似性がその間に見出されるであらう。資本主義は經濟的自己責任の原則の上に立つてゐる、その故に此の中に在るものは功過すべて己れに歸することを知らざるをえない、今にして財を蓄へずんば、一旦病魔に襲はれて不具癈疾者となつた時餓死するの外はない、一朝不歸の客となつた時愛する妻子をして路頭に迷はしめねばならない故に、厘毛の利と云へども爭つて取らざるをえない、これ自己と家族とを愛するものゝ義務である。かくて人は利己的ならざるをえないのである。これ資本主義内に生きるものゝ必然の歸結である。咎むべきは此の人彼の人に非ずして、××××××社會機構に在る、此の機構を脱せざる限り、營利爭奪の修羅場は到る所に現出されざるをえないのである。恰も之に類似するものが、現代の國際生活である。各國家は頼るべき他國を持つてはゐない、唯自己の力を以て自己の存在を擁護するの外はない、而して何が自己の存在かの解釋は、唯自己のみが決定する自主獨立の權限が與へられてゐる。それなら各國は萬一の場合を慮つて軍備を整へねばならない。之は當然に他國をして猜疑と不安とに驅り、猜疑は更に猜疑を生み、不安は更に遞増する、そして防禦と攻擊とは結局相對的の問題であるから、機先を制して有利形勝の地位を占めたものが、最も賢明だと云ふことゝなる。此の渦中に在る限り、國家は戰爭にまで驅り立てられざるをえない。此の國家彼の國家が非難さるべきではなくて、咎むべきは實に國際生活の無政府性に在るのである。

だが資本主義の機構を變化する叡智が人間に與へられてゐると同じく、若し戰爭にして害惡だといふ確信があるならば、又若し戰爭の止むなき所以が、國際生活の機構に在ることを認識するならば、須らく戰爭を防止すべき機構の建設に着手せねばならない筈である、然らばかゝる方策が考へられるか。私はこゝに理念としての國際聯盟が役立つと思ふ。之は現實の國際聯盟の持つ二つの缺點を排除したものでなくてはならない。卽ち第一に國際聯盟は國家獨立の場合の外は、××××××××、×××××××××××××××××××××、××××××××××××××加へねばならない。第二にあらゆる國家はその門戸を開放して、そこには原料と商品と資本と勞働との獨占があつてはならない。此の二條に就ては旣に前々項で現實の國際聯盟を批判する時に說明したから、再びこゝに繰返す必要はあるまい。かゝる機構が成立して後、始めて戰爭は跡を絕ち、その時まで世に戰爭の種は盡きまい。だが人は云ふかも知れない、之は誠に現存國家に對する重大な變革で、各國の主權に反すると。確かにその通りである。だがこゝでも資本主義と國際生活との比較が吾々に役立つだらう。曾て工場の中に統制と規律とがあつた時、工場外の市場には個人割據の無政府的狀態があつた。今や此の無政府性は徐々に克服されて、或は獨占企業の成立となり、或は國家企業の擴張となり、更に或は國家の經濟に對する統制は進行しつゝあるではないか。國家内に於て鞏固な統制が行はれる時に、國外には曾ての資本主義と同じく、各國家間の自由無統制が支配してゐる。曾ての自由放任主義の原理が、今や國内に於て時代錯誤たると同じく、各國家の××××××と云ふ思想こそ、今や一個の時代錯誤と化しつゝある。國際生活統制の必要は、主權論と調和しなくなつた。曾て主權は國家生活を統制して、國民の成長に役立つに必要であつた。今や××は曾ての目的に忠なるが爲には、自己制限を甘受すべきである。××も亦そが生きんが爲には、自ら死なねばならない。

然し弱小後進國にとつて、此の英斷は容易であらうとも、旣に多くを所有する強大先進國にとつては、容易ならざる英斷を必要とする。だが戰爭の害惡がいかに巨大であり、國際的不安がいかに浪費であるかを認識し、戰爭防止への情熱にして熾烈ならんには、此の英斷を敢行するだらう。ここに注目すべきは、國際的統制が進行する時は、他方に國内に重要な變化が起ると云ふことである。若し戰爭防止に關心が向けられるならば、戰爭と密接不可分の地位にある××××××、××としてゐられまい。又若し戰爭抑止を決意せしめる動機が、あらゆる成員の人格の成長と云ふ點に在るならば、同一の論據は資本主義を變革せずには措くまい。かくて一面外に向つて國際聯盟の建設に進むと共に、他面內に向つて資本主義の變革が併行する。恐らく國際聯盟成るの日に、聯盟さるべき國家は、××××××××××、××××××××××。だが國際聯盟の建設にも資本主義の變革にも、すべての前提となるものは、事のよしとせらるるは、あらゆる成員の人格の成長に與るに在ると云ふ人世觀の確立である。換言すれば個人人格の權威が確立して、人はそれ自體に於て神聖なる目的にして、手段として看做さるべきではないと云ふ信念こそ、先づ人間の胸奧より湧き起らねばならない。然るに思ふてもみよ、吾々の周圍にいかに此の信念に背馳する思想が橫行し敎育が爲されてゐるか。その最も顯著なるものが、彼の國家主義の人生觀である、先づ第一に爲さるべきは、××××××であり、克服であらねばならない(本書前章參照)。

(十) 結　論

人は人類進化の跡を奈邊に認めるか知らない。私は同胞意識の擴大にこそ、人類の進化を認めることが出來ると思ふ。曾て同胞は小さな家族の成員にだけ限られてゐた、吾々はその限られた同胞の運命を關心事として、自己の幸福と同胞の幸福とを二にして一なるものと考へてゐた。やがて同胞は擴められて部落となり、種族となり、今や國民にまで到達した。同一の國民に屬するものに對しては、人はその命を奪ひ財を盜むことを以て、良心に反する行爲と認めてゐる。同胞の範圍はこゝまで擴張されて、そこで停止してゐるのである。なるほど外國人に對しても日常生活に於ては、殺すこと盜むことは既に罪惡だと思はれてゐる。その限りに於て同胞は既に擴められて、やがて人類に及ばんとしつゝある。だが未だ完全に人類にまで到達したとは云はれない、人類を同胞とする意識は、屢々切斷されることがあるからである、戰爭の場合が卽ちそれである。果して同胞は國民に於て永久に停止するのであらうか。否今まで人類を指導して來た一條の金線は、國民を超克すべく靡いてゐる。此の超克への努力が、×××××××××、××××××××××××となつて現はれてゐる。今までも同胞意識の飛躍は、常に理性と本能との對立と鬪爭とを經過してのみ爲された。今や人類は新たな同胞意識へ飛躍すべく、焦慮し惑亂し苦惱し續けてゐる。曾て然りしが如く今も亦、理性と本能との對立に直面して、その取捨を要求されてゐる。誠に理性と本能との闘爭、之こそ人類に負はされた永久の課題である。知らず、人の子は何れに就かんとするか。昭和九年十月號「經濟往來」

(七) ミルの「自由論」を讀む

(一) 緒論

曾てジョン・マッカーン教授は、ジョン・スチュアート・ミルの「自由論」を推讃して、此の書は人間の想が精神的及び道德的生活の泉源に立ち歸る時、常に讀者によつて顧らるべき書物の一にして、そは近代民主主義に關する偉大なる古典の一として、永久に其の生命を存するであらうと言つた(註)。誠にミルは思想の成長を求むる巡禮により、幾度かその門を敲かるべきであり、此の書は屢々書架より取出して、幾度か讀み返して、その感銘の常に新なるべき文獻の一つである。ミルの「自由論」は、吾が國に於ても明治初年夙に輸入せられ、明治十年には中村正直氏によつて、「自由の理」と題して飜譯も出版せられて、爾來國會開設に至るまでの自由民權の思潮に對しては、ルッソーの「民約論」と共に最も多く貢獻したものである。然し多くの輸入思想と同じ様に、「自由論」はその根柢が充分に消化され攝取さるゝことなくして終つたやうである。何となれば自由と云ふ觀念は、充分なる咀嚼をするに、相當の思想上の階段を必要とするものであり、自由主義は決して幼稚なる思想の水準の上に成立するものではないからである。昔と異るより深い要求から、再び新らしい眼を以て、いつかミルを見返す時があつて然るべきであつた。然るに最近多くの人の手によつて「自由論」が飜譯せられ、より現代的の表現法によつて此の書に接することの出來るやうになつたのは、又以て時代の要求の奈邊にあるかが看取し得られる。此の機會に於てミル及びその「自由論」の意義と價値に、讀者の注意を喚起するは、必ずしも徒爾ではないであらう。

今や自由主義は時代錯誤の思想と退けられ、當代は社會主義の時代なるかの如くに解する者が尠くない。然し少しく注意して見る時に、社會主義者は何處に於ても、思想言論の自由と結社團結の自由を主張せざるはない。其の謂ふ所の自由なるものは、果して自由主義の謂ふ自由と異る所あるか否か。若し自由を以て「強制の無き狀態」を意味するならば、社會主義者の思想及び團結の自由は、毫も自由主義者の謂ふ自由と異る所がない。兩者は共に思想の表現と結社團結の行爲に對し、之を阻止せんとする强制の作用に反對することに於て趣を同じくする。此の意味に於て、社會主義者も亦自由を求むる者である。固より何故に自由を要求するかの根本目的に至つては、自由主義と社會主義とは必ずしも同一ではない。自由主義に於て思想の自由は、或は眞理の闡明の爲に缺くべからざるものであり、或は人格の成長の爲に缺くべからざるものである。然しマルクス主義の立場に立つ社會主義に於ては、自由はプロレタリア解放の爲に必要なりと云ふ理由から要求せられてゐる。前者に於て自由は精神的創造に及ぼす影響よりして求められ、後者に於て自由は階級の物的條件の改善に及ぼす影響よりして求められる。之れ双方の人生觀の根本的差異から來るもので、今こゝには之に付て詳論しない。然しマルクス主義者と雖、自己と同一人生觀を持せざる者に對して、自由を要求し主張する以上は、何故に思想の自由を與へざるべからざるかの理由を、客觀妥當的の根據に求めざるを得ないであらう。又かゝる立場より自由を求むることが、毫もプロレタリア階級の解放の爲に障碍となるものではない。此の意味に於て自由主義は少くとも思想言論に關する限りに於ては、毫も社會主義と矛盾するものではなく、又實際に於て社會主義者は、自ら意識すると否とを問はず此の意味の自由主義を併用して居るのである。此の關係を最もよく證明するものは、英國派社會主義である。英國社會主義がマルクス主義と全然その構成を異にするは、他日本體系の講義に於て之を詳細に書きたいと思ふが、誠に英國社會主義は自由主義の延長であり、自由主義をその往くべき所まで、論理的に展開せしめたるもの、即ち英國社會主義である。此の社會主義に於ては、思想の自由は人格の成長の爲に缺くべからざるものと云ふ立場から要求せられ、更に人格の成長の爲に私有財産の廢止を必要とすとの立場から、社會主義が主張せられ、社會主義と思想の自由とは、同一人生觀の上に立つて有機的に包攝されて居る。

以上の如くして、自由主義は少くとも思想言論に關する限りに於ては、或は英國派の如く社會主義と有機的に結合し、然らざるマルクス主義に於ても、暗默の裡に自由主義は採用されて居る。若し果して然らば、自由主義は決して時代錯誤の思想ではない。今も尙生きつゝある思想である。愈々之が存在の理由を究明するの必要ある思想である。殊に何故に自由は必要なるかの究明は、吾人を驅つて最も根本的なる精神的の問題に達せしめずんば止まない。之れ自由主義の究明が永久に吾人の心の糧たる所以であり、又或る一定の思想の發達に達したるものに非ざれば、自由主義に共鳴する精神的條件を缺く所以である。かくて自由主義は常に新なる回顧を必要とする。人若し思想言論の自由に關する古典的文獻を求めるならば、先づ指をジョン・ミルトンの Areopagitica, 1644 に屈し、次でジョン・ロックの Letters on Toleration, 1690 を擧げ、更にミルの「自由論」を數へざるを得ないであらう。此の書は英國自由主義が自由に對して殘した最良の書である。英國人の國民的傳統たる自由の精神は、ミルの筆に最高の代辯人を見出したと云ふべきである。自由の要求を切實に感ずることなく、強制に對する反抗の精神を惠まれざる吾が國人に於て、特に此の書の必要を覺える。

（註）John MacCunn: Six Radical Thinkers, 1910, pp. 71—73.

（二）「自由論」の由來

今「自由論」がミルの作物中に於て如何なる地位を占むるかを知るには、ミルの思想上の變化を知るの必要がある。彼れの思想を解するには、一を認識論人性論的方面とし、他を社會思想とし、二つに分けて觀察するのが最も便利である。何れに就ても彼れの思想の推移展開を示す好個の文献は、實にその遺稿「自叙傳」である。元來彼は纎細なる心の持主ではなかつた。從つて此の自叙傳は、微細なる心の振動を寫す種類のものではない。然し之を社會思想の學徒の心の成長の記錄として觀る時に、此の書は誠に心憎き書物である。一個の人間が如何に外界の影響に伴うて、不斷の成長を爲し得るものなるかを示す永遠に尊ばるべき人生の記錄である。

先づ認識論人性論的方面より見るならば、彼が幼少の時より、恩師ジェレミー・ベンサムと嚴父ジェームス・ミルとを通じて、根柢深く植ゑ込まれた思想は、ロック、ヒューム等の經驗主義の認識論であり、又快樂主義の人性論であり、功利主義の倫理觀であつた。父ミルが如何に之等の思想の相續人として、彼を育てんと苦心したるかは、一度自叙傳の卷頭を繙くものの、直に悟る所であらう。彼れの思想史の第二期に於て、彼は前述の思想に對して、或る種の批判と叛逆とを示して居る。此の時期は一八二六年から二七年にかけて始まつたもので、彼が自叙傳に於て「內面的歷史に於ける危機」と題して述ぶる所之である。之れ彼がコールリッヂを通じて、獨逸理想主義の思想に接した時で、彼は從來無批判的に受け容れたベンサム主義に對して、不滿と弱點とを見出し、之が補足を理想主義に求めんとしたのである。此の時代を最もよく表はすものは、一八三八年の「ベンサム論」と、一八四〇年の「コールリッヂ論」であらう。彼は前者に於て先師に對し忌憚なき批判を企て、後者に於て獨逸理想主義に溢るゝ推讃の辭を送つてゐる。要するに此の第二期に於て、彼れの視野は廣められ、その問題のつきつめ方は深められたのである。彼れの第三期は彼がテーラー夫人と結婚したる一八五一年頃に始まり、云はゞ第二期に對する反動で、ベンサム主義への復歸である。彼は自叙傳に於て云ふ

（石田憲治今泉浦治郎共譯、三二四―三二五頁）、

今や彼女のそれと併行するに至つた私の精神的進歩の第三期（まあ斯う名づけても可からう）に於ては、私の意見は廣さ並に深さを增し、一層多くを理解し、以前に理解してゐるものは、今一層徹底的に理解した。私は今や私自身のベンサム主義に對する反動に於て極端であつた點から、全然舊に復した。私は其反動が頂點に達した頃には多くの點に於て、交際社會及び世間普通の意見と根本的に異る確信を持つ人間には似合はしからぬ迄世間普通の意見に寛大となり、是等普通の意見中に起り始めた淺薄な改善を援助する事に滿足して居た。當時私は私が今日是認する事が出來ない程、私の意見中の明に異端的な部分を匿へつけようとして居た。今では此の異端的の部分こそ、其を主張する事が社會を改新する上に、何等かの效驗を齎し得る殆ど唯一のものであると考へるのである。

此の時期を代表する作物は、一八五二年の「ホイーウェル博士の道德哲學論」であり、一八六三年の「功利主義論」であり、又一八六五年の「サー・ウィリアム・ハミルトン哲學の檢察」である。さうして「自由論」が矢張此の期の作物であることを附記するの必要がある。こゝに注意すべきは、彼は第三期に於て第一期に再歸反動を起したとは云ふものゝ、第二期に於て經過した理想主義的傾向は、決して第三期に於て消失したのではないことである。此の時代に於て彼はベンサム主義を宣明するに全力を傾けたと云ふだけで、その思考方法に於て第二期の影響は、隨所に彼れの作物に表はれて居る。之れ「自由論」を說くに當つて一言注意するの必要ある點である。

轉じて彼れの社會思想的方面を見るに、こゝにも略々前述と似たる變遷がある。彼れの第一期に於ては、ベンサムの自由放任主義は彼を貫く根本原理であつた。次で第二期に於て彼は多分に個人の自由に對して例外を認め、著しく社會主義的に傾いた。之を表はすものは、一八四八年の「經濟原論」であらう。之れ主として獨逸理想主義とコムトの社會學及び當時旣に擡頭したる社會主義よりの影響である。然るに第三期に於て再び彼れの自由への憧憬は復活し來

り、干渉主義への抗辯は熱を帶びて來た。自叙傳に云ふ（邦譯三五四—三五五頁）、

私の精神的發達の或る時期には、社會上並に政治上に於て、私が容易に干渉主義的傾向に陷り得た瞬間があつた、又或る時期には、反對の極端に走つた事の反動から、今程は徹底的な急進主義者及び民主主義者でなくなつたかも知れぬ瞬間があつた。他の多くの點に於けると同じく、此の二つの點に於ても、彼女は（筆者註テーラー夫人をいふ）私を新しき眞理に導き、誤謬を脫せしめると共に、私を正しき處に保つて吳れて、大いなる裨益を與へた。

此の時期を代表するものが卽ち、こゝに云ふ「自由論」であり、一八六一年の「代議政體論」であり、又遺稿「社會主義論」である。かく點檢し來るならば、「自由論」の彼れの作物中に於ける地位を、略々了得することが出來るであらう。此の書は認識論人性論的立場から云へば、第三期の經驗主義快樂主義的の時代の作物である。然し第三期は第二期に對する上層階段であり、從つて第二期の理想主義的傾向の多分に殘存せる時代なる結果、彼れの「自由論」はベンサム主義の時代に成れるに拘はらず、理想主義的色彩の濃厚なることは後に示すが如くである。更に又社會思想の方面から云へば、此の書は第三期の自由の要求の熾烈なりし時代の

産物ではあるが、又他面に於て第二期の干渉主義的傾向の散在しつゝあるを見出す。「自由論」は單刀直截に自由に對する一貫した主張であるやうに見えて、一歩更に深く眺める時に、かゝる各種の異る傾向の混在することに於て、ミル自身を最もよく表現するものである。之れ「自由論」が單に其の內容よりの價値の外に、ミルその人の研究者にとつて、極めて興味多き所以である。

然らば「自由論」は如何にして書かれたか、彼は自敍傳に云ふ、

私の公職生活が終る直ぐ前の二年間、私は妻と一緒に「自由論」を書いてゐた。最初千八百五十四年に、私は既に短い論文として之を計畫し書き上げてあつた。之を一卷に書き更へやうと云ふ考が初めて起つたのは、千八百五十五年の正月ローマのカピトルの階段を登りつゝある時であつた。私の著作の中、之程注意深く書かれ、之程念を入れて訂正されたものはない。いつものやうに二回書き上げた後、私達は之を藏つて置き、時々引き出しては一言一句を讀み、考慮し批評し、結局全部を新規にやり直したものである。……… 「自由論」は、私の名を冠してゐる何れの著作よりも、一層直接に且つ文字通りに私達の協力で物されたものある。………

「自由論」は私の書いたどの本よりも（「論理學體系」は例外としていゝかも知れぬが）永い生命を持ち相である。何故なら近代社會に於て逐次に起りつゝある變化が、益々鮮明を加へた彼の單一の眞理に就て、彼女の心と私の心の融合とは、本書を化して一種の哲學的敎科書たらしめたからである。其の單一の眞理とは、性格の型に多大の差違あることと、人間性をして無數の錯綜する方向に發展せしめんが爲に、之に充分の自由を與ふることが、人間及び社會にとつて重要だといふことである。

即ち「自由論」は一八五九年出版されたもので、世に出た時には、協力者たりし彼れの夫人は逝いてなかつた。之れ彼が此の書の卷頭に於て「私の作物の中に於ける最もよきものゝすべての鼓舞者であり、又一部共著者である彼女、その人の高尚な眞理と正義の觀念は私の最强の刺戟であり、その人の賞讃は私の重を占めた慰藉であつたあの友であり妻である彼女の、いとしい哀しき思出に此の書を献ぐ」と述べて、感激的な献辭をその妻に送つた所以である。

それでは何故に此の時代に於て、自由を力說するの必要があつたか。その一つは十九世紀の始めに於てベンサム及び父ミル等が戰つた自由の爲の戰は一應勝利を占めて、當時の特權階級の壓迫干渉を排斥するに成功したのであつた。然るに民衆の手に政權が移つた後に於て、民衆の利益の爲にとの名に於て、政府の權限は膨脹し樣々の干渉と强制とは、新に出現したのである。こゝに於て彼れは一應完了したかに見えた自由の爲の戰が、形を變へて新な對象に對して爲されねばならぬことを痛感した。之れ彼が千八百五十年代に於て、更に「自由論」を著はした所以である。而も周圍の思想は、自由の精神を無視するに傾いてゐた。殊に第二期に於て彼に影響を與へたるコールリッヂ及びコムトの思想は、自由と云ふことに冷淡であつた。之等の時代思想に對して、彼が奮起して警告を與へんとしたことも與つて居る。更に今少し穿つた觀察をするものは、彼がテーラー氏の夫人と戀愛に陷り、遂にその夫の歿後夫人と結婚するや、近親及び一部社會の非難の的となつた。彼は此の時周圍の道德的壓迫に反抗して、行爲の自由を力說するに至らなかつたか。之れ恐らくは有り得ない事ではなかつたであらう。かゝる幾多の理由は、搖籃の時より彼に滲み込んだ自由の要求をして、勃然として頭を擡げしめ、こゝに自由主義は最良の代辯的文獻を、彼れの手によつて獲ち得たのである（註一、註二）。

（註一）「自由論」を原文にて讀まんとするものには、色々の版がある。最初のものはロンドンのバーカー書店から出版されたのであるが、その後に於て次の叢書の中に廉價版として出版されてゐる。

Scott Library.
New Universal Library.
Books that Marked Epochs.
Everyman's Library.

（註二）ミルの思想の成長史に就ては拙著「社會思想史研究」第一卷（岩波書店發行）に詳細に叙述した。

（三）「自由論」の內容（一）

「自由論」は五章より成る。第一章は「緖論」として、全篇に亘る概括的の議論をなし、第二章は「思想及び言論の自由に就て」と題し、第三章に於て「幸福の一要素としての個性に就て」述べ、前章と次章との媒介をなさしめ、第四章に於て「個人に對する社會の權威の限度に就て」主として個人の行爲の自由を說き、最後に第五章に於てその「適用」を示してゐる。その內容の全體をこゝに詳說することは固より不可能ではあるが、その要點のみを摘錄してみたいと思ふ。

先づ著者は「緒論」に於て、自由に對する確保が從來に於て、樣々の方法を採りたるを擧げ、第一に政治的支配者をして手を觸れしめざる事項を承認せしめ、第二に人民の自由に手を染める場合には、必ず人民の代表者の承認を必要とし、第三には更に政治的支配者そのものゝ選擧をなすこととして、任期を制限し、更迭せしめることとした。之によつて支配者の人民に對する權力に制限を附し、自由は確實に保證されたかの樣であつた。然るに歐洲大陸に於て當時勃興したる學說に依れば、支配者の權力を制限することが重要ではない、寧ろ重きを置くべきは支配者と人民との利害を同一ならしむるにある。「國民は夫れ自身の意思に對して保護せらるゝの必要なし、」「自己自身に對して壓制を加へるの怖ある筈なし」（エベリマンス・ライブラリーの原文六七頁、以下頁はすべて此の書に依る）と考へられ、自由に對する尊重が消えた爲に、こゝに新たなる形式の下に所謂「多數者の專制」なるものが、漸次增加し、今や自由は從來の如く少數の特權階級と民衆との間題ではなくて、等しく民衆の中に在るも、多數者と少數者との間の問題に化した。更に壓制は必ずしも政治機關を通じてのみ行はれるのではない。こゝに輿論の壓迫なるものがある。之は政治的壓迫の如く極刑を行ふものではないが、その浸透する所生活の樣式の微に入り細に亘り得るものであり、かくて魂そのものを隷屬せしむるものなる故に、之より遁れる術《すべ》をして益々少からしむるものである。英國に於ては幸にして自由に對する要求は熾烈である。然し不幸にしてそは一定の原理によつて指導されてゐない爲に、不斷の動搖を繰返してゐる。今に於て最も必要なるものは、不動の原理を確立するにある。著者はここに「社會に對して責任を負ふべき行爲は、唯他人に關係ある場合のみである。彼自身のみに關係する場合に於ては、彼れの獨立は權利として絕對的である。彼自身に關し、彼自身の身體と精神の上に關しては、個人は絕對の主權者である」（七三頁）と言ひ、次で此の見地よりして自由の領域たるべきものが三種類ありとし、第一は意識の內面的領域であり、普通に所謂思想の自由と稱せらるゝものが之である。言論の自由は少しく之と異るものではあるが、之と不卽不離の關係にある。第二は吾々自身の生活の計畫を立てること、趣味及び仕事の自由である。第三が個人と個人との間の團結の自由である。要するに、「自由の名に値する唯一の自由は、吾々が他人の自由を奪はざる限り、又自由を得んとする他人の努力を妨げざる限り、吾々自身が好む方法に依つて、吾々自身の善を行ふことである。各人は肉體的精神的靈的の如何なる意味に於ても、彼自身の健康の適當なる管理者である。他人に對し善と思はれることを强制して爲さしむるよりも、自己自身に對して善と思はれることを自由に爲さしむるによつて、人類全體は贏ち得る所より大であらう」（七五―七六頁）。之れ著者が冒頭の章に述ぶる一篇の骨子である。

第二章は「自由論」中の壓卷の部分である。彼は人民の名に於て自由に對する干渉の爲さるるを攻擊し、「權力自體が不合理なのである。最善の政府と雖も權力を有するの不合理なるは、尙最惡の政府と異なる所なし」（七九頁）と云ひ、進んで思想及び言論の自由に關する本論に入り、先づ問題を二つに分つべしとなし、第一の場合は迫害せらるゝ思想が正しくして、現時の支配的思想が誤れる場合である。

權威によつて壓迫せられんとする意見は、或は眞理であるかも知れない。之を壓制せんと欲するものは勿論その眞理たるを否定する、然し彼等の見解は決して誤なしとは云ひ得ない。彼等はすべての人類に代つて、自らその問題を決定する權威を有する筈なく、又判斷の手段より他を排斥するが如き權威を持たう筈がない。一つの意見を誤なりと斷定して、人をして之に傾聽せしめざらんとするは、自らの判斷を絕對的に誤りなしと推定するものである。討論を沈默せしむる一切のことは、絕對的の確實さを前提として假定する（七九頁）。

然るに今迄の思想を見るに、常に人類の思想は變化して來た。一時代の支配的の思想は、次の時代に權威を持してはゐなかつた。絕對的に誤なかりし思想は曾てなかつたのである。若し果して然らば、今の支配的思想はいつかより良き思想に代はられることを思ひ、よりよき思想の爲に進路を開く謙遜があつて然るべきである。若し異端の說を迫害し續くるならば、如何にしてより良き思想の出現を期待することが出來るか。一時代の支配的思想によつて迫害したことが、後代より見る時に如何に多くの過失を爲しつゝあるかは、ソクラテスやキリストの場合を見れば餘りに明白である。かくてミルは言ふ、

今若しこゝにその人の判斷が眞に信認するといふ人ありとせんに、如何にしてかゝることが出來上つたか。それは自己の思想と行爲とに對する批評に彼が常に心を開いてゐたからである。自己に反對なるすべての思想に耳傾くることが、彼れの慣習であつたからである。正しき部分を攝取し、誤れる部分の誤る所以を、一は自己自身に云ひきかせ、場合によつては更に他人に說き來りしが爲である。……如何に賢き人と雖、此の方法によるの外、彼れの知慧を增すことは出來ない。否之より他の方法によつて賢くなることは、人間の知識の本質に存しないことである。他人の意見と對照せしめるこ

とによつて、自己の意見を絶えず訂正し完成する慣習を有することそ、自説に對する正しき信頼を有し得る唯一の堅實基礎なのである。而も之が爲に毫も實行に際して懷疑と躊躇とに陷るものではない。何故なれば自己に反對なるすべての意見は、少なくとも公然と發表されるものに就ては、充分之を了得してゐるといふこと、而してすべての反對者に對して今迄自己の立場を保持して來たといふこと、彼は反對と難點とを避くることなく之を自ら求めたこと、如何なる方面からその問題に投ぜらるべき光に對しても、曾て門戸を閉ぢたることなきこと等すべて之等の認識があつてこそ、始めて彼は同一徑路を踏まざりし如何なる個人又は一團の人よりも、自己の判斷をより正しと確信する權利が生ずるのである(八二頁)。

若し依然として眞理の思想を迫害し續けるならば、その結果は如何。

此の種の思想上の事勿れ主義が支拂はればならぬ代價は、全人類のすべての道德的男氣を犧牲にすることである。若し大部分の最も活動的な探究的な思想家が、自己の確信の一般原理や根柢を、唯自分の胸の中だけに祕めて置く方が得だと思ふやうになつたら、又若し公衆に話しかける場合に於ては、出來るだけ自分の結論を、腹の中では反對してゐる假定と、調子を合はせるやうに努めるやうになつたなら、その時は曾ては思想界を花と飾つたあの公明な怖るゝ所なき性格や、論理的な首尾一貫した思想家は、影を潛めてもう現はれやうもない。……人々は原理の領域に足を踏み入れないで口がきけるやうな問題に、即ち小さな實際的の問題に、思索と興味とを限局するやうになる。然し之等の問題は、若し人類の心が强められ擴められさへすれば、自然に正しくなることであり、又その時迄は決して本當に正しくならう筈がないのである。かうした問題に沒頭してゐる間に、人の心を强め擴げるやうなもの、即ち最高の問題に對する自由なそして果敢な思想は、捨てゝ顧みられなくなるのである。

……討論の話題が、情熱を湧かしめるに餘りある大きなそして重要な問題から逸した時に、曾て國民の精神はその根柢よりして搖り動かされた事はなかつた。最もありふれた思想家をさへ化して、考へる人の威嚴と云つたやうなあるものに引き上げる衝動は、曾て現はれたことはなかつた……（九三―九五頁）。

言論壓迫に抗辯する言辭の痛切なる、誠に人をして肅然として襟を正さしむるものがある。著者は進んで第二の場合として、或は迫害せらるゝ思想が誤つてゐることがあるかも知れない、然しその場合に於ても迫害は依然として不可なりと言ふ。或は現在の支配的思想は依然としてより正しく、反對說によつて敗られる必要がないかも知れない。然し一つの思想は假令それが正しくとも、年久しきを經る時に、「死んだ獨斷となり、生々とした眞理でなくなるものである」（九五頁）。それは眞正の意味に於て思想ではない。彼自身の個性の陶冶を通つた確信に基づく信仰ではない。それは唯人の口から口に傳つた一の因襲である。精神のない形骸である。形骸としては正しくとも、力ある精神の缺けてゐる思想に對して、内藏する眞理性を再び喚起するのは、何であるか、それは正しく反對説との討論に依るの外ない。こゝに誤なりとも反對説は寛容に存在を許されなければならない理由がある。

……討論なき場合に於ては、啻に意見の根柢が忘れられるのみならず、餘りに屢々意見の意味そのものさへ忘れられるのである。之を傳ふべき言語は、思想を示唆するを止め、少くとも當初傳へんとした思想の一部しか示唆を與へない。こゝには活氣ある概念と生々とした信念の代りに、唯空讀によつて傳はつた數個の文句が殘るだけである。假令殘るにしても意味の唯外殼だけが殘つて、美しい中味は忘れられてゐる。人間の歴史に於て此の事實の占める大きな頁は、如何に眞劍に究め考ふるも、大きに過ぐることは有り得ない（九九頁）。

多くの思想を自由競爭の巷に置いて、誤れるものをして敗れしめ、正しきものをして眞に其の正しさを、より確實なる基礎の上に据ゑんとしたことは、ソクラテスによつて既にアゼンスの世界に於て試みられた所である。「戰場に敵なき場合に於て、教師と生徒とは共に、その持場に於て眠り勝である」(一〇二頁)。　反對説の攻撃あるにより、之に應酬する爲に如何にして自説が正しきかの基礎付けをなすべく餘儀なくされる。その時始めて思想は彼れのものとなるのである。

反對者との活潑なる討論を行ふ場合に必要とされるやうな精神的徑路が、或は他人よりして餘儀なく求められたか、或は自己自らの發意で、之を踏んだと云ふ場合でなければ、如何なる意見も知識の名に値するものではない。故に他人との討論はむづかしいものではあるが、我から求めても創造するこそ必要であるのに、自然に現はれやうと云ふ異説を活用せずに了ふとは、不合理といふも事尙足らない。若し人あつて一般通用の説に對して抗爭するか、或は法律又は輿論が之を許すならば爭ふといふ氣があるならば、吾々をして感謝せしめ、心を開いて之に傾聽せしめよ、さうして若し然らずば、吾々が自分でしなければならない事を、吾々の爲に行つてくれる人あることを喜びたい。實に自己の信念の確實性と生命とを愛惜するならば、より大きな勞を拂つても之こそ吾々自らが爲さればならぬ仕事なのである(一〇五頁)。

然し最も多くの場合は、支配的思想も反對思想も、何れもが全部の眞理でなくして、双方が一部の眞理を含む場合である。此の時に於ても反對思想を壓迫することは固より不可である。

双方の思想が互に討論の爼上に上ることにより、始めて正しき部分が殘り、誤れる部分が消え、より高き立場に於て調和されたものが創造される。辨證法的發展を爲さしむる所に、よりよき眞理の出現を期待し得るからである。之を要するに第二章は、ミルの最も得意の部分であり、又今に至るも尙依然として存在の理由を有する部分である。

（四）「自由論」の內容（二）

第三章「幸福の一要素としての個性」は、「自由論」中に於ても最も愛誦すべき好文字である。著者は冒頭に於て、思想の自由と行爲の自由とを同一視することは出來ない。然し他人に關係ある行爲は別として、唯自己のみに關係ある行爲に就ては、行爲は思想の場合と同じく自由なるべきを云ひ、「一言にして云へば、主として他人に關係せざる事柄に就ては、個性が自己を主張することが望ましい。自己自身の性格が行爲の規範たらずして、他人の傳統又は慣習が行爲の規準たる所に於ては、人間幸福の主要なる要素の一つが、個人及び社會の進步の主たる要素が缺けてゐるのである」（一一五頁）。今の世に於て個性の自由なる發展が幸福の主要なる要素たることが認められるならば、自由と社會統制との境界の問題は、さまで至難の事ではない、然し今の世の憂は、個性を有する自發の心が、固有の値を有するものであり、夫れ自身に於て尊重に値するものと、一般に認められてゐない事である。次に獨逸のウィルヘルム・フォン・フンボルトの左の言を引用す。

人間の目的卽ち漠然たる刹那の欲望に依るに非ずして、永遠不易の理性の命ずる人生の目的は、各人の有する能力をして完全無缺の一體として最も高度にして又最も圓滿なる發達を爲さしむるに在る。故に人間として不斷に努力を傾けざるべからざる目的は、特に、同胞の運命に影響せんと欲する者の絶えず眼を注がざるべからざる目的は、力と成長の個性である。而して之が爲には二つの事が必要である。一は自由にして、一は境遇の多様と云ふことである。此の二つ併せられて、個性ある力と多種の複雜さとが起る。此の二者結んで獨創の心を作る（一一五—一一六頁）。

自由を要求する論據を、個性ある自發の心に置き、更に人生の目的たる人格の成長に、終局の立場を求めんとする。論の進むに從ひ、著者の眼界の愈々高まるを覺える。

凡そ人の作れる物の內、之を完成し美化せんが爲にこそ人生が費さるべき物の內、その重要さに於て最初に來るべきは確に人間彼自身である。……人間の性質は模型によつて作られ、規定された仕事を正しく努めて往く機械の如きものではない。そは生ける物に缺くべからざる内的の力によつて、あらゆる方面に成長し發展して往かんとする樹木のやうなものである(一一七頁)。

然らば如何にして之を成長せしめ發展せしめ得るか。今の世の如く傳統と因襲と慣習とに、盲從之れ事とするに於て、どうして之が企圖し得るか。人は自己のみに關係した事柄に就てさへ、何を自分は選ぶべきか、何が自己の性格と傾向とに適するかを考へずして、他人は何を選ぶか、自己の地位と境遇とを等しくする人達は何を爲すかを窺ふのである。殊に此の事は全東洋に於て著しい。「そこでは慣習はすべての事に於て最後の裁判廷である。公正と正義とは慣習に盲從することを意味する。慣習に反抗するが如きは、權力に醉ふた專制者に非ざる限り、思ひだもするものがない」(一二八頁)。然るに慣習と云ふものは、果して如何なるものであらうか。

自分自身の特殊の方向に、經驗を使役し捕捉して往くことは、苟くも能力の成熟したる人間の、特權にして又固有の條件である。傳はつて來た經驗の如何なる部分が、特に彼自身の境遇と性格とに適應し得るかを發見することは、彼自身の負ふべき任務である。他人の傳統と習慣とはある程度まで、彼等自身の經驗がその人に敎へたる所の證跡である。推定的證跡として、卽ち他人が自己の經驗より構成したものだと云ふ意味に於て、彼れの敬重を受くるに値する。然し第一に他人の經驗は狹隘であつたかも知れない。或は又他人は經驗を正しく捕捉しなかつたかも知れない。第二に他人は正しく經驗を捕捉したかも知れないが、然しそれは他人の事であつて彼には不適應であるかも知れない。習慣は御定まりの境遇と性格との爲めに作られるものである。然るに彼れの境遇や性格は特殊なものであるかも知れない。更に第三に假令習慣は習慣としては正しく、又彼にも適應するとしても、單にそれが習慣だからと云つて、それだけの理由で慣習に從ふことは、人が人としての特殊の賜物たる諸々の能力を訓練し發展せしむる所以でない。認識、判斷、辨別の感情、心的活動更に道德的の判別等の能力は、唯選擇の行爲を爲すことによつてのみ使役せられる。さうして一つの事が單に慣習であるといふ理由の下に、之を爲す人は何等の選擇をなさざるものである。彼は何が最もよきものたるかの識別と欲求とに於て、何等の鍛錬を爲さざるものである。人の心理的道德的の機能は、肉體と同じく之を行使することによつてのみ、唯進化せしめられるのである（一一六―一一七頁）。

かくてミルは個性ある自發の選擇が、如何に人の成長に肝要であるかを云ひ、轉じて「すべて賢き氣高き物の萠芽は個人より來る。多くは始めは唯一人より來る」（一二四頁）と云ひ、その天才たる個人あるによりて始めて、舊來の傳統は覆さるゝのである。然るにかゝる天才の變つた生活樣式に非難の言を放つことは、從來常に見受けた所であつた。かくていかでか人類が傳統より進化し得ようかと反問す。誠に此の章は單に自由主義の文献としてゞはなしに、人間としてその成長を希求するもの、思索に情熱を有するものにとつて、心嬉しい文字である。

次で第四章は前章を受けて、如何なる行爲が自由たるべきかを述べんとする。彼は行爲を分ちて、主として利害關係を有するものが個人たる場合と、社會たる場合とあり、前者の行爲は自由なるべきであり、後者の行爲は社會が之に干渉するの權限があると云ふ。個人のみに關する行爲に就ても、「直接には唯自己のみに關する過失の爲に、他人より實に嚴しい制裁を受けるかも知れない。然し彼が之等の制裁を受けるのは、唯過失自體の齎した自然の、いはゞ偶然の結果としてゞあつて、責罰の爲に故意に彼に課されるものであつてはならない」（一三四頁）、行爲に對する偶然の結果たる他人の好惡の感情に任せてよいので、之を干渉すべきものではない。

最後の章に於て、日常生活の幾多の實例を引用し來りて、前述の自由の限界に關する原理の說明を補足せんとして居る。冒頭に於て彼は商賣に關する事は、社會的行爲であると喝破し、最近の自由貿易論に於ては昔の干涉主義と異つて、生產賣買に就て當事者の自由に一任してゐるる。然し之は本論に於ける所謂行爲の自由の原理から來るものでなくて、此の場合に於ては自由に放任することが、廉價なる消費財貨を得らるゝと云ふ爲に外ならない。行爲の性質自體から云へば干渉を認めて差支ない種類のものだと云ふ。此の一節は自由主義を論ずるものゝ、注意を逸してならない所である。

著者は毒藥の賣買の場合、泥醉懶惰の取締の場合、淫賣賭博の誘惑等の例を引きて、原理の適用を解説し、酒の販賣に就て之を制限せんとする干渉に反對して、勞働者は無智なるが故に、自ら抑制するの力なし、故に暫らく國家が之に代つて酒の販賣を制限せんとする意見を非難し、此の意見の許さるゝには、「自由の爲に彼等を教育し自由人として彼等を支配すべきあらゆる努力が傾けられたる後ならざるべからず」（一五七頁）と云ひ、こゝに自由《フリーダム》なる語を使用し、「他人の強制を排して自己の發意を實行し得る力」を意味せしめて居ることは注意に値する。更に進んで奴隷として自己を賣らんとする行爲に干渉することを認め、

自己を奴隷として賣ることにより、彼は自己の自由を拋棄する。彼はその單一の行爲によつて、自由を未來に使役することを拋つのである。その故に此の場合に於ては、自己を自由に處置せしめんと

する根據たる根本目的に反するのである。彼は最早や自由ではない。……自由の原理は自由ならざらんとする爲に自由を要求することを許さぬ。自己の自由を抛棄することを認むるは、自由に反することである（一五八頁）。

此の一節に於て、ミルの自由なる語は、二様に分化して來たことを發見する。一は當該單一行爲に對して強制を加へざる狀態を自由と云ふのであり、他は人が他人の強制を排斥し得るか又は他人の援助を求むることなくして、自己の欲求を思ふが爲に實現し得る恒常的の狀態を云ふのである。後者が主にして、前者は後者の爲に必要な手段である。後者を生かさんが爲には、前者を犧牲にすることは必要なのである。此の立場に立つ自申は、極めて干涉主義と調和し得ることゝなる。宜なり彼は進んで次に、結婚の解消は當事者の自由に一任すべからずとし、家庭内の關係に於て今少し妻の爲に夫の權力を制肘すべきを云ひ、兒女の敎育に關しては強制を必要とすとし、國民敎育を主張し、又產兒制限を唱道する。「自由論」は此の部分に於て、自由を根本的に基礎付けつゝ、却て干涉の範圍を擴張して來たことを逸してはならない。かくて「自由論」は最後の頁に於て、國家の價値は結局する所、個人の價値に過ぎざるを云ひ、些々たる行政上の能率の爲に、國民の心的開發と向上とを犧牲にしたる國家は、「小人物たる國民を以てしては、遂に大事を爲し能はざることを氣付くの時が來る。機械の運轉を滑ならしむる爲に、犧牲にして來た國民の生活力の缺乏の爲に、折角あらゆるものを犧牲にして完成した機械も、結局何等得る所なきに氣付くの時があるであらう」と警めて、好著「自由論」を擱筆した。

(五) 「自由論」の批判

ミルは自由を論ずるに際して、思想言論の自由と行爲の自由とを區別した。此の二者は確に區別するの理由がある。思想及び言論は、內面的世界の問題で、假令その結果が何等かの具體的事實を齎らしたとしても、それは偶然の結果たるに過ぎない。然るに行爲は元來の性質上外界の事實に變動を生ずることを目的とするもので、事象の世界の問題である。從つて思想及び言論は、第三者たる國家又は輿論の如何ともすべからざる領域に屬し、之に干涉することが、却て當該思想に付てその效果を奏せざるは固より、及ぼす所全思想生活に亙り、道德的勇氣を枯渇せしめ、卑怯卑屈なる性格を作ること、ミルが力說するが如くである。從つて思想及び言論に就て、自由を與ふることの必要は、何人も異議を唱へ得ざる所である。「自由論」は此の部分に於て最も光彩を有し、自由主義は此の點に就ては、今も尙生命を有するのである。

唯こゝに注意すべきは、何故に思想の自由を與へざるべからざるかの根據である。之に關してミルは要するに各個人の成長と云ふ立場に立つが如くである。固より彼も亦各個人の成長が結局社會の進歩を齎すものなることを認め、個人を社會と關係させて考へては居る。然し此の點特に注意すべきことは、吾々が國家又は輿論に對して或ることを要求することは、その事が國家又は社會に對して社會的意義を持つからであつて、單に個人に望ましい結果を來すが爲では、未だ國家又は社會に對して、何等かの要求を爲し得る資格がない。思想の自由を要求するのは、思想に自由を與ふることが、各個人を成長せしめ、而して各個人の成長が社會的重要さを有するを認めるに依つて、自由の要求が合理的になつて來るのである。卽ち此の場合に於ては、自由は先づ個人に對して結果を働き、個人を通じて社會的重要さを有するので、こゝに思想自由の合理性があるのである。

轉じて行爲の自由を見るに、ミルは行爲を二分して、原則として自己のみに關係する場合と、社會の利害に影響ある場合となした。此の分類が果して正しいか否かは、古來「自由論」に就て最も喧しく議論された所である。彼自身も決して二者を截然として區別し得るとは考へなかつた（七十五頁）。然し彼が大體に於て此の區別に飽迄重きを置いたことは事實である。元來前述したやうに、吾々が自由を求め干渉を排することは、決して國家又は社會より無を求めてゐるのではないのである。例へば私有財產に對して國家の干渉を排し自由を要求することは、國家をして私有財產に關して、袖手傍觀せしめんとするのではない。他人の之に干渉することを充分に國家をして防がしめて居るのであつて、單に國家自體の干渉を排すると云ふに過ぎないのである。而して國家生活に於ける權利體系は、何等かの社會的意義を持つものに就てのみ存するので、單に自己一個のみに關係する場合には、權利の體系の中に入り得ない。故に私有財產は單に一個人のみに關する事であるから、國家が干渉してはならないと云ふならば、國家は私有財產に對して何等の保護の責任もなくなる譯である。その保護を認める限り、何れも皆それは個人のみに關係したものではない筈である。又社會に自由を求めることは、之を要求するときに社會の人を拘束する譯である。何故社會の人が私の自由を認めるやうに拘束されねばならぬかと云ふに、それは私の自由が社會的に重要さがあるからで、從つて社會に自由を求むる時に、行爲はすべて社會的に關係あるものに限られる譯である。ミルが行爲を二つに分類したことは、その儘に解しては誤であつて、行爲は何れも社會的ではあるが、其の社會的たることが、行爲者個人を通じて社會的たる場合と、行爲が行爲者以外の人に影響を及ぼすことによつて社會的たる場合とがある。かゝる意味にミルの行爲分類を解釋し直さなければ、理論上に誤ありと云ふべきである。

然しこゝに問題の起るのは、果してミルが此の分類で一貫して、自由と干渉の場合を辨別したかどうかである。自ら氣が付かないで朽ちたる橋を渡らうとした人を、强制して引き止めることを彼は是認してゐる。此の場合は先づ個人のみに關係して行はれる場合であるから、彼れの原理から云へば、干渉を排して自由を求めて然るべき場合なのである。更に彼は自己を奴隷として賣らんとする場合に、自由を排して干渉をすることを認めてゐる。此の場合にも彼としては、自由を求める方が論理的ではないか。即ちミルは此の分類で一貫してはゐないので、暗默の裡に他の分類を併用又は專用してゐるのではあるまいか。彼は奴隷の例に於て、より尊き自由の爲には單一行爲に對する强制を認むることを肯定する。然らば自由と干涉との境界は、自己のみに關するか他人に關するかではなくして、强制を加ふることによつて結果する事實と强制との釣合に在る、强制を加ふるもより良きものを得るの希望ある場合に於ては、强制も亦辭しないのであらう。反對に假令他人に關係する行爲でも、他人に及ぼす影響と本人に自由を與ふることとを比較して、自由放任がよい場合もあるかも知れない。こゝにミルの分類は一貫を缺いたと云ふ弱點を有し、改訂の餘地ありと思はれるのである。

今一つの問題は假にミルが此の分類で一貫したとしても、ミルの行爲の分類は果して現代に通用するかどうかである。現代の複雜なる社會に於ては、多くの行爲は個人のみに關する行爲で有り得ず、他人に關係を持たざるを得ないのである。自己と他人との交涉を密接不可分にした所に、近代社會の特殊性があるとも考へ得る。從つてある昔の時代に於ては、此の分類が適用出來たかも知れないが、現代に於ては個人と社會との分類が錯綜して、從つて此原理が自由と干涉とを分つ指針にならないと云へないか。多くの場合に於て、行爲は自己に關係すると共に他人にも關係するので、此の場合に於て自由と干涉とを區別する標準は、行爲に强制を加へることによつて結果する行爲者側の事實と、之より結果する他人側の事實とを比較對照して、强制を許す場合と然らざる場合とを區別するの外ないであらう。要するにミルの行爲の自由に關する分類は、こゝにも亦一つの弱點を示してゐるのである。

今私有財産に就て見るに、ある時代に於ては、今よりも所有者自身のみに關する所多く、他人に及ぼす關係が尠かつたかも知れない。然し現代に於ては財産の所有者は、或は生産者として消費者に對し、或は雇主として雇人に對し重大な關係を有する。此の場合に於て財産に干涉を認めるか否かは、一に干涉の所有者に對する影響と、他人に對する影響とを比較して、何れが社會全體の生活にとつて重要なるかの決定に係る。之が決定は主として經驗科學その他の智識に俟つの外ない。その比較決定の場合に於て、自由と云ふこと自體が、本人の成長に與ふる有利な影響を計算の中に入れることは、確に必要な事で、ミルの自由に關する力說は、此の點に關して充分に存在の理由があるが、然し行爲に關して自由か干涉かの問題は、彼れの如く單純に決定し得ない。之を要するに彼れの分類は第一に現代に通用しないことが增したことと、第二に彼自身も此の分類で一貫してはゐなかつた。吾々は行爲に關しては、多分に干涉を許すべき場合の多いことを認めねばならないことと、更に干涉を認むべきや否やの決定は、ミルの述べたやうに關係者の自己か他人かに依らずして、自己及び他人に亙つて、複雜なる要素を考慮の中に置いて、之を決定するの外無いであらう。

然らば何故に思想に對する原理と、行爲に對する原理と異るかと云ふに、二者は必ずしも原理を異にするものでない。結局に於て何れも當事者及び第三者の人間としての成長を根據とするに於て同じである。唯思想の場合に於ては、一つは事が內界に屬して干涉に適しないことと、二つには旣に內的のものなる結果、他人に關係しても有限の物象世界のものでない爲めに、他人に及ぼす影響をさまで重要視する必要がない。之に反して行爲の場合に於ては、性質上外界に變動を生ずるを目的とする爲に、第三者との關係を考慮に置かざるを得ないのと、行爲が具體の世界に屬する爲に干涉が可能であること等の理由が、兩者に多少の差異を來したのである。こゝに於て第一の思想言論に就ては、自由を主張し、第二の行爲に關しては干涉が主張し得られる。即ち自由主義と社會主義とが、こゝに平行して吾々の指導原理たり得るのである。ミル自身「自由論」に於て、自己に關するものと他人に關するものと區別したことは、假令彼れの意圖に於ては、自己に關するものに重點を置いて、自由の範圍を擴張せんとするにあつたであらうとも、然し他人に關する行爲に就てはかなり廣汎に干渉を許したるは、未來に色色の思想の展開を産み得る可能性を藏してゐた。果して彼れの後に、思想に自由主義を採りつつ、行爲の世界に多少の干渉を認めた新自由主義を採れるは、英國今世紀の自由黨であり、矢張り思想に自由主義を採りつゝ、行爲の世界に社會主義を採りたるは、英國現勞働黨である。何れもミルの自由主義を轉回點として發展したものである。此の意味に於て「自由論」は社會思想史上に重要な意義を有する。

（六）「自由論」の意義

「自由論」がミルの作物中に於て有する地位に就ては、第二章に於て略述した。今は「自由論」が自由主義の文献中に於て有する地位に就て述べたいと思ふ。自由主義はアダム・スミスやベンサム等によつて唱へられた時、とミルが之を力説した時とは、次の諸點に於て大きな差異がある。

第一に、アダム・スミスやベンサムに於ては、人間は利己心によつて動く衝動の動物と看做されてゐた。此の點に關するスミスの見解は、稍不明確な部分がないではないが、ベンサムに至つては明に人は快樂を求め苦痛を避けんとする衝動によつて動くもので、之れ自然の必然の力で人爲の如何ともする能はざるものと言明した。ミルに至つても此の人間觀は全然消滅したのではない。彼は各所に於て依然として之を保存した。然し「自由論」に現はるゝ人間觀は、ベンサムの人間觀と餘りに差異がある。彼は「人の作れる物の中、その重要さに於て最初に來るものは、人間彼自身である」と云ひ、又人は作られたる機械に非ずして、内部的の活力によつて發展する樹木の如しと云ひ、人生の目的を人格の圓滿絶對なる調和に在りとし、之に不斷の努力を注がざるべからずと鞭ちたるが如き、何れも人間を刻々に成長する精神的靈的創造物と見、人間は決して快苦の衝動により必然に支配せらるゝに非ずして、目的を意識して自由に取捨選擇を爲しうるものと見てゐる。更に思想と思想とを自由の競爭に委したる時は、誤は自ら正され正しきは自ら容れられ、より高き調和が到來するものと見た。かくの如きはホッブハウスの所謂人格の自己規律力（self-directing power of personality）を前提とするもので、（註一）、要するにミルの人間は自然に非ずして理性者である。ベンサムと人間観を比する時に、その差の大なるに驚かざるを得ないであらう。

第二に注意すべきは、ミルに於て人間は理性者たるに拘はらず、各理性者は異る個性を有するものと看做されてゐる。スミスやベンサムに於て、人間は利己的に動く自然であり、従つてそは一律一樣の性格を具へたものである。然るにミルに至つて、如何に人格の個性と多種性とを力說したかは、前述せる所に依り何人も直に之を首肯するであらう。殊に彼は更に進んで「公衆と稱せらるる賢き少數と愚なる多數との集合云々」と云ひ（八十三頁）、「すべき賢き氣高きものゝ萠芽は個人より來る」と云ひ（百二十四頁）、何れも人に大なる賢愚の差別あるを認めたるが如きは、吾々の注目に値する。ベンサムと異つて理性を認めたるに拘はらず、一方カントの如く單に普遍我を認めるに止れると異つて、理性の發現に個性ある經驗我の存在を認めたるは、理想主義の上に立ちつゝ、最も近代的の思想と符合するもので、ミルが現代的に生くる所以は此に在る。

第三に自由と云ふことはベンサム等に於て、快樂を求め苦痛を避ける爲の一つの手段であつて、夫れ自身獨自固有の價値を有するものではない。從つて或る場合に於て自由を拋つことは、より大なる快樂の爲ならば、毫も之を躊躇するものではない。此の點に於て彼等の自由に對する態度は、卷頭に述べたマルクス主義者の自由に對すると類似するものである。共に自由は一の手段として、いつにても他の事の代りとして拋ち得べきものである。然るにミルに至つては、少くとも思想と言論とに關する限りに於て、自由は或る事の手段として之により價値付けられるものではなくて、夫れ自身固有の價値を有するものであつて、此の場合には自由に對する尊重は、派生的ではなくて根源的である。固より自由は人格の成長の爲とか眞理の闡明の爲とか云ふ意味に於ては、手段の一つであると考へられないではない。然し此の時の手段は、その目的が人格であり、靈的のものであることの故に、他の事の爲の手段と同一視せらるべきではない。之を要するにミルに於て、自由は快樂を目的とする代りに、人格を目的とするに至り、曾て自由は單なる手段たりしもの、今は人格の要素の一として必然のものとなつたのである。

第四に、以前に於て自由を主張する範圍は極めて廣汎であつた。干渉の爲に許さるべき領域は極めて限局されてゐた。然るにミルに至つて、一方に於て前述した樣に思想に關して、必然的な絕對的な自由を要求したに拘はらず、自由を與へざるべからざる所以の根據を、人格の成長の爲と云ふ所に置いて、こゝに自由の基礎付を求めた爲に、却て干渉を許すべき場合を擴張せざるを得なくなつた。曩に擧げた行爲自由に關する實例を顧みるならば、彼が行爲者又は第三者の直接又は間接の人格成長の爲に、實に廣汎な干渉の範圍を容認したことを知り得るのである。ミルの「自由論」は自由の爲の代表的著作たるに拘はらず、一面に於て干渉の爲の福音を齎したものとも云ひ得る。すべて一つの主張は、その根據を最も深き所に求める時、一方に於てその主張を一層深めると共に、他方に於て却てその主張に融通性を與ふることゝなる、此の場合の如きは、實に好箇の適例である。

次に自由主義はアダム・スミス、マルサス、リカルドに於て、主として經濟現象に對する原理とされて來た。之れ所謂經濟的自由主義と稱されるものである。經濟上の自由主義を、自由主義の單なる一部となし、あらゆる社會現象に通ずる統一的原理として自由主義を建設したのは、ベンサムその人である。こゝに自由主義は思想言論の自由、結社團結の自由より、家庭の自由に至るまで、一貫したる生活原理となつたのである。ミルは此の點に於てスミスやリカルドの如く自由主義を單なる經濟現象に關する原理とするに滿足せずして、ベンサムの跡を踏襲した。そしてより一層根本的にその基礎付けを試みたのである。殊に彼は、經濟に關することは、經濟の能率を擧げ得るや否やによつて、自由と干渉とを決定すべきであるとし（一五〇―一五一頁）、經濟上の原理は、經濟上の能率を目的として定めるものであり、而して經濟上の能率問題が、一般に自由と干渉との何れの領域に屬すべきやが、先づ最初に來るべき根本問題なりとした。此の事は經濟上の自由主義のミルの自由主義中に於ける地位が、極めて第二次的のものたるを明かにしたものである。之を一言に言ふならば、ミルに至つて自由主義は經濟思想より社會思想に進化したのである。

最後に從來の自由主義は、國家の機關を通じて行はるゝ干渉を排したるに止まつた。然るにミルに至つて、政治的行政的の干渉の外に、自由の侵害として輿論の干渉なるものを留意したこと（六七―六八頁）は前述した。此の事は單に自由の敵たる干渉の項目を一つ增したと云ふ箇單なものではない。此の中にもミルの人間觀が明かに表はれてゐる。卽ち政治的行政的の干渉は多くは肉體に對する迫害であつて、人間の生理的の苦痛に訴ふるものであるが、輿論の迫害なるものは、之と異つて人間の心理に對する苦痛を目的とするものである。そして人間が他人の嫌惡を苦痛に感ずることは、結局は自己の心情に於て他人の批評に共鳴する何物かゞ存するからであつて、全然自己と沒交渉の批評は何等の苦痛を吾々に與ふるものではない。卽ちミルに於て人間ば二つの自己があつて、一は行爲をする自己であり、他は行爲を批評する自己が存する譯である。かくの如きはベンサム等の先人に於て、到底豫想だもせざりし人間觀であつた。無意識的に此の人間觀を採ることによつて、彼は輿論の干渉を重大視することゝなつたので、此の點の差異は單なる表面上の差でなくて、裏面にかうした背景を伴ふものである。

以上約六個の條項を擧げて、自由主義思想に於けるミルの地位を說明した。之を更に別個の見地から觀察するならば、從來の自由主義に於て、自由とは「强制なき狀態」を意味するものであつた。然るにミルは此の意味の自由が何故に妥當性を有するかを證明せんと企てゝ、今一つ別に自由なる概念を探し當てた。此の事は必ずしもミルの明かに意識した事ではないが、最後の章の自己を奴隷として賣らんとする場合の例に於て、自由を拋棄する自由を認めてはならぬと云つた。此の場合に於て拋棄せらるべき自由とは、「强制なき狀態」を意味するものではなくて、「或る事を爲し得べき積極的の力」である。こゝに彼は第一の自由の外に、第二義の自由を認め、第二義の自由の爲ならば、第一の自由を讓步することを認めた。卽ちこゝに第一の自由の基礎付を求めて、第二義の自由を最終の審判廷とする時に、第一の自由は之により或は認められ或は拒まるゝことゝなつた。自由主義はこゝに一大推移をなし、新自由主義にも社會主義にも路が開かれるやうになつたのである。

更に又別の立場から彼れの地位を見る時に、彼は始めて自由主義と云ふ社會思想に沈潜して、社會哲學を建設しようと試みたのである。社會思想とはある所ある時代に於て、當時の社會制度に對する批判の原理である。何故その社會思想が、採られねばならぬかを論ずる時に、吾々は必然に社會の理想が何であるかに論及せねばならない。社會哲學は一般に社會があらねばならないものゝ研究をする學問である。彼は自由主義なる社會思想よりして、人と社會とが何であらねばならぬかに論及した。かくして社會と人の理想よりして自由主義の妥當性を主張せんとしたのである。方法論的に云ふならば社會思想より社會哲學の構成に着手したのである。「自由論」と「代議政體論」とは、此の意味に於てある時ある所の社會思想を語るのみに非ずして、社會哲學の書として後代に傳はるべき値がある。自由主義に反對するものと雖、「自由論」を讀んで感銘を受くることあるは、此の點より來るのであらう。

以上色々の方面からミルの立場を觀察した。之を一言に要約すれば、ミルは自由主義を理想主義の上に建設しようとしたと云ふことである。以上の各項は結局此の一事に歸着するのである。曩に述べたやうに、彼は第二期に於て獨逸理想主義の影響を受けたので、第三期に於てベンサム主義に復歸したとは云ふものゝ、理想主義的傾向は多分に彼に殘つてゐた。人間を理性者と見たことも、自由に第二義の概念を求めたことも、又社會哲學の構成に着手したことも、一に皆理想主義への旋回があつて始めて可能であつた。若し彼が依然としてベンサムと同じく、認識論に於て經驗主義を、人性論に於て快樂主義を、倫理觀に於て功利主義を採つてゐたならば、以上の如き變化は不可能であつた。彼れの根本的思考の方法が旋回した爲に、始めて自由主義はあれだけの推移を經過し得たのである。

然らば果して彼は理想主義を以て終始したかどうか。彼は理想主義の影響を受けた爲に彼れの物の觀方に多くの變化が來た事は事實であるが、然し之は部分的の事であつて、彼はベンサムを決して全部拋棄はしなかつた。彼は「コールリッヂ論」に於て理想主義に溢るゝ推讃の辭を送りつゝ、尙同文同所に於て認識論に就ては、ロックやベンサムの立場を正當とすると述べて、經驗主義的立場に執着してゐた（註二）。のみならず人間及び社會に關する研究者の最も注意すべき危險は、誤謬を眞理とすることに非ずして、一部の眞理を全部の眞理とすることにありとし（註三）、又獨逸理想主義は十八世紀の思想に對する反動であつて、十八世紀思想と共に盾の兩面を爲すものとなした（註四）。固より理想主義的立場が全部の眞理を代表するとは云はない。然し經驗主義や快樂主義と理想主義とが、盾の兩面で併せて眞理の全面をなすものとは、同意し難い見解である。兩者をより高き立場に統一調和することは、勿論可能であらう、然し之はミルの爲した所ではなかつた。彼れの如く原形の儘に兩者を存置して而も兩者を併用せんとするは、求むべからざる矛盾である。彼れの根本的立場の一定してゐないことの最も明かな弱點は、彼が他人に關する行爲に就て吾々が干渉を甘んじなければならない理由を説明し得ないことに在る。單に他人に關する行爲は干渉してもよいとして問題を放任しただけで、吾々は何故に此の種の行爲に就て自由を拘束されねばならぬかの說明を少しも與へてゐない。之は到底快樂主義の人性論を抛たざる限り、彼れの爲し得ざる所であつたらう。若し經驗主義快樂主義を採るならば、彼れの如き自由主義は生れ得ない、彼れの自由主義は必然に理想主義的の社會哲學と倫理觀と人性論と認識論の上に上層建築として建設されねばならないものであつた。之は彼れの爲し得る力以上の任務であつた。彼れの停止した所に發足して、彼れの爲し得ざりし所を爲したのが、英國理想主義の人々であつた。同時に英國理想主義はミルより出發して之を克服した所に、獨逸理想主義と異る特質がある(註五)。彼は此の點に於てベンサムとグリーン等の中間に在つて、思想史上に重要な地位を占める。

假令彼はあの混沌たる思想の過渡期に於て、獨創の建設的大業を成就はしなかつたにしても、新思想に傾聽し、新現象から暗示を捕捉せんと努めて、可能の限りに自己の傳來の思想に改訂を施した。此の事たるや常人に於ても尙多とすべきであるが、殊に彼れの如く幼時窮屈なる早敎育を受けたものが、之だけの伸縮力と順應力とを餘し得たことは、吾々の奇蹟とせねばならない所である。彼こそは反對說によく耳傾けんとする謙遜を有し、又反對說の攻擊に自己を曝し得る自信を持つてゐた。彼が「自由論」中に於て說く自由な公明な態度は、彼れの親ら體現した所であつた。自說を絕對的に正しとする不遜の心の動いた時、反對說に耳傾けんとする求むる念の消えた時、力を以て反對說を壓せんとする欲望の湧いた時、すべて之等の誘惑の吾等の心に來る時、ミルの「自由論」は幾度か繙かれねばならない。之等の誘惑を完全に征服する時が、近い未來に吾等に來るとは誰が保證し得よう。その間「自由論」は嚴として存在の權利がある。

（註一） L. T. Hobhouse: Liberalism, p. 123.

（註二） J. S. Mill: Dissertations and Discussions, vol. I. p. 409.

（註三） 〃 p. 399.

（註四） J. S. Mill: Autobiography, pp. 92—93. 139—140.

（註五） 拙著「トーマス・ヒル・グリーンの思想體系」上卷二八一—三三頁。

ミルの著作及びミルに關する參考書に就ては拙著「社界思想史研究」第一卷二六〇—二六五頁に擧げた。此の外に著者の知つてゐるものを追加すれば次の如きものがある。

(1) James M'Cosh: An Examination of Mr. John Stuart Mill's Philosophy, 1866.
(2) W. L. Courtney: The Metaphysics of John Stuart Mill, 1879.
(3) Samuel Sänger: John Stuart Mill, sein Leben und Lebenswerk, 1901.
(4) Theodor Gomperz: Zur Erinnerung an John Stuart Mill (Essays und Erinnerungen, 1905).
(5) Erich Thieme: Die Sozialethik John Stuart Mills, 1910.
(6) Else Wentscher: Das Problem des Empirismus dargestellt an John Stuart Mill, 1922.

ミルに關する著作は當然に「自由論」にも論及する、然し特に「自由論」のみに就て論評した著書及び論文として次の如きものがある。

(1) James Fitzjames Stephen: Liberty, Equality, Fraternity, 1873.
(2) Bernard Bosanquet: Philosophical Theory of the State, 4th ed. 1923.
(3) David Ritchie: Principles of State Interference, 1902, chap. III.
(4) F. William Maitland: A Historical Sketch of Liberty and Equality (Collected Papers vol. I, 1910).
(5) Hugh Cecil: Liberty and Authority, 1910.
(6) L. T.Hobhouse: Liberalism.

(7) W. L. Courtney: Introduction to "On Liberty." (Scott Library).

(8) A. D. Lindsay: Introduction to "Utilitarianism, Liberty and Representative Government" (Everyman's Library).

(9) A. Seth Pringle-Pattison: Introduction to "On Liberty". (Books that marked Epochs).

大正十五年第一巻「社會經濟體系」

（八）瀧川事件と大學自由の問題

（一）

京都帝國大學に於ける瀧川教授の處分に端を發して、今や京都大學は一學部の教授が總辭職を敢行するに及び、大學自由の問題は再び社會の注目の焦點となるに至つた。實に昭和三年春以來の出來事である。私は今も尙この事件に關する資料の全部を所有してゐない。然し相當に事件の輪廓が明になつたのと、事件が進行の一段階に到達するに至つたので、身を大學に置く一學徒として、自己の見解を述ぶべき時に來たと思ふ。いふまでもなく以下の所論は私一個の見解であつて、それ以外の何ものでもない。

大學がその一員たる敎授、助敎授の地位を問題としたことは從來も決して少くはない。最近に於ても昭和五年に吾々の大學の山田、平野の兩助敎授が辭職したことがあつた。他の帝國大學に就て私は知悉しないが、少くとも東京帝國大學に關する限りは、非合法の實踐をなしたといふ理由によつて、兩助教授の辭職を認めたのであつた。然るに瀧川事件に於ては同教授が非合法の實踐の故を以て問題となつたのではなくて、同氏の抱懷し發表した思想の故を以てその地位を問はれたのである。この點において此の事件は、大學教授の地位に關して最近の事例に反する處置をしたことゝなる。こゝに此の問題の重要性が存する。

（二）

大學教授の地位の自由に就ては、二つの場合を區別しうる。一は誰が教授の地位を決定するかといふ形式であり、他は誰がその地位を決定しようとも、何によつてその地位が決定されるかといふ實體である。從來大學教授の地位は文部大臣が決定するのではなくて總長が決定することになり、總長は各學部の教授會の決定によるといふことが、一個の不文法として認められて來た。此の結果として大學が決定權を所有するといふ意味から、文部省に對する大學の自由が發生し、學部教授會が決定權を所有するといふ意味から、總長に對する學部自治が發生する。

此の形式上の議論とは別に、決定權を有する教授會は、何によつてその教授の地位を決定するかといふ實體上の議論が起るであらう。若し不當なる理由によつて教授の地位が動かされるならば、形式上の自由は保たれて處置されたにしても、その處置は依然として不當であることに變りはない。ここにおいていかなる限界に於て、教授は自由なるべきかといふ一定の準則がなければならない。此の準則が妥當なる場合に於てのみ教授は實體上の自由があり、かくて形式實體二つを併せた自由があることとなる。

今瀧川事件を見るに、先づ文部大臣は總長に諮り、更に總長は法學部教授會に諮つた。こゝまでは形式上の自由が尊重されて來たのである。然るに教授の地位の準則に關して文部大臣と教授會との意見が合致しなかつたために、一轉して總長及び教授會の意向を無視して同教授を處分し、遂に形式上の自由を蹂躙するに至つたのである。こゝに於て、議論の順序として、私は實體上の自由に就て、別言すれば大學教授はいかなる限界に於て自由を持つかといふ準則に觸れねばならない。

（三）

所謂實體上の自由に就て、世上普通には三種の場合を區別するやうである。一は研究の自由であり、二は大學における講義講演又は學術雜誌に對する發表の自由であり、三は一般世人に對する啓蒙の爲にする發表の自由である。今度の場合に於ても第一の研究の自由に就ては何人も之を認めることに異議がないやうである。問題は第二、第三の發表の自由に關して起つてゐる。だが然し第二の發表の自由と切り離された研究の自由とは、果して何を意味するか。若しそれが單に讀書思索資料蒐集の自由といふことに止まるならば、それは唯生命身體の自由といふと同一に歸着するので、更めて研究の自由などと自由を特殊的に分類する理由はない。研究したる內容を發表し批判され反省することによつてのみ、研究が促進され發展するのであつて、發表の自由と分離した研究の自由なるものは、名に於て研究の自由を認めるといひつゝ、實は研究の自由を認めざると同じである。私は研究の自由と第二の發表の自由とは、必然不可分の關係に立つものと思惟する。

（四）

それでは第二の發表の自由に就てはどうかといふに、これには多少の限界がないではない。言論の自由を力說したミルトン、ロックの如き人に於ても、神の冒瀆は限界の外に置かれた、私は日本に於ては國體に關する議論の如きは、限界の外に置かるべきものの如くに感ずるが、此の狹少な例外を除いては制限さるべきものではないと思ふ。

大學敎授自身が研究の結果を發表することにより、研究自體が促進されることは前にも述べたが、學生もまた各種の學說を提示されることにより、始めて比較し檢討し批判し決定にまでもたらされる。之により學生の思索と批判との能力が開發されるので、こゝにこそ正に大學敎育の眞諦が存在するのである。のみならず異說が述べられることにより、今まで勿論の事として受容されてゐた從來の學說は、更めて反省し檢討され、新たな根據に於て自說を基礎付けることゝなる。若し眞に古來傳說の思想に忠ならんとするならば、反對說を歡迎しその刺戟によつて、從來の思想を新鮮に充實させることを歡迎すべきである。

世に恐るべきは新たな異說の擡頭に非ずして、從來の思想が眠るが儘に放任されて、知らざる裡に信念として崩壞しつゝあることである。私は第二の發表の自由を最大限度に認むべきであると思ふ（此の點の詳述は拙著「大學生活の反省」中の「大學に於ける自由主義の使命」に讓る）。

（五）

然し第三の發表の自由、卽ち世上一般の啓蒙の爲にする自由は、第二の發表の自由とは區別されねばならない。最高の敎育を受ける學生とは異り、理解と批判との能力の不足した多數の民衆を相手とする場合には、その限界が相當に擴張されることはやむを得ない。しかして此の發表は大學敎授の當然の職能には屬しないので、人は敎授としてゞなしに單に一著作者の資格に於て此の發表を企てるのである。此の種の發表の自由は、大學敎授の自由とは關係もなく、從つて大學の敎授會は此の發表より結果した災害に對して、同僚敎授を擁護する義務もない譯である。

此の種の發表に就ても現行出版法規に對し幾多の立法論はなしうるであらうが、現實の問題としては此發表は社會の秩序維持の任にある內務司法當局の取締に任せるの外はない。從つて瀧川敎授が一著作者の資格に於て書いた「刑法讀本」が發禁にならうとも、又それより一步を進めて何等かの制裁があらうとも、それは大學の自由とは交涉のない問題である。

（六）

だが然しこゝに注意すべき一條がある。第三の發表の自由に就て敎授が制限を受けるのは、その人が一著作者の資格に於てであり、その資格に於ては他の著作者以上の待遇を受ける理由がないからである。從つてこの種の發表より結果する處分は、單に市民としての資格に對する處分に止まるべきで、その市民が偶然にも大學の敎授なるが故にとて、敎授としての地位に及ぶべきではない。敎授の地位を剝奪するとは、その人の大學における研究と敎育とを不可能にすることを意味する。それならば、敎授の地位は、研究と敎育とに就て不適當なるか否かによつて決定さるべきで、市民としての發表が適當なりしか否かによるべきではない。蓋し國家の一員たる市民としての條件と、大學の一員たる敎授としての條件とは、必ずしも同一ではないからである。固より詐欺賭博等の罪悪を犯したる市民は、大學敎授たる條件を具備してはゐない。然しそれは大學が人格陶冶の社會たるより來る敎授の條件に反するからで、市民としての資格が必然に敎授としての資格になる譯ではない。今瀧川氏の敎授の地位を剝奪することが、ある學說を奉ずるが故にといふに在るならば、それは安寧秩序を維持すべき市民としての資格と、各種の學說を研究發表すべき敎授としての資格とを混同するものである。若し前述した第二の發表に就て、敎授の自由を認めるならば、以上の理由により敎授の地位を剝奪すべきではない。私共は第三の發表に對する制限から、知らざる裡に第二の發表の制限にまで誘導されてはならないので、兩者は理論上嚴格に區別されねばならない。

之を要するに、大學の敎授は極めて狹少なる例外を除いては、大學に於ける研究、講義、講演、學術雜誌への發表の自由を有するので、敎授の地位が保障されないのは、彼がその狹少の限界を越えた場合と、非合法の實踐に從つた場合と、大學といふ共同社會の道德律に違反した場合とである。瀧川敎授は以上の準則に反しなかつたといふ點からして、私は京大法學部敎授會が同敎授の地位を擁護したことを正當だと思ふ。

（七）

轉じて形式上の自由に及ぶ。本文の冒頭に述べた形式上の自由は、永く帝國大學の傳統として保持されて來たので、一個の嚴然たる不文法である。否單に不文法たるのみではない、その法の精神は、大學に關する法規の中における總長の權限及び教授會の權限の規定となつて、隨所に成文法の中にさへ躍動してゐるのである。かゝる不文法は年久しき複雜なる過程を經て成立したので、その由つて來れる所以は深い所にある。換言すれば學術の研究と大學の教育とは、いかになさるべきかといふ判斷は、學問研究の專門家でもなく大學教育の當事者でもない一行政機關に託さるべきでなくて、大學の教授會に委任すべきであるといふことである。

行政機關は自己の適當に活動すべき領域を持つ、然し大學の研究と教育とを行政機關に委任するならば、行政機關としての特殊の觀點に制約されるであらう、その觀點は必ずしも大學の目的と合致することにはならない、のみならず行政機關の長官は時代の潮流と一黨派の見解に動かされることが絶無とは云へない。之等の制約より脫却せしめることこそ、研究と教育との目的に必要であるとの見地より此の不文法は成立したのである。

固より大學の教授會の構成員も神ではない、その故に教授會の決定が正當か否かは、別に批判の對象とはならう、然し若し文部省と教授會との何れに決定權を與ふべきかといふ二者擇一の場合に置かれたならば、これを教授會に與へることをより正當だと思つたからである。

（八）

若し時の文部大臣の見解により、大學教授の地位が剝奪されるならば、當局の學說が何たるかにより學說の淘汰が行はれることとなるであらう。だがその當局の學說それ自體が正しきか否かが、正に學問の對象として批判されねばならないのである。のみならずかゝる處分をすることにより、大學の教授は不斷の脅威を受けて、自由潑剌たる氣風を失ふに至る危險がないとは云へない。一異說を驅逐することにより、全學園の萎微沈滯を招來するならば、その得失果して如何。暫らく教育政策の巧拙より考へても、殘れる教授の思想は當局の默認するもののみと云ふことゝなり、御用學說のみが大學に在ると考へられるならば、一教授を除くことにより他の全部の教授の教育的効果を減殺する結果を來すだらう、之は賢明なる教育行政當局の企つべきことではない。

なるほど文部大臣は陛下に對し奉り補弼の責任を負うてゐる、然しその故に文部大臣は一般官吏と同じく教授を處分しうるのではない。文部大臣は陛下に對し文政に關する補弼の責をいかにして果すべきかに就て、自己が獨斷專行を以て教授を處分するよりも、大學の教授會に委託することにより、文政の目的をよりよく達成し、最もよく陛下に對し補弼の責を全うしうるが故に、大學の形式上の自由に關する不文法が成立したのである。

固より成文法も不文法も所要の手續を經て改廢することは可能である。だがいまだ改正されない限りに於て、現行法規は特定の事件に對して嚴守を義務付けるのである。今や右翼左翼が法規を無視して所信を強行することにより、世は惱まされてゐる。今の世に欠けたるは、法律《ロー・アバ》遵守の精神《イディング・スピリット》である。然るに身、文政當局の地位にあるものが、偶々教授會と實體上の自由に關する準則が合致しないからといつて、既成の法規を無視するならば、世上の遵法心に對する影響は果してどうであらう。ファッシズムと共産主義とに對して、いかなる根據を以て對抗しうるか、文部當局は思想善導の根據を自ら抛棄することにならないであらうか。

（九）

以上に於て私は、大學教授の實體上及び形式上の自由を述べた。だがこの自由は當然に二つの前提を必要とする。外に對して自由を主張する大學の教授會は、その構成員の研究教育に關して充分の責任を負はねばならない。私の實體上の自由の準則は前に述べたが、すべての教授が之れと同意見ではないかも知れない、然しともかく教授會はその妥當と信ずる準則を一定して、その準則に反せざる限り外に對し教授を擁護すると共に、内に於てその準則に反する教授に反省を求め、倘聽かれざる場合に於ては、適當の處分をする必要が起るであらう。この點に於て大學の教授は教授會の決定を遵守する義務がある、同時に教授會は不斷に教授の愼重なる注意を喚起する義務がある、かくて始めて外に對して大學の自治を唱へる資格がある、然らずんば自治の名に於て自ら偸安の夢を貪るものと云はねばならない。

（十）

次に大學教授の教育の自由は、異る學說の間に公明なる批判の行はれることを前提とする。一異說が擡頭するならば、必ず之に對する反對說が發表され、學生に對して比較し檢討し批判し決定する過程を與へることが必要である。然らずんば、一學說のみが說かれて、獨占的の存在を續けることとなる。かくては發表の自由を與へる根據に反するのである。然るにマルキシズムに對してなさるゝ反對說は、徒らに反動とか官許とか云ふが如き道德的の批評が加へられ、更に進んでは罵言中傷到らざるなき卑怯な應酬が與へられて居る。かくの如きは形式に於て當局の壓迫とは異るも、その實體に於て明かに發表の自由の壓迫である。かゝる壓迫がマルクス主義者により續けられ、マルクス主義が何等の批判を受けざるに到るならば、大學の自由を主張する根據は薄弱とならざるをえない。私は曾て「嫌惡すべき學界の一傾向」（拙著「大學生活の反省」に收む）と題して、マルクス主義者の反省を促したことがあるが、最も擁護さるべき地位にあるマルクス主義者にして、かゝる態度を改めないならば、大學自由を主張する根據を弱めるものは、マルクス主義者自體だと云はざるをえない。

×　×　×　×

瀧川教授事件を特殊的に觀察するならば、私にも多少批評すべき餘地がないではない、然し特殊偶然の要素を捨象して、之を大觀する時に私は以上の立場に於て、京大法學部教授會の態度を正當だと思ふ。之は一京大法學部の問題でもなければ、一帝國大學の問題でもない。正に帝國大學全體の問題であり、更に全大學敎育界の問題でもある。梧桐一葉落ちて天下の秋を知る、時漸く艱にして、學徒の地位は重責を加へて來た。　昭和八年五月廿九日「帝國大學新聞」

追記、本文第二項に於て述べた今回の事件の起つた徑路は、事實に相違する旨、當時の京大教授恒藤恭氏は次號の「帝國大學新聞」で注意を促された。同氏等の共著「京大事件」二九五―二九七頁參照。

(九) 國家・大學・大學令

(一)

瀧川教授問題に對して、私は五月廿九日の「帝國大學新聞」紙上に「大學自由の問題」と題して、私の見解の一端を書いた。要するに此の問題は二樣の見地から論議しうるのであつて、第一は文部當局が果して大學の有する形式上の自由を尊重したかどうかであり、第二は文部當局が果して大學が當然に有すべき實體上の自由を侵害しなかつたかどうかである。大學は成文法、不文法の形態に於て形式上の自由を有する。文部大臣は大學總長の同意をうることなしに、教授の地位を處分しえないと云ふことは、法規上に於て認められて來たのである。而して今回の場合に於て文部當局は、所要の手續を踏まなかつたことに就て第一に不合理である。

たとへ大學には形式上の自由があるにしても、若し當該教授が大學の容認しうる限界の外に在るならば、その教授を徒に擁護することは不當であり、之を處分することは文部當局の自由でなければならない。私の見解によれば、大學の教授は、第一に彼れの學說が日本の國體に違反しない限りに於て、第二に彼が非合法の實踐を爲さない限りに於て、第三に大學と云ふ社會の道德律に違背しない限りに於て、その地位が保證さるべきものだと思ふ。之が大學の有する實體上の自由である。瀧川教授の學說行動が以上の限界を越えなかつたに拘はらず、文部大臣が同氏を休職に處したことを、私は不合理であると信ずる。

以上が同文に於ける私の論旨であつた。だが之に就ては主として實體上の自由に關し、私の所說に同意しないものがあるかも知れない。人は云ふであらう、私の實體上の自由の範圍は廣きに失する、苟くも國家に有害なる學說は、大學の教授に對しても許し難いと。又或は云ふ、苟くも官立大學の教授として國家の祿を食む者は、國家に對して忠誠の學說を講ずべきだと。又或は云ふ、大學令第一條は國家思想の涵養を以て大學の目的とする、教授の學說も亦此の目的により限定されねばならないと。こゝに於て私は國家と大學との關係を稍詳細に檢討することにより、之等の反問に答へると共に、反面よりして前文に於ける私の所說を補足しようと思ふ。

（二）

吾々各人は自己の人格の成長を目的として生活しつゝある。此の目的よりして人は必然に集團の生活を營む、その集團を稱して社會と云ふ。社會に二つの種類がある、一は全體社會であり、他は部分社會である。前者は共同の言語と感情と利害と歷史と文化とを有する社會であり、その目的は生活の全體に亙るのであるが、後者はある特殊の目的の爲に存する社會である。全體社會は曾ては家族であり部族であつたが今は國民であり、人類が全體社會ならんとしつゝある傾向がないではないが、まだその階段に到達してはゐない。部分社會は夫々の特殊の目的により無數に吾々の周圍に存在する。家族、學校、敎會、經濟社會、同業組合、勞働組合、階級、トラスト、カルテル、銀行、會社等枚擧に遑がない。之等の部分社會が縱橫に織り爲して吾々を包含してゐることは、實に現代の特色であり、吾々が複雜多岐なる特殊目的を必要ならしめたからである。而してその部分社會の一つとして、更に私共は國家と大學とを數へなければならない。

人は國家が部分社會であると聞き、又その地位に於て大學や教會と等しいものだと聞く時に、奇怪に感ずるかも知れない。然しその場合その人は國家なる同一語に二義あることを忘れてゐるのである。國家とは第一に內外に對する安寧秩序を維持する强制權力の機關又は此の機關により統一せられる社會の意味に用ひられ、第二に國家は共同の歷史と文化と感情と利害とを有する社會卽ち國民の意味に用ひられる。國家に此の二義あることを嚴格に意識しないことが、いかに多くの錯誤をば惹起したであらうか。吾々が日本の國家の爲に身命を賭すと云ふ場合の國家は、第二の意味の國家である。强制權力を否定せんとする無政府主義者が反對するのは、第一の意味の國家であり、マルクス主義者が國家は支配階級の××××××××だと云ふ場合の國家も亦、第一の意味の國家である。勿論二つの意味の國家には互に密接な聯關のないことはない。第二の意味の國家卽ち國民の生活を營むに當り、外は異國の干涉侵略を防衞し內は治安を維持する爲に、强制權力の行使を必要とする、此の特殊なる目的の爲に第一の意味の國家が存在するのである。前者の國家が窮局のものであり、それに奉仕しそれに貢献すべく後者の國家が存在する。此の點に於て兩者は全般と特殊、目的と手段、價値付けるものと價値付けられるものとの差別を有する。私は安寧秩序維持の機關が手段なればとて、それの必要性を否認もしなければ削減もしようとは毫末も考へない。無政府主義者の云ふが如くに、人間は強制なくして平和に暮しうるとは思はれない。人間に強制權力の必要の消滅する時は、吾吾の考へうる時間内にはありえない。だが吾々が國家と云ふ言を使用する時に、異樣の感激と興奮とを感ぜしめられるのは、第一の意味の國家ではなくして實は第二の意味の國家なのである。治安維持の機關に對して、感激と興奮とを感ずるとは、意味なきことであらねばならない。所謂×××と云ふ場合の國家も亦第二の意味の國家である。私共は日本國民と云ふ共同の歷史と文化と感情と利害との社會の一員である。若し異國の干渉侵略があつて私共の固有の文化と感情と利害とが脅威されるならば、私共の人格の成長はありえない。私共は此の場合に國家を防衞する爲に、その財とその命とを抛つことを惜しまない。私も亦此の意味に於て愛國者であり、凡そ人は此の意味に於てすべて愛國者たるべきである。

だが國家の意味に二種あることを忘れて、第二の意味の國家に對する神聖なる感情を、不知不識の裡に第一の意味の國家に推移せしめる錯覺を犯してはならない。第一の意味の國家は安寧秩序の維持と云ふ特殊目的を有する部分社會であり、その部分社會たることに於て、學術の研究教育を目的とする大學、宗教を目的とする教會等、と異る所がないのである。

（三）

二つ意味の國家を混同することは、必ずしも理由がないではない。それは第一の意味の國家は、部分社會ではあるが、一種の特色ある部分社會だからである。

第一に安寧秩序を維持すると云ふことが、國民生活に缺くべからざるものであり、それなくして一日も晏如として吾々は生活しないと云ふ、その必要性の緊急現實であることに特色がある。而して安寧秩序を維持する爲には、必然に強制權力を必要とする。かくして成員の意志に反して強制しうると云ふ權限を持つことに又國家の特色がある。他の部分社會の特殊目的はなるほど何れも必要ではあらう、然しそれなくしては瞬時の生活も爲しえないと云ふほど切迫したものではない。更に各部分社會は何れもその內部に於て一種の強制權力を認めてはゐるが、窮局に於てそれも國家の强制權力に依存せずには、目的を達しえない。かくして國家卽ち安寧秩序維持の社會は、餘りに緊要にして餘りに全部分社會に君臨するが如くに見えるのである。

第二に國家の强制權力は本質上一切の成員を漏れなく拘束する必要がある。拘束力を受けない例外者を認めることは、遂に安寧秩序維持の目的を達しえないからである。こゝに於て他の部分社會と異り、人は特に加入の承諾なくとも、必然に出生と共に國家の一員たり、その後に於て唯國籍離脫を認められるに過ぎない。同時に國家の成員の範圍は、他の部分社會と異り國民の全體に及ぶ。此の點に於て國民と國家とは性質に於て異るが、その構成員の點では同一となる。之が國家の二義を區別せざらしめる一理由になるのである。だが此の事は强制權力の本質より來る結果であつて、理論上は吾々は一方に於て國民の一員であり、他方に於て市民として國家の一員であり、その資格に於て異るものが偶然にも兩者の構成員となつてゐるのである。その故に部分社會として國家よりも範圍の廣汎なものがありうる。例へばカソリック敎會は歐洲の大國にも比すべき多數の部分社會員をば、國境を越えて全世界に亘り所有するが如きその一例である。

以上の二點に於て國家は特色を有するが、それが一の部分社會たることに於て結局異る所がないのである。

（四）

だが今一つ國家を以て部分社會であることを異樣に感ぜしめる理由がある。それは現代の國家（以下單に國家と云ふ場合は第一の意味に使用する）は、單に安寧秩序と云ふ特殊目的に限定されないで、極めて廣汎な目的と職能とを有するが如くに見えるからである。國家を前述した如き狹隘な目的に限定したのは、十八世紀後半から十九世紀後半に於て、所謂自由放任主義の全盛時代のみであつて、その以前の近代國家成立當時の重商主義時代及び自由放任主義の沒落した現代に於ては、國家の目的と職能とは決して安寧秩序の維持に限られてはゐない。特に獨逸日本の如き國に於ては、自由放任の時代なるものも殆ど存在しなかつたと云ふも過言ではないのである。かゝる時代かゝる國家に於ては、國家の部分社會たることを特に異樣に感ずるだらう。なるほど國家の目的職能は廣汎にはなつたが、少しくその內容を點檢するならば、依然として國家が部分社會たることに變りはないのである。現代日本に於て國家が營む行政を大觀すると、次の四種類を區別することが出來るであらう。第一は、陸軍、海軍、外務、拓務、司法、警察、財務等であり、第二は、遞信、鐵道、土木、衞生等であり、第三は、農林、商工、社會施設等、第四は、教育、宗教、藝術、學術等である。第一部類は國民の內外に對する安寧秩序を維持することを目的とし、兼ねて全國家機關の爲に必要なる財政を含む。此の種の職務は國家の固有の目的である、從つて國家以外のものが同一の職務を營むことを絕對に許さない。個個人が外交の任に當り、ある團體が警察軍備に當ることは、之等の職務の本質上相容れない觀念であり、排他絕對的に國家に歸屬する。所が第二以下の部類をみると、之とは性質の異ることを見出すだらう。第二種のものはなるほど國家が營むには違ひないが、必ずしも他のものが同一の事業に從ふことを排除することにはならない。例へば國有鐵道あると共に私設鐵道があり、國營の郵便があると共に個人的の便利屋飛脚のあることを妨げない。だが同一事業の主要部分が國家により經營されることは否めない。第三種のものに至れば、國家の關係する部分は寧ろ狹少であり、國家は既に存する他の部分社會の職能を前提として、之に必要な限りの保護干渉充實を圖るに過ぎない。農林商工行政は尨大なる經濟社會と云ふ部分社會の活動に比較すれば、九牛の一毛にも足らない。社會施設は資本家又は勞働組合の職能を補充するものであり、要するに第三種のものは第二種のものが國家が主にして他の社會により行ふものが從たると異り、國家は寧ろ既存のものに對する補足的任務を營むに過ぎない。最後に第四種のものに及べば、國家の關與する程度は更に限定されて來る。中等程度以下の教育に就ては稍關與の程度は大きいが、宗教藝術等に就ては、之等の職能は必然に他の特殊の部分社會に委任し、國家の關與するのは宗教藝術學術の發達を促進する爲に、保護奬勵を爲すに止まり、而もその保護奬勵の內容に就ては、當該部分社會の意見を徵するより外爲しえないのである。いかなる國家がそれ自體宗教や藝術や學術を營むものがあらうか、之等の活動は個人又は部分社會に期待する外ありえないのである。

かくの如く四種の國家活動は階段的の差等を有し、最初のものは國家に獨占的のものであり、第二より第四に至るや漸次他の部分社會の存在を豫想し、國家は之に對し外廓的の活動を爲すに止まるのである。然らば何故に外廓的ながら國家はかくも廣汎なる職能を果すに至つたか、それは前述した如く國家本來の目的は安寧秩序の維持にあるが、それが爲には强制權力の行使を必要とし、更にそれは國民の全體を構成員とする必要がある。此の國家の性質よりして、强制權力の行使を必要とするか、又は國民全體を網羅する必要ある活動に就ては、漸次國家がその職能を擴張するに至つたのである。前述した第二種から第四種に至る迄の國家の行政は、かゝる理由から生じたので、かゝる國家行政の擴張の理由は、國家が安寧秩序の維持を目的とすると云ふ點から派出したのである。こゝに於て現代國家は一見すれば廣汎なる職能を有し、單に一部分社會でないかの如くであるが、依然として安寧秩序維持の部分社會であり、此の特殊性より又その限りに於てのみ、唯職能を廣汎にしえたに過ぎないのである。

（五）

私は曩に云つた、現代は無數の部分社會を持つと。確かに夫々特殊の目的を持つ部分社會が多彩に色どつてゐることは、現代全體社會の華である。之等の部分社會は相互に何等かの關係を持たざるをえない。例へばかの經濟社會といふ部分社會と階級と云ふ部分社會との關係、經濟社會の國家と云ふ部分社會への密接な交渉を認める時に、マルキシズムの國家觀が成立し、國家の大學と云ふ部分社會への交渉を認める時に、一部マルクス主義者の唱へる大學論が成立する。之等部分社會相互間の複雜多岐なる關係を檢討することは、極めて興味ある仕事ではあるが、本文には直接關係がないから割愛することとする。

部分社會相互の目的が牴觸することがないとは云へない。畫家の部分社會が開いた展覽會の繪畫が、風紀を壞亂する廉を以て國家から撤回を命ぜられたるが如き、勞働組合の運動が秩序紊亂の故を以て國家の干渉を受けるが如き、何れも部分社會相互の牴觸の事例である。之等の場合に於て問題は各個の具體的の內容によつて決定されねばならないが、苟しくも藝術の目的を承認し組合の存在を許容する限りに於て、その存在の目的と違反する處置を採ることは、可能の限度に控へねばならないが、然しその場合にして眞に秩序安寧に有害なるならば、それを維持することを目的とする國家が、必要なる權限を行使することは認めなければならない。

私は大學教授が非合法の實踐を爲した場合には、その地位は保證されないと云つた。非合法の實踐のみならず合法の實踐と雖、實は大學と云ふ部分社會の本質には屬しないのである。從つて此の點に就て敎授の地位が保證されずとも、大學の存立の目的には毫も障碍は感じない。而して他方秩序維持の任に在る國家の當局にとつては、非合法の實踐者を默認することは、その本來の性質に背反する。これ私が此の點に就て大學敎授の限界を劃する所以である。又大學の敎授が大學に於てでなしに一般世上の啓蒙の爲に著述をしたとする。若しそれが秩序を壞亂する虞あるに於ては、國家はそれの發賣を禁止し或は更に進んで適當の制裁を加へうる、これ國家當然の任務だからである。一方かゝる啓蒙の爲にする著述は當然には大學敎授の職能には屬しないので、人は敎授としてでなしに、單に一著作者の資格に於て姿を現はしたに過ぎない。此の資格に於て彼は他の著作者以上の特權を享受する理由がない。彼がいかなる處分を受けようとも、それは大學固有の目的とは何等の交涉がないのである。

かくして部分社會相互の牴觸があるかの如くにみえる場合は、具に檢討すれば實は牴觸ではない場合が多く、若し眞に牴觸があつたとすれば、その場合は何れの部分社會の目的が主眼に置かるべきか、一方からの要求が他方の本質自體に牴觸するか否かによつて、決定されねばならない、又かくて解決される場合が多いのである。若しその牴觸が一方の存立目的を覆すが如き重要性を持つた場合にはどうするか、而して今吾々の眼前に在る瀧川教授事件に關する文部當局と大學との爭ひは、實に大學と云ふ部分社會にとつて、正に本質的の重要さを有するのである。こゝに於て私は漸く大學を語るの時に來た。

（六）

今私は寸分も隙なき大學の定義を與へようとは思はない、唯大學とは學術の研究と教育とを特殊目的とする部分社會だとだけ云へば、本文の目的としては充分である。人は或は云ふかも知れない、此の目的は昔はともかく現代に於ては大學の獨占的の目的ではない、他に同一の目的を有する幾多の部分社會があると。近時大學顚落の聲と共に、大學が眞理の殿堂だと云ふが如きは、自負の甚しきものと云ふ聲を聞く。なるほどカーライルも現代の大學は圖書館だと云つた。之ほどに無數の文献の出版された今日に於ては、實は大學が學術の研究教育の社會だと云ふには、餘りに一般社會に學術が普及し智識の水準が高まりつゝあることは事實である。此のことは社會としては喜ぶべく、大學としては特色を失つた點に於て悲しむべきである。

だがたとへ大學が獨占的存在でないとしても、而も尙特殊目的を有する社會たることは否定しえない事實である。

大學に於ける學術の研究には、當然に發表を包含せねばならない、大學に於ける講義、講演、學術雜誌への寄稿等なくして研究はありえない。發表の自由なくしての研究の自由とは、單に讀書し思索し資料を蒐集し實驗するのみで、實は生命身體の自由を有する限り云ふを俟たざることで、今更に研究の自由などと自由に特殊的名稱を與へる必要がないのである。而して發表に際しては題材の選擇に於て行論の方法に於て結論の導出に於て、最大限度の自由がなければならない。各人が各種の學說を提出し、相互に比較檢討することにより、始めて學術の進步が企圖されるのである。學生の敎育に於ても亦異る學說を聽くことにより、比較し硏究し判斷し決定する過程を經てのみ、思索批判の能力が開發されるのである。研究と敎育とに一定の制限を置くことは、凡そ研究と敎育との本來の目的を蹂躙することである。

こゝに看過してならないことは、大學に於ける學術の研究と敎育との中には、當然に對象として國家が包含されて來ることである。國家成立の過程、國家の目的と職能、國家組織の形態、國家の將來等、凡そ國家に關する一切の問題は研究され敎育されるだらう。こゝでは現代國家は悠久なる國家發展途上の一段階としてのみ取扱はれるかも知れない。從つて若し現代國家そのまゝを以て永遠の存在と考へないことを以て危險だとするならば、治安維持の任に在る國家と大學とは牴觸することにならう。國家は現代の國家形態を必然の前提とし、その維持に多少なりとも合致しないものを以て危險有害と考へるだらう。だが然し靜かに國家の消長變遷の跡を回顧せよ。決して國家の形態は永遠より永遠に亘る不變のものではなかつたのである。現に前述したやうに、十八世紀以前の國家と自由放任時代の國家と現代の國家とは、三種三樣の姿態を呈してゐるのである。若し國家も亦可變のものであるならば、誰かがその變遷の動力となる學說を述べねばならない筈である、現代國家を維持することを以て終局の目的とし、苟くもそれに合致しないものを以てすべて排擊するならば、何の日に國家形態の進化の原動力が現出しようか。全民衆に押しなべてかゝる原動力を期待しなくともよい、だが尠くとも社會の一隅に現代國家をも批判の對象とし、それの進化の源泉となるべき思想を存在せしめることは必要ではないか、而してその期待を大學と云ふ最高敎養の過程に在る敎授學生の社會に置く事は決して不合理とは云へまい。

國家が秩序維持の目的を有する以上は、その目的に反する思想を驅逐せんとすることは、國家としては止むをえない任務であり、寧ろ國家に對する忠實の致す所かも知れない。然し大學の研究と教育とに干渉する場合には、等しく部分社會たる大學と國家との間に、相互の目的の牴觸が生ずるのである。そして此の牴觸に於て大學が國家に讓歩することは、大學の目的に末節の支障を生ずるのではなく、大學存立の本質に矛盾するのである。大學にとつて失ふ所かく多大であると共に、國家が讓歩することは、決して多大の損失ではないのである。何故なれば研究と教育とは直接には意識界の現象であり、實踐が直接に制度の變革を企圖するのとは違ふからである。實踐に對しては非常殺急の必要上、國家は無條件にその目的を遂行して差支ない、然し意識界の現象はたとへ結局は實踐に影響しようとも、一度發生するや永久に原狀を回復しえないものではないのである。のみならず國家は自己の目的を支持する代辯人を多數大學に送りうるし、現に大學の教授の大多數は國家の意圖に副ふ學說を支持してゐる。之等の教授の學說が異端の學說と同一の條件に於て、大學に於て自由競爭を爲しうるならば、國家は安んじて大學の本質に觸れざる線にまで讓歩してよい筈である。

之を要するに、國家と大學とは夫々特殊の目的を有する部分社會である。若し兩者の間に牴觸が生じたならば、夫々の本質に照らして解決されねばならないのである。だが人は云ふかも知れない、對等の部分社會が併存する場合には、兩者に君臨するより優越なものがなければなるまい、然らずんば牴觸は遂に解決されまいと。又云ふかも知れない、大學の目的が何であらうとも、それは各人の議論に任せる、然し日本の大學に就ては現に大學令がその目的を規定してゐるのである、それによれば大學は明かに國家に從屬せる地位を有するので、私の云ふが如く兩者は對等の地位にはないのだと。此の二間に對して私は恰も同一の答を與へうるのである。

（七）

大學令第一條は云ふ、大學は國家に須要なる學術の理論及應用を敎授し竝に其の蘊奧を攻究するを以て目的とし兼て人格の陶冶及國家思想の涵養に留意すべきものとすと。此の條文を讀むものは「大學は國家に須要なる學術云々」とあり、又「國家思想の涵養に留意すべき云々」とあることよりして、大學は國家の目的に從屬しそれによつて制約されるかの如くに思ふかも知れない、私は條文立法者が何を意圖してゐたかは知らないが、若しこゝに云ふ國家なる言が安寧秩序を維持することを目的とする部分社會を意味するとするならば、「國家に須要なる」とは、安寧秩序維持の社會たる國家に須要なることを意味することとなる。だがそれは餘りに奇怪ではあるまいか。從來も秩序維持の國家機關とは毫も關係なき民間の醫師技術者敎師藝術家學者を敎育し來つたのである。又「國家思想の涵養」を單に秩序維持の任務を持つ社會に忠誠なる思想の涵養と解するならば、結局は治安を紊亂せざる思想の涵養と云ふこととなる。だが之はある事を爲さざると云ふ消極的の內容を云ふに止まつて、何等積極的の建設的な內容を意味しなくなる。然し大學の留意すべきことが單に秩序を紊すなと云ふことにのみ在るならば、大學と云ふ最高學府の敎育の目的としては、餘りに幼稚であり貧弱だと云はねばならない。斯る目的の爲には敢て大學を必要としないのである。

若し大學令を眞に意義あるものと解せんとするならば、こゝに使用された國家なる言を、部分社會の國家としてでなしに全體社會としての國家と解せねばならない。國家なる言は夙に二義に使用されてゐたのであるがその區別が明瞭に意識されたのは極めて最近の事であるから、立法者自身も亦國家の二義を識別しなかつたかも知れない。然し無意識の裡に彼れも亦國家なる言を二義に使用してゐたので、此の條文に使用した場合は全體社會を意味したと解すべきである。かく解する時に今迄部分社會としての國家を論じて來た私共の眼前に全體社會としての國家——共同の歴史と文化と感情と利害とを有する全般的目的の社會——が全き姿を以て髣髴して來る。全體社會は各人の人格の成長を圖ることを目的とし、此の窮局の目的の爲に特殊の目的が派出され、夫々の目的の爲に部分社會が存在する。而して大學は學術研究と教育とをその特殊目的とし、兼て人格の陶冶と全體社會に忠誠なるべき思想の涵養とが附帶する。固よりかく解するとも此の條文に不自然な無用な語句がないことはない。然しそれは國家の意義を明白に意識せざりしことより來る止むをえない結果である。かくて大學は此の特殊目的を忠實に達成することになり、全體社會に奉仕し貢献しうるのである。

あらゆる部分社會は對等の地位を保持して、等しく全體社會に奉仕する。全體社會としての國家こそが一切の部分社會に君臨して、之に夫々の價値付けをする。部分社會の相互の牴觸は結局に於て、その牴觸をいかに解決することが、全體社會に妥當するかにより決定されるのである。

或は云ふかも知れない。若し部分社會としての大學の教授が危險有害なる學說を發表するならば、全體社會としての國家に對しても亦目的に違反することにならないかと。若しその學說が單に部分社會としての國家に牴觸すると云ふことだけでは、全體社會に對してまだ必ずしも牴觸することにはならない。人は往々にして愛國——全體社會としての國家に對する熱愛——と、愛國の特殊偶然の形態とを混同し、自己の獨斷する形態に添はざるを以て、一律に非愛國と目し易い。だがかゝる特殊偶然の形態が果して眞の愛國たるか否かが、正に研究の對象として俎上に立たねばならないのである。凡そ一切の路は羅馬に通ずる。人は樣々の偶然に制約されて、自ら愛國を標榜しないとしても實は自ら知らざる裡に、全體社會たる國家を前途に望んで、唯その行徑を從來と異る所に求めるに過ぎないのである。主よ主よと云ふもののみが獨り主に忠なるのみではない。異る形態を採りながら各々が全體社會をよりよく爲さんが爲に努力してゐるのである。御家に忠なる家臣は、唯主の命に盲從するのではない、國家の祿を食むものが國家に報いる路は、獨り國家の命令に服することに在りと考へるのは誤りである。曾てメフィストは汝は誰ぞと問はれた時、余が名は惡、かの惡の名に於て屢々善を爲す所のかの惡であると答へたが、人は惡を稱へつゝ實は善を意圖してゐることがある。吾々はその形態とその意圖とを區別して、その形態を借りて躍動しつゝある意圖を洞察せねばならない。部分社會としての國家に眼を蔽はれて、ともすれば見失ひ勝な全體社會としての國家を、全き姿を以て前景に導き出す時に、動もすれば非難嫌惡の對象であつた學說が、あるべき價値を以て評價されるに至るだらう。斯く考へる時既に吾々の最も根本的な世界觀が躍動してゐる、夫が自由主義の思想である。

昭和八年七月號「經濟往來」

(十) 議會主義と獨裁主義との對立

(一) 緒　言

現下の日本に於て吾々は二つの問題の前に置かれてゐる。その一はいかなる改造が行はるべきかと云ふことであり、その二は改造はいかにして行はるべきかと云ふことである。前者は改造の實質內容に關するものであり、後者は改造の方法形式に關するものである。前者の重要なることは固よりであるが、後者も亦之に劣らざる重要性を有する。而していかにして改造が行はるべきかと云ふ問題に就て、吾々の前に對立する立場は、卽ち議會主義か獨裁主義かと云ふことである。若し吾々が浮草の漂ふやうに無爲にして世を渡つて往かうとするならば別であるが、苟くも吾々が何等か決然たる立場を持しようとするならば、吾々は此の二つの對立の何れを採るかを決定せざるを得ないのである。

此の對立はある共通の前提の上に立つて、之がよいか彼がよいかと云ふ便宜から來る對立ではない。政治の能率を擧げる目的からみて、何れを選ぶかと云ふことから來る對立であるならば、此の對立は單なる技術的の問題であつて、必ずしも政治哲學上の根本問題に觸れずしても濟みうる。後に述べるが如くに此の對立がさうした意味しか持たない國と場合とがありうるのであるが、少くとも日本に於ては此の對立は技術的の問題ではない。共通の前提の上に立つた選擇上の對立ではなくて、その前提に於て既に尖鋭に對立してゐる。能率を擧げることが政治上の第一目的であるかどうかが、先づ第一に問題とされて來る。かくて此の對立は、吾々の場合に於ては人生觀の底流にまで觸れる根本的の對立である。之が日本に於て此の對立を重要視すべき理由である。

（二）　議會主義の意味

議會主義と獨裁主義とは何を意味するか。日常使用されてゐる用語は、屢々使はれてゐると云ふその理由によつて、却て意味が混亂して思はぬ誤解を惹き起し易い。吾々は嚴密な學術的の定義を與へない迄も、先づ一應その意味を限定して置く必要がある。私によれば議會主義とは政治は國民全體の意志に基づいてのみ行はるべきだと云ふ思想であり、獨裁主義とは政治は敢て國民全體の意志如何を問ふの必要はない、一部少數者の信念に基づいて行ふも差支ないと云ふ思想である。こゝに議會主義の場合に國民全體の意志と云ふのは、文字通りに國民全體を必要とするのではない。一定年齢に達しない幼少年者を除外することあるも妨げない。要は一部特定の國民意志にのみ依らないと云ふ所にある。又國民全體の意志に基づくと云ふのは、必ずしも國民の意志の滿場一致を必要とするのではない。滿場一致は望ましいことではあるが、人間の現實に於ける性格の特殊性はそれを望むことが不可能であり、又若し滿場一致を飽く迄も必要とするならば、唯一人でも反對する時に決定は不可能だと云ふことになり、一人の力が萬人の力に拮抗し一人の否定が全體の否定を齎すことゝなつて、之こそが正に獨裁主義に轉化する危險性があるから、止むをえざる便法として、比較多數或は絶對多數を以て國民全體の意志と看做すのである。國民全體の意志は先づ總選擧に於て、代議士の選擧に表現され、最大多數の代議士をえた政黨の議會に於ける意志は、卽ち國民全體の意志を意味すると云ふ經過を採る。

獨裁主義が議會主義と對立する根本の要點は、政治が國民全體の意志に基づくべきかそれを必要としないかに在る。從つて爲さるべき政治の內容は對立の要點ではない。獨裁主義者は曾て國王一人の利害の爲に、又或は一部特權階級の利害を目的として、一般國民の利益を輕視したこともあつた。然し廿世紀の今日に現はれる××××××××××××××××××××××××××××××××××少くともその標榜する所は國民全體の利害にある。その標榜する名目の裏面には、或は眞實に一部階級の利害のみを意圖する場合もあり、又或は一部階級の利害を圖ることが、結局國民全體の利害を圖ることになると云ふ認識の上に立つこともあらう。又更に或は眞實に國民全體の利害を意圖する場合もあらう。然し之は獨裁主義の政治の內容であつて、獨裁主義そのものゝ本質ではない。こゝでは獨裁主義は必ずしも所謂惡政と當然に結合するものではなく、所謂善政と結合する場合もあることを注意すれば足る。たとへ善政を內容とするにしろ、獨裁主義の本質は何が善政であるか、いかなる善政を行ふべきかに就て、一部少數の國民の意志のみに立脚することにある。

翻つて議會主義をみると、國民全體の意志に基づいて政治を行ふのではあるが、此のことから必ずしも議會主義による政治が所謂善政であることにはならない。國民自身何が善政であるかを認識しない場合もあり、又國民全體と云つても前述した如くに多數の意志を云ふのであり多數の意志が構成される迄には幾多複雜なる曲折を辿るから、結果は所謂善政に合致することにならないこともある。だが議會主義の本質はその政治内容が善政か否かにあるのではなくて、政治が國民全體の意志に基くと云ふ形式性にある。更に進んで云ふならば、議會主義の立場に立てば、國民全體の意志に基づいた政治と云ふことが、善政をして善政たらしめる重要な要素だと云ふことになるのである。

議會主義はその本質として政黨内閣を必要とするものではない。議會は立法及び豫算の權限を握つて、政治の大綱を決定するのであつて、大綱に基つく適用は行政府に一任して宜しい譯である。從つて立法機關たる議會と執行機關たる政府とは、必ずしも合致する必要はない。然し執行機關の職能を完全に果すが爲には、豫算と立法との權限を握る立法機關と合致することが便宜が多いに相違ない。此の便宜が議會の最大政黨をして内閣を組織せしめると云ふ政黨内閣主義を導出した理由である。だが之は便宜から來る結論であつて、議會主義はその本質上必然に政黨內閣主義を包含するものではない。此のことは後に述べる所と密接な關係がある。然し日本の如く政治の重要なる部分が所謂大權事項の名の下に、立法機關たる議會から獨立してゐる國に於ては、議會主義の立場を貫徹するには、憲法を改正して××××××するか、或は大權事項を管掌する內閣を掌握することが必要となる。而して憲法の改正が容易に行はれる希望性のない限り、政黨が內閣を組織すると云ふ後者の方法を採らねばならない。之れ日本の如き國に於ては、議會主義は必然に政黨內閣主義を伴ふと云ふ特殊的理由である。

（三）　議會主義と對立するもの

以上の如くに議會主義と獨裁主義との意味を限定した後に、更に一步を進めて考へるならば、國民全體の意志に基づくか否かと云ふ對立は、政治を實施することに就ての對立であるか、政權の獲得と云ふことに就ても現はれる對立であるかと云ふ問題が起るであらう。議會主義によれば前に述べたやうに、日本の如き國に於ては必然に、叉或る場合には便宜上より、より正確に云へば便宜より來て必然に、議會に於ける最大政黨が政權を掌握することになるのであるから、政權の獲得と云ふことに就ても議會主義は一定の立場である。況んや政治を實施するに就ては勿論一定の立場である。然るに獨裁主義は之とは異つて、單に政治を實施するに就ての立場たるに止まつて、いかにして政權を獲得するかと云ふ方法の立場をも包含してはゐない。例へば政權を獲得する方法としては、議會主義により最大政黨として內閣を組織する徑路を採り、政治を實施するに際しては、議會を廢止するか或は停止すると云ふ方法を取つて、獨裁主義を發揮する場合がありうる。此の場合は政權獲得に就ては議會主義を採り、政治の實施に就てのみ獨裁主義を採つたのである。ここに於て吾々の知りうることは、議會主義は政權獲得と政治實施との二つに就ての立場であるが、獨裁主義は單に後者に就てのみの立場だと云ふことである。

然らば政權獲得に就て議會主義と對立する立場は何かと云ふならば、それが暴力革命主義である。暴力革命主義とは一部少數が××××××××することを是認する思想であり、國民全體の意志に基いてのみ政權が執られねばならぬと云ふ議會主義と對立し、その思想上の基調に於て獨裁主義と共通の立場にある。のみならず既に議會主義の行はれてゐる國に於て獨裁主義を行ふとするならば、當然に議會を壓迫するの外ないから、獨裁主義は多くの場合に暴力革命を以て開始するのであり、又暴力革命は既に一部少數の意志に基づいて爲され、多數の意志の反對を見越しての上のことであるから、多數の意志の表現を必要とする議會主義を認めるならば、直に政權が自己より離脱する危險がある。之れ暴力革命を以て開始した政治は、獨裁主義を以て終始せざるをえなくなる理由である。かくて暴力革命主義と獨裁主義とは密接不可分の關係にある。又こゝに言論自由主義と云ふものがある。言論である限り卽ち實踐に亘らざる限り權力を以て强制すべきではなく、自由でなければならぬと云ふことを主張する。議會主義は國民全體の意志を必要とするのであり、意志は自由に表現されねばならぬから、議會主義と言論自由主義とは密接の聯關がある。然し議會に於ける最大多數によつて言論の自由が縮小される法律の制定されることがある。現に吾が國に於て眼前に展開する現象であるが、此の場合には言論自由主義と議會主義とは、歪曲された隔離の狀態にある。だが獨裁主義は多數の意志を必要としないことを本質とするから、その主義の本質上反對思想の表現を無用とし、又有害とする。こゝに於て獨裁主義と言論自由主義とは必然に對立することとなる。議會主義と獨裁主義との對立を述べるに當つて、之と密接な關係にある暴力革命主義及び言論自由主義との異同を分明にする必要がある。

（四）　議會主義と自由主義

次に一言せねばならないのは、議會主義と自由主義との關係である。所謂自由主義によつて要求される自由の項目は十餘に及ぶのであるが、その一として政治上の自由なるものがある。政治は民衆の代表者の同意を俟つてのみ行はるべきであり、代表者の同意は民衆自體の同意と看做され、民衆の同意あることによつて自己が自己を規律したことゝなり、そこで自由があると云はれるのである。此の政治上の自由を主張するのが本文の所謂議會主義であるから、議會主義は自由主義なる思想體系の一部を構成し、自由主義と議會主義との關係は、全部と一部との關係となる。

だが議會主義は自由主義の一部ではあるが、自由主義中に於て一個特殊的な性質を持つ一部である。自由主義により要求される他の自由、例へば身體上の自由とか教育職業の自由とか結婚離婚の自由とか社會上の自由とかの如きは、要求される自由の內容を指示してゐるのであつて、所謂實質を提示した自由であるが、議會主義によつて要求される政治上の自由とは、政治が民衆の同意に基づいてのみ行はるべきであると云ふに止まつて、民衆の同意に基づいて爲さるべき政治の內容が何であるかに就ては觸れてゐない、こゝに議會主義の形式性が存することは前に述べた如くである。かくて自由主義の中には實質上の自由主義と形式上の自由主義とが區別され、議會主義は形式上の自由主義に屬するのである。それでは形式上の自由主義は單に議會主義のみであるかと云ふに、此の外に言論自由主義が加へられる。言論の自由主義と云ふことは、思想言論である限り、權力を以て壓迫强制を加ふべからずと云ふことであつて、此の自由主義の意味する所は、權力の强制を排除すると云ふことに止まつて、然らば强制が排除された後にいかなる內容の思想が最も良き思想かと問はれたならば、それには答へてはゐない。從つて言論の自由によつて擁護されるのは、ファッシズムたることもあり、マルキシズムたることもあり、又更に自由主義それ自身たることもある。凡そありとあらゆる思想はその內容の如何を問はず言論である限り擁護される權利を持つて、こゝに言論自由主義が議會主義と共に形式上の自由主義たる所以がある。

議會主義のかゝる形式性は甚だ注目すべき結果を齎らして來る。民衆の同意によつて爲される政治は、その內容に於て實質上の自由主義たることもあるが、ある場合に保守主義であることもあり、又社會主義であることもある。こゝに於て形式上の自由主義を通して實質上の自由主義が否定されると云ふことが起るであらう。更に形式上の自由の一たる言論の自由でさへもが、議會主義によつて却て反對の結果を生じて、言論の壓迫强制が行はれることが起りうる。現に各國に議會があるに拘はらず、言論の自由が必ずしも完全でなく、言論の自由が民衆の代表者たる議會に於て多數の同意によつて削減されてゐる。更に一步を進めれば、民衆の同意によつて議會を廢止し又は停止すると云ふことさへ起り得る、之が現にヒットラーの治下獨逸に於て實現されてゐるのであるが、こゝに至つては議會主義を通して議會主義が否定されると云ふ奇怪なる結果に迄到達する。これ實に議會主義の形式性と云ふことよりして來るのである。

十、議會主義と獨裁主義との對立

こゝに於て同じ自由主義の中に實質上の自由主義と、形式上の自由主義即ち議會主義と云ふもの﹅對立が生じ、自由主義は自己さへも否定し、自己の墓穴を掘ることあるべき形式上の自由主義をその胎内に孕んでゐるのである。

自由主義に實質上と形式上との二つの種類が含まれてゐることが、明確に意識されず區別されないことが、幾多の誤謬を惹き起した。その一は形式上の自由主義あることを知らずして、凡そ自由主義とは實質上の自由主義のみと速斷した事から來る誤謬である。殊に實質上の自由主義の中でも、經濟上の自由主義即ち自由放任主義を徒らに重大視して之を自由主義の全部たるかの如くに解するものに此の誤りを犯すものが尠くない。彼のマルクス主義者が自由主義を以てブルジョアーのイデオロギーと稱し、自由主義全部を無差別に一括して、その內容の複雜性を忘れたのはその一例である。だが自由主義の中の形式上の自由主義即ち言論の自由主義と議會主義とはマルキシズムの言論をも擁護し、議會內にマルキシズムの代表者をも派遣せしめるのである。之を悟らずして凡そ一切の自由主義を排撃して、自己の頭上に言論の壓迫と右翼獨裁の强權を招致したるは、誠に傷ましき一場の悲劇であつた。

之とは反對に形式上の自由主義を自由主義の全部と誤認するものがある。形式上の自由主義はいかなる内容の言論であらうとも、言論に壓迫を加へてはならぬと云ひ、いかなる思想の持主であらうとも、代表議會に送ることを認める。こゝに於てか此の形式性に眩惑して、自由主義とは之でもよくあれでもよいと云ふ、凡そ一切の思想に取捨辨別を爲さないもの、あらゆるものを認めて獨自のものを持たざるものと解するものがある。だがそれは單に形式上の自由主義に就てのみ云ひうることであつて、此の形式を通して實現さるべき實質上の自由主義の別に存在することを忘れたものである。自由主義者はあらゆるものに同一の價値を認めて、結局すべての價値を無に塗り潰すやうなものではない。そこには獨自の判斷と獨自の主張とがあり、あらゆる反對思想と勇ましく戰つて戰利を謳はんとする確乎たる理想と志士としての情熱がある。唯自由主義者の他の人と異る所は、此の戰をなすに當つて權力を背景とすることなしに言論により理性に訴へんとするにある。又他の思想に對してもそれが存在を持つ限りに於て、代表者を送つて國政に參與せしめんとするにある。形式上の自由主義は吾々をして反對思想に寛容なるべきことを命ずる。だが寛容とは冷淡を意味するのでもなければ袖手傍觀を必要とするのでもない。寛容と毅然たる獨自の主張とは毫も矛盾するものではない。寛容と剛毅之を調和する所に自由主義の特質がある。

若し自由主義の中に形式と實質との二つの對立があるものとすれば、身を自由主義に奉ずるものは、何れの自由主義に優越性と從屬性とを與ふべきかと云ふ問題に、逢着せざるをえなくなるだらう。

元來歷史上の事實としては、形式上の自由主義と實質上の自由主義とは、同一の思想的基調の上に發生し、相併行して主張され實現されて來たのである。その適例は十九世紀中葉迄の英國であつた。そこでは民衆代表制度が完備することと、自由放任の政策が同時に進行し、相互に對立することにはならなかつた。然し兩者の對立は佛國に於ては既に大革命の當時に於て意識され、若し議會主義に重點を置くならば自由放任主義は否定されて、政府の干涉統制主義が實現することになり、自由放任主義に重點を置くならば議會主義には、何等かの條件が加へられねばならないと云ふ二者擇一の窮境に立たされた。爾來佛國に於ては何れを採るかが明瞭に決定されきれないで、終始兩者の間を浮動して來たのではあるが大體に於て議會主義に優越性を置くに傾いた。これ佛國と英國との自由主義の異る點であつた。英國に於ても十九世紀後半に至つて、議會内に勞働者階級の代表者が增加するや社會政策的立法が促進されて、議會主義が實現された結果は、自由主義の要求條項の一たる經濟上の自由放任政策は拋棄されて、反對に社會改良主義が採られるやうになつた。若し將來に於て勞働黨が議會の絕對多數黨たる時が來るならば、社會改良主義に止まらずして社會主義が實現されるかも知れない。かくて英國に於てさへ――自由放任主義の最もよく實現された英國に於てさへ――歷史の進行は議會主義に優位を占めさせるに至つたのである。

此の點に就て議會主義の地位を高揚した古典的文獻として、吾々はルッソーの「社會契約論」(一七六二年)を忘れることは出來ない。色々の意味に於て十八世紀の思想から十九世紀の思想への過渡的役割を果した此の書は議會主義に關しても亦劃期的文獻でもある。ルッソーの議會主義の優位に對する根據付けは、暗示に富んだ含蓄あるものではあるが、吾々は彼れの論據に贊成する必要はない。そこには語義の混淆が理解を妨げてゐる。又そこには「あること」と「あらねばならぬこと」とが混同されてゐる。又歷史の進行は議會主義の優位を認めて來たとしても、歷史の進行をその儘に肯定せねばならない譯はない。然らば實質上の自由主義と議會主義とが對立して、何れに優越性を認めるかと云ふ當初の問題に逢着して、吾々はいかに決定すべきであらうか。吾々は躊躇する所なく、議會主義へと答へねばならない。何故にかと云ふ問に答へることは、單に自由主義に於ける議會主義の優越性を說明することだけではない。獨裁主義に對することにもなる。かくて吾々は漸く議會主義と獨裁主義との對立にまで立ち返つたのである。自由主義と議會主義との關係を說いたことは、無用なる迂回であるかの如くで必ずしもさうではない。議會主義に關する世上の誤解を掃拭して、それの正當付けへの路を開いたに外ならない。

（註）本書第十五章「現代に於ける自由主義」參照。

（五）　議會主義の論據　その一

議會主義は政權の獲得に就て、暴力革命主義に對抗し、政治の執行に就て獨裁主義に對抗する。從つて議會主義の根據は此の二つの主義に對抗する根據となる譯である。私は議會主義者である。そして私の議會主義に對する論據は次の數點にある。

第一に社會は全成員の共有物であつて、一人數人又は一部集團の私有物ではない。ファッシストの社會でもなければマルキシストの社會でもなく、又自由主義者の社會でもなく、あらゆる成員が誰に政權を與へるか、いかなる政治を執行せしむべきかを決定する平等の權利を持つのである。特定の主義者が民衆の同意を俟たないで、×××××し政治を執行することは、自己と民衆との對等の地位を無視して××××××と看做すものである。その人々は社會の全成員の爲に善政を意圖してゐるかも知れない。然しそのことは彼等の目的の內容が社會公共にあると云ふことだけで、何が善政であるかの認識と判斷とに就て、依然として自己を同胞より優越の地位に置くことであり、社會を私有物視することの反證にはならない。

或は云ふかも知れない、全成員が平等の發言の權利を持つと云ふこと自體が、旣に疑はるべき前提ではないかと。ここに於て結局吾々は社會存在の意義に就て、根本的の立場に觸れざるをえないのであるが、私は社會はあらゆる成員の人格の成長を圖る爲に存在するものと考へる。而して人格の成長を圖るに必要な條件は、自己も亦無視されない獨自の存在であると云ふ自覺を與へることである。若しある人の意志は聽かれて自己の意志は聽かれないならば、彼は獨立の人格の意識を持つに至らない。而して此の獨立の人格の意識こそ正に人格成長の爲の第一條件である。又絶えず社會公共の問題を提供されて、自己の意志を問はれる時、吾々の眼界は自己の身邊の生活から遠く同胞一般の問題に開かれ、吾々の視野は擴大され同胞に對する共同意識は强化される。之れ卽ち吾々の人格の成長でなくて何であらう。若し人が民衆を狹隘な利己的な生活に跼蹐せしめようと考へるならば別であるが、眞に社會公共への關心を高揚せしめようと考へるならば、すべての成員をして政治への意志を表現せしめねばならない。歐洲に於ける國民主義の運動が議會主義の運動と併行したことは、之を立證して餘りあるだらう。國民の一致團結を强調するファッシストよりして議會主義の否定を聽くことは、寧ろ吾々の意外とするところであらねばならない。

又或は云ふかも知れない、すべての成員が平等たることは望ましいことであるが、今現に認識と判斷との能力に於て平等ではない。從つて暫らく優秀なるもののみの意志を聽くに止めるのだと。私も亦今現にすべての民衆が平等の能力を持つと云ふのではない。だが論者に聞かう、今現に平等でない民衆は永久に不平等たらしめてよいのか、今現に國事に關する判斷能力のない狀態に、永久に放任してよいのであるか。若し彼等の能力の水準を高め、平等にまで近づけようとするならば、いかなる方法によつてであるか。非常な英斷を以て民衆の生活條件を引上げることによつてか。なるほど生活條件の向上は確かに必要なことではある、然し條件の向上自體だけでは、民衆の能力を引上げることに充分ではない。それでは學校の教育によつてか。既に民衆は國民普通の義務教育は完了してゐる。教室の机上の教訓が之より以上に必要であるよりも、社會の實生活の問題に觸れて、問題の認識と思索と決斷との過程を辿らしめることによつてのみ彼等の關心は擴められ、その能力は高められるのである。國民の意志に問ふことこそ正に國民の教育の最良の方法である。かくて獨裁主義と議會主義との對立は、吾々を驅つて、人とは何であるべきか、人はいかにして成長するかと云ふ人生觀の底流に迄觸れしめる。此の對立をいかに取捨するかに、その國民の文化の水準は測定されるのである。これ私が此の對立の處置を重要視する所以である。

第二は常に國民の意志を問ふ場合に於てのみ、社會制度はそのあるべき職能を完全に發揮するのだと云ふことである。ある社會制度を新設し改廢すると云ふ時に、國民はその意志を問はれるならば、彼等はその制度が何の爲に存在してゐたか、何故に改廢せねばならないか、いかなる新制度が好ましいかを、研究し思索し判斷せねばならなくなる。此の過程を辿ることによつて、今迄存在してゐた制度は、新たにその存在の意義が腦裡に復活し、新たに作られる制度はその必要の理由が理解される。かくの如くにして始めて社會制度と民衆の內的準備とが合致して、制度はあるべき機能を民衆に對して果すことが出來るのである。若し此の合致がないならば、なるほど外形として制度は存在してゐようとも、それは制度としてあるべき存在の目的を果すに至らない。明治廿三年憲法が布かれて以來四十年、それによつて議會制度は設けられ、言論結社の自由は認められたに拘はらず、國民は今に至るも何故に議會制度が必要であるか言論結社の自由が必要であるかを理解してゐない。かくて之等の制度は唯一片の形式たり空骸たるに止まつて、凡そ制度をして存在の意義あらしめる目的を達してゐない。それなればこそ四十年後の今日依然として議會主義か獨裁主義かの問題を取扱はざるをえなくなるのである。獨裁主義者をして今日の議會の存在を疑はしめるに至つたことそのことは、偶々いかに民衆の內的準備と合致せざる制度がその機能を發揮しないかを物語るものである。而して民衆の内的準備は唯民衆の意志に重きを置く場合に於てのみ期待することが出來るのである。

獨裁主義も亦民衆の幸福を切望するのであらう、その故に適當に制度を改革することを焦慮するのであらう。だが彼等の視點は制度を作ることに停止して、その制度がいかに運用してその効果を發揮するかに及んでゐない。上からの制度を雨下することによつて能事終れりとする。こゝに於て獨裁主義と議會主義との對立は、凡そ社會制度とは何の爲に存在するのかと云ふ問題に就て現はれる。獨裁主義者も亦制度の目的はと問はれた時に、それが民衆の幸福の爲と答へるであらう、だが問を出された時に答へざるをえなくして止むなく答へるのと、その答へは不斷に腦裡に描かれて制度を考へてゐる場合とは異らざるをえない。獨裁主義者は傳統と惰性とに引きづられて、唯制度と云ふ形式を作ることのみに焦慮することが多い。更に制度はいかにすればその目的を達しうるかと云ふ第二の問題に逢着して、彼等は民衆の内面的工作を輕視して制度は唯それが存在することによつてその効果を發揮するものと考へる。人心の内より湧く反應のない所にも、外部より來る制度の自動的作用を信ずるものの如くである。然し人の理解し納得しえない制度が、結局滑かなる職能を果しえないで舊態に復せざるをえなくなることは、革命後の露西亞農民に强ひられた土地共有の例に就て見ることが出來るであらう。かくて議會主義と獨裁主義との對立は此の點に於て、制度に關する社會哲學上の對立に觸れざるをえないのである。

（六）　議會主義の論據　その二

第三にそして最後に、社會生活に關する一切の問題は、どこかに窮極の決定方法を見出さざるをえない。而して國民の多數の意志と云ふことがそれでなければならない。ファッシストは善政と信ずるものを持つだらう、だがそれが善政であることは、その人の主觀的の判斷たるに止まつて、何等の客觀的妥當性はない。他の人は同一の信念と熱情とを以て、別に善政と信ずるものを持つのである。その時に何れが正しいかを決定する爲には、先づ相互に研究し批評しうるやうに公共の舞臺に發表されねばならない。その次に討論によつて自己の思想の優秀性が證明されねばならない。然し恐らくは討論によるも尙最後まで判斷の相違は殘るであらう。その時に終局に決定する方法がないならば、徒に甲論乙駁に時間を空費して、實務の進行に得る所はない、その決定を民衆の意志の多數に依るならば、そこに最後の落着を見て一應の安定を得るのである。

人或は云ふかも知れない、何故に多數の意志が終局の決定方法でなければならないかと、又なるほど現在に於ては多數の意志だと云ふことを以て落着するかも知れない、然しそれは單なる惰性の結果に過ぎないのでそのこと自體に遡つて疑を挿む權利があると。私は多數の意志が神の聲だとも思はず又正義だとも思はない。否ある場合には愚なる多數といふ言葉さへ眞理だと思ふこともある。だがそれにも拘はらず、尙私は多數の意志は理想的の方法ではないが、現實に考へられる最良の決定方法だと思ふ。なるほど民衆は教育も足りないであらう又認識も判斷も不充分だらう、然し人間の心の底には眞理に聽く本然の直觀がある。此の心底に觸れるまでに傳統や利害やの幾多の表皮を破らねばならないだらうが、最後には此の直觀が閃くことが出來るのである。多數の民衆の支持をうる思想は此の直觀による支持をえたことによつて、何等かの眞理性を所有してゐると看做してよい。若し人の心の底に此の種の希望をさへ繼ぐことが出來ないとすれば、啻に議會主義を絶望せざるをえないのみならず、凡そあらゆる社會改造をさへ拋棄せざるをえまい。又多數の支持を獲得する爲には多くの時間と精力とを必要とする。人は之に堪へられずして焦慮するだらうが、かゝる獲得の過程の中で、政治家思想家は自己の思想を反省し推敲の機をうる。かくて主觀性は客觀性へと、偏狹な獨斷は普遍的なものへと高められてゆく。政治家に課するにかゝる修業を以てすること之が多數決方法の餘澤である、決定を他の方法に求める場合を考へてみよ。例へば武力あるものが政權を獲得し政治を執行するとしたらどうなるか、武力は世の最も價値あるものと考へられ、大望を抱く志士をして擧げて武力の修業に努力せしめることになるだらう。之が社會進化の動向を逆行せしめるものでなくて何か。若し民衆に眞理に聽くの本能あり、民衆の支持をうる爲には眞理を標榜する外に路なしとすれば、よき思想へと人を鞭つことゝなる。これ實に社會進化の動向に合致するものである。

假りに多數の意志を決定方法とすることに反對したとしたら、之に代へるに何を以てするのか。少數の決定を以てするのか。少數決を根據付けることは多數決を根據付けるよりも更に難事だらう。若し少數決が根據付けられるとしたら大は小を兼ねるといふ原則によつて、多數決は更に根據付けられたことになるのみならず、少數は複數でありうるから、此の少數と彼の少數とをいかに裁くかの決定方法が講ぜられねばならない。かくて少數決は終局の決定方法になりえない。それでは能力の優秀者を集めて決定させるとするか、その人々の優秀といふことがいかにして證明され決定されるのか、それを決定する別の方法が更に講ぜられねばならない。武力あるか否かを決定要素とするか、何故に武力を以て決定要素とせねばならないのか。それを決定するのは何かといふことになり、すべて之等の場合に窮局は多數決といふ歸結に到達せざるをえなくなる。或は云ふかも知れない、君の議會主義論も亦一の主觀的の獨斷である、それが正しいものだといふことも亦多數決で決定されねばならないと。いかにもその通りである。私は私の議論を正しいと信ずる。然し、それだからとてそれを他人に强制する根據を持たない。從つてそれが社會の原理たるには多數決方法に依ることに少しも異議はない。だが論者は承服せねばならない、多數決に訴へるとした場合に論者は私の「議會主義論」に抗議したことにはなるが、議會主義には改宗したことになるのだと云ふことを。

多數決の方法は數量を以てする壓制だと難ずるものがあるかも知れない。然し吾々は壓制と云ふ文字を使ふ時に、その文字に伴ふ聯想からの錯覺に支配されてはならない。壓制の不可なるは壓制の背後に權力があるからであり、壓制の下に救ふべからざる弊害が起るからである。だが多數決の場合には背後に權力があるのではない。多數の意志があるに過ぎない。又多數決の結果は何等の弊害が生ずるのではない。なるほど多數者に敗れた少數者は、自己の思想の正しいことを信ずるに拘はらず、唯數の少き故に敗れたとの不滿を持つだらう。然し少數者は多數者の意志を神の聲と思ふ必要もなければ不動の眞理だと諦める必要もない。彼等は依然として自己の思想を眞理とすることを改めるには及ばない。彼等は更に勇を鼓して次の機會に多を獲得すべく努力を繼續すればよいのである。世に憂ふべきは多數決の否なるに非ずして、敗れたる少數者が意氣沮喪することにある。歷史は今日の少數がやがて多數となつたことを證明してゐる。明日の希望を抱いて自己の努力の足らざるを責めればよい。社會に於ける多數と少數とが、思想を闘して言論により抗爭する所から、思想は向上し民衆は啓發される。此の對立を通して社會は步々進化の途を辿るのである。多數決は凡そ救ふべからざる弊害とは無緣である。こゝには壓制と云ふ文字に伴ふ聯想があつてはならない。

かくて多數決の方法が採られるならば、ある思想や政策が決定される爲には、國民の多數がそれに納得し改宗したことを前提とするから、之によつて徒に反動の起ることを防ぐことが出來る。若し一部の人々が多數を無視して政權を奪取したとするならば、變つたのは政治の支配者であつて、民衆の思想ではない。民衆の多數は依然として元の木阿彌である。若し他の一部の人々が再び武力を以て迫るならば、此の多數の民衆はいつにても新勢力に附きうるやうな浮動性を持つ。之が革命を起した場合に常に反革命の危險ある所以である。かくて人心は不安に戰き制度は安定を缺いて機能を停止する。それを恐れるから支配者は徹底的に反革命の彈壓をなさざるをえなくなる。啻に實踐のみならず言論をさへ苟くも自己に反對する一切に互つて禁止する。これ革命を以て開始した政治に免るべからざる現象である。かくて人心は萎靡沈滯するか、絶望の爲に投げやりになるか、卑怯なる阿附と屈從とが蔓延する。それでも支配者は革命により善政を布いたと云ふ、だがその善政の爲にいかに高價な犧牲が支拂はれることだらう。

× × × ×

私は議會主義に對する論據を長きに互つて叙述した。私が第一の論據に於て道德哲學に、第二の論據に於て社會哲學に觸れた時に、獨裁主義者は吾れ關せざる空虛の議論と感じたかも知れない。又多くの議會主義者も此の論據に於て議會主義を擁護しないかも知れない。然し議會主義は窮局に於て人生觀の根本に觸れざるをえないのである。かゝる第一義的價値を有すればこそ、私は議會主義對獨裁主義の問題に重要性を與へるのである。此の種の問題を第一義的問題として扱ふことなしに、二義三義の打算的問題とすればこそ、去就が決定されなくなる。打算は打算を生み停止する所を知らないからである。地上の問題を人生觀の根本にまで遡つて論議することを嫌ふ所にこそ、此の國民の文化の水準の低さが窺はれるのである。

人は或は云ふかも知れない、君の論據は結局政治學教科書に述べられたことを反覆したに過ぎないと。私は政治學教科書から私の論據を引出したのではないが、假りに之が教科書にあるからとて、私の論據を不要ならしめることにはならない。何故なれば一般教科書に記されてゐる常識を知らずして、偏奇した物の考へ方をすることが現代日本の通弊だからである。恰も教室の講義を知らずして特殊研究に着手する學生の弊をば、現代日本は遺憾なく備へてゐる。今こそ寧ろ健全平凡な教科書に返る必要がある。又或は云ふ、議會主義はよい、然し日本の國民性は之に適しないのだと。一部の學者に此の種の議論を唱へるものがある。然し私はその研究の方法が杜撰にして、凡そ學問の名に値しないものだと云ふことを知つてゐる。よし日本の國民性に就てさうした結論が出たとしても、國民性の變更が月の世界に旅することのやうに、絶對不可能だと云ふ證明の別になされない限り、議會主義の取捨とは何の關係も出て來ない。敢て論者に問はう、數學は歐米人には適するが日本人には適しないと云ふ事實があつたとした時に、だから日本人には數學は不必要だと云ふことになるのかと。科學の美名に隱れた淺薄なる國民性の研究と、事實と當爲とを混同する此の種の議論をば、吾々は斷乎として一蹴せねばならない。

議會主義支持の論據は反面に於て獨裁主義排撃の論據になるのであるが、獨裁主義の批判はそれだけでファッシズムや共產主義の全部の批判となる譯ではない。獨裁主義はある目的を達する爲の手段である、ファッシズムも共產主義も夫々特殊の目的を持して、假りに獨裁政治と云ふ手段を以てするのである。從つて獨裁主義を批判したからとて、それ等の目的をも含めた批判になつたと思ふならば誤謬である。同時に獨裁主義は之等の思想の一要素であるから、その要素に對する批判は、尠くとも一部の批判にはなるから、ファッシズムや共產主義は、獨裁主義の批判を雲煙過眼視することは出來ない。若し手段に對する批判は重要でないと云ふならば、目的は手段を正當ならしめると云ふことを、別に證明せねばならない。此の證明のない限り、獨裁主義の批判は依然として彼等に適中する。

（七）　議會主義への批判

議會主義は歐洲大戰前までは、疑はれざる信條として文明國を支配した、然るに戰後各國に於て議會主義批判の聲は高まり、既に獨裁主義の實現された數國をさへ見て、日本も亦此の動搖の渦中の一として、今議會主義か獨裁主義かの問題が論議されるに至つた。吾々は戰後に於ける此の傾向の由來に就て一瞥を投ずる必要がある。

等しく議會主義の批判と云つても、その中に三種類あることを區別せねばならない。第一の批判は共產主義者から現はれて、之が批判の先鞭を付けたものと云ひうる。××××××と××××××××××とは、既に十九世紀中葉のマルクス、エンゲルスの文献に現はれ、戰前に於てサンヂカリスト及びレーニン等により唱へられたのであるが、それが思想として一般の注意を惹くに至つたのは、一九一七年の露西亜革命以後であり、主として共産黨の宣傳によるものである。彼等の目的は社會主義の實現にあり、その手段として議會主義を否定するのであるが、それによれば現存社會が資本主義社會である限り、デモクラシーとは××××××××デモクラシーであり、議會は×××××××利害を代表するもののみより成る、何故なれば×××××に於て選擧は巨額の費用を要し、プロレタリアはその資に堪へないし、プロレタリア政黨には×××××がないし、又資本主義的教育を受けた民衆を××××××××に加入せしめて多數黨たらしめることは不可能である。よし可能であるにしてもその長期間を待つに忍びない。よしプロレタリア政黨が絕對多數黨になつたとしても××××××或は××××××により或は××××××して、結局××××××を持續するに違ひない。故に×××××の實現を議會主義の方法によるは、木に據つて魚を求むるが如くである。宜しく×××××××××××××××を奪取し、暫らく事態の安定するまで××××××××の獨裁政治を布くべしと云ふ。

第二の批判はファッシストによつて提出された。一九二二年ムッソリニーが伊太利のファッシスト革命に成功し獨裁政治を確立するや、歐洲全體の注意を惹き、之に倣ふものが中歐南歐に相次で現はれて來た。歐洲に於けるファッシズム流行に就ては、幾多の社會的背景あることを注意せねばならない。その一はヴェルサイユ條約の決定した國境に對する國民主義的憤懣である。その二は之等の國は元來議會主義の信念が薄弱であり、議會制度の運用に堪能さが缺けてゐた。殊に戰後小國は相次で議會制度を採用し而も比例代表制を布いた爲に、議會內に小黨對立し、數黨が聯合するに非ざれば內閣を組成しえず、作られた內閣は內紛の爲に短命にして倒れた。之が政局の安定に對する欲求を强めたのである。その第三は若し以上のことが通常平和の時であつたなら、まだ忍耐が出來たかも知れないが、時は恰も戰時の疲弊を回復すべき時であり、經濟界の混亂に對し英斷を必要としてゐた、その非常時意識に配するに政局の混亂を以てした故に、議會制度への不滿が倍加した。最後に云ふべきことは、之等の國に於ては何れも共產黨が一時優勢であつて、その××や××が反對黨の對抗意識を强めたことである。從つて中歐南歐のファッシズムは、ある意味に於て共產主義の××に對する×××的性質を持つのである。之等の事情が議會主義への不信を招き多數民衆の同意を顧慮せざる獨裁政治を要望するに至らしめた、蓋し議會主義では非常殺急の事態に適應する能率を擧げえないと云ふに在る。

第三は永く議會主義を保持して迷はなかつた英國に現はれた批判である。主として勞働黨系統の人々によつて唱へられ、ハロルド・ラスキー教授やサー・スタッフォード・クリップスをその代表者とする。之によれば議會主義は政治内容が單純素朴であり、殊に自由放任の原則を採つてゐた時には適當した手段であつたらうが、今日の如く政治の内容の中心を爲すものが社會問題經濟問題である時には、之等の複雜なる内容を處理する能力は代議士には惠まれないので、夫々特定の專門的知識に俟たねばならないのみならず、多數が集合して討論する制度は、單に原理原則を取捨するには適するとしても、細微なる内容に迄立ち入るに適しない。故に議會制度そのまゝではヴィクトリア時代の遺物であつて、大戰後の時局には時代錯誤であり、宜しく之を補足して之に代はるべきものが現はれねばならぬと云ふ。

以上三種の批判をみるものは、截然として二つの類型に分立することが分るだらう。第一と第二の批判は左右兩極端から出た批判ではあるが、その間に共通性がある。それは自己の目的を達する能率の上に於て、議會主義は適當の手段ではないと云ふことである。こゝでは能率が第一義的であつた、之によつて議會主義か獨裁主義かゞ決定される。かゝる歸結に至るまでの各國の事情は夫々首肯されるものではあるが、前述した私の議會主義の論據に於て結局は論及されたことであり、之等の事情を顧慮しても、私は自己の論據を修正する必要ありと思へないのである。唯共產主義に對する批判に就ては、稍々詳細に亙る必要を認めるから筆を更めて別に一文を草することにしよう（本書第十五章「現代に於ける自由主義」參照）。二つの批判に於て興味あることは、右翼主義者は自己が議會に多數を占めえないと思ひ、左翼主義者も亦同じことを思つてゐることである。何故なれば自己が多數を占めうると云ふ確信があるならば、議會主義を排擊する必要はない、議會を利用して目的を達しうるからである。相對立する左右兩翼が互に反對思想を多數と推測して、獨裁主義を主張してゐることは誠に一の奇觀である。第三の英國に於ける批判は全然別の類型に屬するものである。之は多數民衆の同意を不必要とするのではない。唯從來の議會制度の不備を補足充化しようとするのである。先にはギルド社會主義により稍々後にはフェビアン社會主義により唱へられたことの先蹤を追ふに外ならない。從つて此の批判は議會主義か獨裁主義かの對立に觸れずして、議會主義の上に立つて、能率を擧げる爲の技術を論じてゐるのである。第一の類型は能率を先にして議會主義を後にし、之は議會主義を先にして能率を後にする。此の批判は人生觀の根本に觸れずして、技術的の改良工作である。而して此の論旨に採るべきものの多いことは後に述べるが如くである。

飜つて日本の議會主義の批判をみると、思想界に於ては共產主義者がその先鞭をつけ、實際界では中歐南歐に於けると類似した事情が、議會主義の不信を招いた。唯別に附け加はるものを擧げれば、政黨が選擧費用調達の爲に幾多の瀆職事件を起したことと、憲法により特殊的地位を與へられた××が、現存政治機構の中に在つて、×××××の中心と目されることである（本書第十一章「マルキシズム、ファッシズム、リベラリズムの鼎立」參照）。外國に於ける獨裁主義は一應議會主義を滿喫した後に現はれた、だが日本に於ける獨裁主義には、未だ議會主義の時代を經過せざる、多分に資本主義以前封建時代の色彩があることは注意すべきである。

（八）　現存議會制度の改革

私が議會主義を支持することは、現存議會制度を是認することでもなければ、現存政治機構を肯定することでもない。議會主義を支持する論據を深きに求めれば求めるほど、その論據自體が議會主義者を驅つて現存制度の改革へと鞭うたずんば止むまい。それではいかに改革すべきであるか、私は殘された紙面の餘白を假りて簡單にそれを列擧しよう。

（一）議會制度の缺點は複雜なる現代の政治内容を處理するに適しないことに在る。此の點に就て英國思想家の批判は、流石に議會制度の永き歷史を持つだけに傾聽の値がある。之が爲には内閣直屬の大規模の國策全般に亙る調査硏究の機關を作るべきである。各省に分立した調査では互に有機的聯關が缺けてゐるから、各省から獨立した新機關を設け、そこに夫夫の專門家を集めて丹念な硏究と立策とを爲さしむべきである。そしてそれと附屬して更に各方面の稍高度の人材を集めた諮問機關を設け、調査機關の成果にして政府の贊成をえたならば此の諸問機關を經て、最後に議會の同意を求めるのである。かゝる調査機關を新設することは、議會制度の補强工作を爲すことで、毫も議會主義と矛盾することにはならない（本書第一章「非常時の實相とその克服」參照）。

（二）現在は國務大臣は各省長官を兼ねてゐるが、宜しく各省長官と國務大臣とを分離し、内閣會議は數名の國務大臣より成ることとして、會議の緊張と進捗とを圖つたがよい。此の必要は最近の五相會議なるものが開かれたことに徴しても明かである。固より國務大臣は各省長官を兼ねることは必要であらうが、すべての各省長官が國務大臣でもなく、又幾人かの無任所大臣があつても差支へない。現在の省をいかに併合分離すべきかは細微の問題としてこゝには觸れないが、將來は省の數は增さうとも減じはしまい、社會省の設置や大藏省を分離して經理行政を爲すものと豫算のみを掌るものとするならば省の數は愈々增し、從來の如くならば國務大臣の會議は愈々能率が擧らない、これ私が國務大臣と各省長官とを分離して、國策の最高決定を國務大臣の會議にのみ委任しようと云ふ所以である。

(三) 憲法の所謂統帥大權は單に用兵策戰と云ふ狹義に限定し、軍事國防に關する事項も亦獨り軍部の獨占的權限に置くことなく、他の一般事項と同じく、內閣を以て終局の決定機關たらしむべきである。軍事國防に關してのみ、國民の意志より獨立せしむるのは、祖國に對する國民の熱意を無視するものと云はねばならない。軍部は若し軍事國防の永遠の計を國民に委することに不安を覺えるならば、今も現に行つてゐるが如き宣傳を一層强化して議會を通して軍事國防を確立した方がよい。

（四）樞密院は現在は主として勅令に關することと大權事項とに就て、天皇の御諮詢に奉答するのであるが、之等の事項も亦內閣に終局の責任を負はしめて差支ないので、屋上に屋を架するの必要はない。若し樞密院を存置する必要ありとすれば、政黨內閣制が確立した場合にも尙起りうべき首相の奏請に關し、現在は元老內大臣の果してゐる職能をば、人員を激減した樞密院に託したならばと思ふ。

（五）私は貴族院を廢止する必要を認めない、それを上院と云ふか第二院と云ふか名稱は何であらうとも、民衆の選出する代表者の議會に對し、ある種の齒止めの役を努める機關の存在を認める。然し一九一一年英國の自由黨の爲したるが如く、下院を通過した法案は、二回引續き否決しえないといふが如き權限の條件を附する必要がある。之は必ずしも憲法の改正を俟たなくとも、輿論の壓力によつて貴族院を承服せしめることが出來ないではない、今日迄も日本の貴族院は多數一致した國論の前には謙虛であつたのである。たとへその權限が以上の如くに縮められたにしても、華族と云ふ門閥に生れたからと云ふ理由で、その質の如何を問はず貴族院に列することは不合理だから、華族の數を激減して、之に代ふるに現在の勅選議員を以てすべきである。之は單に貴族院令の改正のみを以て實現が可能なのである。

(六) 議會を正當付ける論據が民衆の意志を代表するからと云ふ點に在るならば、衆議院は眞に民意を反映するが如くに改革されねばならない。之が爲には現存選擧法か比例代表法か、中選擧區か大選擧區か選擧費用支出の方法、瀆職者處罰の方法等に就て、幾多の改造が行はるべきだが、此の點に就ては旣に多くの對策が公にされ、事は餘りに微細に亙るから專門家の推敲に委ねよう。

(七) 議會主義は當然に言論の自由を前提とする、新興思想に自由なる發表が許されないならば、議會は現狀維持派の獨占する所となる。之こそ正に×××者の議會主義否定の論據である。苟くも議會主義に忠實なるものは、言論である限り卽ち實踐に亙らない限り、あらゆる思想に對し公平に自由を與へねばならない。議會政治を强調する政黨總裁が、必然に聯關あるべき言論の自由に論及せず、自由への熱意を缺くのは議會主義を裏切るものと云ふべきである。

十、議會主義と獨裁主義との對立

（八）最後に然し最も重要なのは、民衆の議會主義への教育である。日本の學校教育は單に忠君愛國の教育のみならず——否正確に云へば忠君愛國の教育の爲に——市民としての教育を爲さねばならない。何故議會主義を採るべきであるか、いかに日常身邊の生活が選擧によつて左右されるか、一票の投票がいかに貴重なる市民の義務であり權利であるかゞ教へられねばならない。そして民衆は徒に政黨の腐敗を難じ議會の改革を論ずるに止まらず、身を挺して地方地方の小規模の所から着々として、選擧改革を實踐すべきである。すべて偉大にして健實なる改革は、先づさゝやかな圍爐の邊から生れ、やがて部落へ村へ縣へと擴げられ、遂に國民的の運動となつたのである。今の世に憂ふべきは、嘆聲を發すること徒に多くして、他人の着手を待望して自らは袖手傍觀してゐることにある。

（九）結　論

現下の日本には一種の妖雲が低迷してゐる。何かの改造が爲されねばならないと云ふ一般的要望がある。要望愈々熾烈にして、愈々短氣な國民は殺急の實現を焦慮する。だが改造はなされねばならぬと云ふだけで、いかなる改造が爲されるかに就て何人にも分つてゐない、漠とした自分の要望を誰かに投影して、その人の出現を待望してゐる。改造の內容が分明した時は失望が起る時である。だがそれが不明である間、誰でも自分と同じ案を持つてゐるとの錯覺に陷つてゐる。政局の落着く行方が混沌としてゐる時、人間の己惚れは色々の人に自己に政權が落下することを思はせる。そして多數の同意を顧みずに改造を行つてみたいと夢みさせる。若し自己に來ないで他人に移つたならその時その人は猛然として抗爭するだらう、だが政局の不安はあらゆるものに暫らく陶醉を許してゐる。かゝる心理の支配してゐる時、そこに獨裁主義が人を索引する魅力を持つ。混沌と曖昧と不明と、この妖雲の低迷する間、獨裁主義は命脈を繼ぐであらう。

然し不幸なるは日本國民である。議會主義は確乎不動の信念たるには至らないが、四十年の議會制度は離れ難き執着を植ゑ付けた。今更議會主義を全く抛棄するには忍びない、元に戻るには路は既に遠く來過ぎてゐる。こゝに右顧左眄進路に迷ふ理由がある。國內の議會主義と獨裁主義との勢力は伯仲し、起つて獨裁政治に邁進するでもなく、それでは議會主義によつて現行制度を改革するかと云ふにさうでもない、唯進むに進めず退くに退かれず半途に彷徨してゐる。大正八九年勞働界に××××と議會主義との對立が起つてから年を經ること正に十餘年、徒に抗爭を繰返すに止まつて、今に至るも何等役する所はなかつた。凡そ此の立ち竦みの懊惱ほど時と力とを空費するものはあるまい。國民は何故ぞ英斷を以て一方の進路を開かないのか。

人あつて武力を以て獨裁主義の方へ血路を開くと云ふが、武はやがて武を呼び力は更に力を呼び、原動と反動とは止むことなく繰返されて往くだらう。その血みどろの修羅場から、始めて呼ばれる聲は、矢張り議會主義がよかつたと云ふことだ、だがそれ迄相當の時間は經過する、その時が來るまで、互に犇めき合ひ呻き合い擲り合ひ殺し合ひが行はれねばならぬとは、いかに憐れな日本國民の水準であらう。

昭和九年二月號「經濟往來」

(十一) マルキシズム、ファッシズム、リベラリズムの鼎立

(一) 緒言

獨逸社會民衆黨に屬して曾ては急進的なマルクス主義者として有名であつたコンラード・ヘーニッシュの「戰時及戰後の獨逸社會民主々義」といふ著書の中に、注目すべき一節が見出される。彼はそこで次の如くに云ふ――自分は過去廿五年間マルキシズムを信奉し聊かも之に對して疑惑を抱いたことがなかつた。マルキシズムと云ふ一つの魂が完全に私を占有し統一し切つてゐると信じてゐた。然るにあの時――その日とその時とは今も忘れることは出來ない、あの一九一四年の八月――私の中に別の魂が存在してゐたことが始めて發見された、二つの魂は私自らが意識しないのに實は私の中に戰ひ續けてゐたのであつた、その今一つの魂は勃然とし

て頭を擡げて、忽ちの内に私の全部を占領して了つた、そして私は何等の不安なく疾しさなく朗かに聲高く叫んだ、獨逸よ獨逸よすべての上にと。

之は彼れの文章の直譯ではない。私は多少の補足を加へてから書き直してみた。人は之を讀んで無意識の裡に潛在してゐる國家主義の力の、今更に大きなことをこゝに見出して、會心の笑を漏らすかも知れない。だが此の一節を讀んだ私の感想はそれではない、一の極端から他の極端へと移り往く獨逸思想界の悲劇を、まのあたり見るが如き心地がしたのである。前時代の思想に對する反動として起つたマルキシズムのやうな偏奇の思想は、それが反動であるそのことの故に人間の心の全體を包括しえない。その間隙は平生は意識されずに過ごされるが、何かの事件の起つた時、その間隙から突如として叛逆が起つて來て、今まで否定されて來た自己の一部を力說する反對思想へと、全部の自己が浚はれて往く。一の誤りが他の誤りを誘發する事例は、吾々が思想史上に屢々出會するのであるが、その一適例を示したのが一九一四年八月の獨逸である。だがかうした悲劇は必ずしも獨逸ばかりでない、今現に吾々の眼前に之と類似の悲劇が展開されてゐるではないか。

（二）　マルキシズムの凋落

最近私は日本勞働組合會議が政府當局に建議した產業及び勞働の統制に關する成案を披露した會合に招かれた。その席上で各方面の多くの人々の意見を聽いてゐた時に、身の昭和八年に在ることを忘れて、大正十年前後に在るが如き心地がしたのである。日本の特殊性を力說するものあり、日本の家族制度を語るものあり、日本の資本家の溫情主義を語るものがある。今より十數年前の日本に於て語られたことが、そのまゝに何等の變更もなしに繰返されてゐるではないか。此の十數年は日本の思想界はマルキシズム華かなりし時であつた。その長い間のマルキシズムは好かれ惡かれ何等かの痕跡をば日本の各方面に印刻すべき筈であつたにも拘はらず、恰もマルキシズムの何ものもなかりしが如くに、そこには大正十年前後そのまゝが現出されてゐる。マルキシズムの影響はまことに果敢ないものであつた。曾て二三年前資本主義第三期と云ふ說があつて、二三年の後にプロレタリア革命が勃發して資本主義が崩壞するが如くに云はれたことがあつた。熱に浮かされた患者のやうに革命來を說き廻つた人達は、その二三年が經過した今日、何處に何を說いてゐるかは知らないが、一九三四年の初頭にプロレタリア革命來が聲を潛めたことだけは疑へない。まことに思想界の有爲轉變は目まぐるしい、往時を知るものにして隔世の感に打たれないものはあるまい。

マルクス主義者は近時好んで「自由主義の沒落」を云ふが、沒落するほど華かなりし自由主義は日本にはなかつたのである。「自由主義の沒落」を云ふよりも、より鮮明な事實は「マルキシズムの沒落」であらう。共產黨が潰滅に瀕してゐることは、引き續く××××によることで、必ずしも共產主義の無力に歸することは出來ないが、共產主義者の間に轉向派なるものが現はれて、內部の陣營が分裂して來たことは、何としても共產主義者の弱點を表白したものとして、外部に於ける信用を失墜したことは打消すべからざる事實である。共產主義者以外のマルクス主義者を眺めても、曾ては日本の評論雜誌を獨占してゐた黃金時代と比較して餘りにも萎微沈滯してゐる。その思想圈內にあつた勞働組合は相次で、その陣營から脫離し、曾てマルキシズムとさへ云へば隨喜渴仰した讀者及び聽衆の大衆の支持からは見離された。曾て社會改革の鬪士を以て自任してゐた人々は、相次で或は自由主義に或はファッシズムの陣營に投じつつゝある。現下の思想界に無慘な情景は、マルキシズム凋落の姿である。

一つの思想が永く民衆を指導するには、一はその思想が體系として矛盾なき渾然たる調和性を持つことと、一はその時代その民衆の要望に適應することとの二つの要件を必要とする。マルキシズムは此の點に於て體系として内的矛盾を持つのみならず、日本の現代の改革的要件を滿たしえない弱點を持つてゐた。かうした理論的缺陷に加へて、元來マルクス主義者を以て自任してゐた人々は、必ずしもマルキシズムと云ふ特定の思想に牽引されたのではなくて、一般的に改革への自己の要望をマルキシズムへ投影して、マルキシズムに陶醉してゐたものが少くない、本來は他の思想陣營に屬すべき之等の人々は、雜然としてマルクス陣營に集合してゐた、早晩その整理が行はるべき心要に迫られてゐた(註)。而もマルキシズムの思想家と實踐者とは、漠然として賴み甲斐なき大衆の喝采に魅せられて、日本の思想界と實際界との中に自己の有する少數者の地位——改革者は常に少數者でなければならない——を認識しなかつた。彼等は少數者が進路を開拓するに必要な、哲人的の洞察と政治家的の巧さとを缺いてゐた、少壯未熟の境地を脱却してはゐなかつたのである。

筆者は過去永くマルキシズムに反對し、之が爲に反動の汚名を與へられた一人であるが、然し日本に於けるマルキシズムの思想上の功績と、實際上に於ける貢獻とに就ては、決して適當の評價を怠らなかつた積りである。マルキシズムの運命に轉機が來た今日、マルキシズムは日本に於て何を爲しえたか、何がマルキシズムの與へたものとして保存さるべきか、又マルキシズムはどこに弱性を持つたか、何故に國民の信頼を維持することが出來なかつたか、之等の諸點を冷靜に檢討することは、曾ての敵と味方とを問はず、日本の社會の進歩を希望するものの重要な任務である。筆者は之が爲に別に一文を草して、卑見を開陳してみようと思ふ。だが何としてもマルキシズムが孤影飄然として凋落の途上を辿りつゝあることは、打ち消すべからざる現下の事實である。

（註）拙著「大學生活の反省」中の「現代學生とマルキシズム」參照。

(三)　ファッシズムの擡頭

朝にマルキシズムを見捨てた日本の思想界は、夕に何を迎へたであらうか。多くの人は言下に「ファッシズム」と答へるだらう。なるほど日本の歴史に就て又日本の武勳に就ての多くの著書の刊行されたことは確かである。ファッシズムの立場に立つ日本改造のパンフレットの公にされたことも確かである。評論雜誌の上に國家主義、獨裁主義、日本主義禮讃の論文感想が續々として掲載されることも確かである。若し二三年以前であつたならば、反動と云ふ一言の下に貶されたであらう意見が、意氣揚々として濶歩しつゝあることは事實である。だがそれはまだ斷片的な思想の表現たるに止まつて、日本の廣汎な社會層の中に潛在してゐた直感や本能を表白する程度であつて、渾然たる思想體系と目するには至らない。マルキシズムは好かれ惡かれ大規模の體系を所有してゐた、然るにファッシズムには未だマルキシズムに代置さるべき思想體系を持つとは云ひえない。

凡そ思想體系の名に値するには四つの内容が必要である。一は世界觀であり、二は現存社會秩序の解剖分析であり、三は往くべき將來社會の對案であり、四は現存社會より將來社會へと轉化すべき方法論である。日本のファッシズムは日本主義とか國家主義とかを唱へる點に於て、世界觀の一部に觸れてはゐるが、世界觀の全部を包括するに至らない。獨裁主義を唱へることに於て、將來社會實現の方法を說いてはゐるが、その將來社會の對案に就ては漠として與へる所なく、現存社會の解剖分析に至つては最も弱性を曝露してゐる。之等四種の內容を網羅して、而もその相互の間に矛盾なき調和性を持つならば、始めて思想體系として完璧に近いと云はれる。だがファッシズムはかくの如き思想體系を遂に構成してはゐないのである。人は思想體系の價値に就て疑惑を挿むかも知れない、然し體系を所有することにより、始めて外部的には異端の思想に對抗し、內部的には陣營を結成統一することが出來るのである。日本のファッシズムが少くとも現在までかゝる體系を持たないことによつて、既に破綻の一部を示したことは後に一言觸れるが如くである。

それでは何故に日本のファッシズムは思想體系を持たないのかと云ふ問題に逢着する。一般に日本のみならず世界各國のファッシズムは程度の差こそあれ、何れも思想體系を持たないとも云へる。之は一つは元來ファッシズムなるものは非常緊急の狀態に適應する臨時的の思想であつて、社會の永續的恒常的な思想ではないと云ふことにも因るのであらう。今一つは元來何等かの思想なくして統一的運動はありえない筈であるが、ファッシズムの場合には本能的な又直覺的な感じとも云ふべきものが國民の間に既に潜在してゐて、たとへ之は體系と云ふには遠いものではあるが、思想の萠芽的のものとして、ともかく一應思想の果すべき役割を果してゐることにも因るのであらう。だがそれにしても伊太利に於てさへ、ムッソリニーは流石に社會主義者の出身であるだけに、一九二二年の羅馬への進軍の前に、一應の改革的綱領を公表してゐた。ヒットラーに至つては政權を掌握するまでに、十數年間「國民社會主義黨」の首領として、一定の綱領と一種の世界觀とを標榜してゐたのである。然るに日本のファッシズムに至つては之にさへ對應する思想的工作を缺いてゐる、之は何故かと云ふ問題は依然として殘されてゐる。

之に對する一應の答へは、ファッシズムは外國の出來合思想の輸入が困難だと云ふことだらう。日本の思想は好かれ惡かれ、外國からの影響を受けることが多く、マルキシズムの如きは出來合品そのまゝの輸入であつたが、ファッシズムに至つては外國に於けるファッシズムから傾向としては影響を受けたであらうが、思想內容までを輸入することは出來ない、何故なればファッシズムは他の思想と違つて、その國の特殊性を高調する思想であるだけに、外國の出來合品の輸入が不向になるからである。だがそれより大きな理由は、日本のファッシズムは思想的準備工作あつて運動が起つたのでなくて、準備的工作をなすの暇なき時に、國內事情の必要が先づ運動を起させて、思想的工作は暫らく後に廻されたと云ふことである。ファッシズムは一般に前述したやうに非常緊急の必要に對應するもので、運動が思想よりも出足の速いことは各國類似の傾向ではあるが、特に日本のファッシズムに於て、此の特異性が顯著である。此の點はマルキシズムが思想界に於てこそ素晴らしい活躍をしたが、日本の實際的勢力には殆ど指を染めることが出來なかつたのと、正に好個の對照をなすのである。その結果として日本の思想界に於ける今後のファッシズムの勢力は、ファッシズムの運動の消長如何に依存すると云ふ事が起つて來る。こゝに於てか吾々はファッシスト運動そのものに視點を投ずる必要がある。

日本のファッシスト運動に就て總括的批判をなすには、現在はまだ運動自體が進展中でもあり、又適當の時間的間隔が與へられてもゐない。然し少くとも日本ファッシスト運動に於て注目すべき三個の特殊性のあることだけは看過することが出來ないと思ふ。その一は、此の運動の中心をなすと云はれる××なるものは、ファッシスト運動を目的として特に成立した集團ではなくて、過去六七十年軍事國防の爲に存在してゐた集團であり、何れの時代何れのイデオロギーの政府の爲にも役立ちえた××××××××。たとへムッソリニーやヒットラーの運動にも軍人及び退役軍人團は參加してゐるとは云へ、日本の場合の如くに從來から存在してゐた××××××××××××××××××××××。その結果として吾がファッストには下から湧き上つた大衆的の運動と云ふ色彩が極めて稀薄である、よし幾多の右翼團體が參加し、無組織の廣汎社會層にファッシストの味方が存在するとも、××××××××××××××××××。

第二に××は曾に從來から存在してゐた現存制度上の產物だと云ふだけでなく、それは吾が憲法上に於て統帥權の名の下に、內閣と獨立した特殊の地位を與へられて居り、たとへファッシズムの時代が到來しなくとも、現存國家機構の中に旣に法律によつて保證された權力的存在だと云ふことである。×××××の憲法上の地位に近いものを求めるならば、歐洲大戰以前に於ける獨逸の軍部のそれであらう。獨逸軍部は皇帝に直屬し議會に左右されることなく內閣からさへ獨立し、ビスマルクの聲望を以てするも之に指を染めることが出來なかつた。之が獨逸と英國との間の重要なる相違であつた、一九一八年戰後の獨逸革命の意義の一つは獨逸の軍部よりして此の特殊的地位を剝奪したことにあつた。日本の軍部は之と類似する地位を持ち、此の地位を確守する限りに於て、時の政局に變動を與へうることは、かの朝鮮二個師團增設問題に就て、上原陸相が第二次西園寺內閣を倒壞せしめたことを想起すれば足る。換言すれば軍部は今何ものも所有せざるものではなく、既にあるものを所有するものである。既に有する一城を以て滿足するか、更に進んで全局を掌握するか、その二つのみが問題であり、いかなる最惡の場合と云へども、退いて守りうる一城を所有してゐる、之れ軍部が何ものも持たざるものの みに可能なる、裸一貫の捨身になりえない理由である。此の點が日本のファッシスト運動の進軍に重要なる關係があり、かゝる特殊の地位を軍部に與へたのは、日本の自由主義の特殊性に原因することを私は曾て述べたことがある（本書第十二章「自由主義の再檢討」參照）。

その三は日本のファッシスト運動の目標が著しく消極的反動的であり、積極性と建設性とに缺けてゐることである。積極的建設の目標は唯一定の思想體系ある場合にのみ可能であるが、それがない爲に當然にかゝる歸結に來らざるをえなかつたのである。試みにファッシストの目標とみるべきものを窺へば、幣原氏により標榜された協調外交殊に支那に對する協調外交の否認、濱口內閣が倫敦條約に於て爲したと傳へられる統帥權干犯の反對、軍事國防を危殆に陷らしめる危險ある議會政治の否認、陸軍及び海軍の軍備縮少に對する反對、資本主義のある種の機構に對する反對等が擧げられるだらう（本書第二章「五・一五事件の批判」參照）。之等は何れも所謂自由主義の上に立脚した諸政策を反對の對象としたものであるが、若し更に思想上に反對の機運を促成したものを求めれば、國體否認の傾向や階級國家論や日本の獨立性を認めないインターナショナルの思想、一旦緩急の場合に於ける敗戰主義等が、マルクス主義者により唱へられた爲に、由々しき危險思想なりとしてそれに反撥したものと云へるかも知れない。その何れにしても曾て爲された政策や唱へられた思想に對する反感拒否の跡が認められるだけで、自らが實現せんとする積極的の理想に就ては漠として知る所がない。若し少しなりとも積極的の目標を持たんとする時に、忽ちに見解の不統一が曝露されて來る、之は資本主義に反對して何を行ふべきかと云ふ點に就て特に顯著である。ファッシズムが多少なりとも日本の大衆を牽引した理由は、單に國防外交の點にあるのではなく、資本主義の機構に何らかの變革を加へるであらうといふ期待にあつた。日本の民衆は此の期待を曾てはプロレタリア運動に求めたが、それが絶望だと観取して同一の期待をファッシスト運動の上に投じたのである。然るにファッシスト殊に軍部は、此の點に就て當然に平生の準備を缺いてゐた爲に、何らの成案を持たなかつたのである。假りに成案らしきものを持たんとした時、先づ右翼國體との背離が行はれ、更に之に次で傳へられる軍部内部の三段階の思想間隙が現出して來たのである。前に述べた思想的準備工作なきことの結果は、外に對する抗爭力と内に對する結成力を缺き、ファッシスト運動は一轉機に來らざるをえなくなつたのではないか。日本のファッシズムは運動を先にして思想を後にした爲に、運動の運命が思想の運命を左右することゝなり、而も運動は思想なき爲に停頓するといふ奇怪な循環に陥つてゐる。

（四）　日本ファッシスト運動の發展

以上の如き特異性を持つ日本のファッシスト運動は、單なる一傍観者たる私の観測によれば、目標上よりは二段の發展があつたのではないかと思ふ。卽ち第一段に於ては軍事國防の問題に關聯して從來所有してゐた特殊の獨立的地位を確保しようとしたのである。之れファッシスト運動の中心が×××××より來る當然の結果であり、濱口內閣により動もすればその獨立的地位が脅威を受けたが如くに感じたからである。然るに少しく運動が進展した時に軍事國防の問題を逸脫して社會改革にまで目標を擴大して來た。之れ××××の大部分が、中產階級に屬して資本主義社會の不安を感じるばかりでなく、それが日常接觸する兵卒から農村の疲弊の慘狀を聞いて、農民救濟と云ふ目的からも外敵に當る國家の統一と云ふ見地からも、偏農主義の社會改革にまで發展して來た。然るにいかに改革すべきかに關して、遂に分裂不統一の傾向が現はれ、自己分解の兆候さへ窺はれ、いかに局面を收拾すべきかを腐心せざるをえない窮地に陷つたのである。此の目標上の發展と大體に於て照應するのは、次のファッシスト運動と現存政治機構との關係の發展である。

元來ファッシスト運動なるものは、共產主義と同じく、現存政治機構に眞正面に對抗し、その全般的の變革を企てるものでなければならない。日本のファッシスト運動も亦その初期に於ては、凡そ日本の憲法上の諸機構を無視して、特異の政治機構を建設しようと意圖したのであらう。然るに現存政治機構はたとへ確乎不動の信念の上に立脚してゐるほどの强みはないとしても、流石に五十年間持續し來れる傳統と墮性とがある。複雜なる機構は砂上の樓閣の如くに一擧にして潰滅するほど脆弱ではなかつた。最初に於てこそ思ひもかけぬ奇襲に狼狽したものの、時の經過に伴つて現存諸機構は徐々としてその機能を恢復して來たのである。恰もその時ファッシスト運動内部に自己分解が兆し始めた爲に、外は現存政治機構を敵とし、内は歸趨を辨ぜぬ反對分子を擁するならば、腹背敵を負ふ窮境に立たないとは保し難い、ここに於てか日本のファッシスト運動は第二期に入つて、現存政治機構の中に自己を沒入し、それらの機構を左右することによつて自己の目的を達しようとした。現在は正にその段階であり、軍事豫算の閣内に於ける爭奪、五相會議内政會議に於ける社會改革論等はその外部的表徵である。既に現存機構の中に沒入したならば、現存機構は崩壞の危機を脫却したのである。少しく世上の現象を注意するものは、上層政治家と政黨と資本家階級と官僚と言論界とが、各々の立場より少しづつファッシスト批判の聲を揚げつゝある兆候をば、歷々として指點することが出來るであらう。現存政治機構の外に在つて一敵國たりし××は、野に放たれた虎であつた、今や現存機構の中に入つた時は、檻に入れられた虎であつた。此の狀景は恰もミルランのブルジョアー內閣入閣に類似する。現存政治機構をブルジョアー的なりとして、それと無緣の地位を保つた社會主義者が、ブルジョアー內閣の一椅子を占める時に、それが社會改革の爲に採るべきか否かの問題は別としても、少くとも野にあつた時の鋭鋒は鈍らざるをえないのである。

何故に日本のファッシスト運動がかゝる第二期に早くも進展したかと云ふならば、そこに前述した日本の軍部の憲法上の特殊的地位が關聯して來る。何ものも持たざるものならば現存政治機構に自己を沒入する可能性は毫も與へられない、唯外にあつて現存機構と抗爭するより外に餘地はない、然るに日本の軍部は現存機構の中にすでに有力なる足溜りを持つ、進んで自己の權力を增大しうると共に、退いて此の根據に立て籠もりうる濶達自在の地位にある。當初意圖した抱負の實行が、案外に障碍の多きに逢着した時に、遂に此の妥協に落付いたのであらう。彼等は鐵鎖の外何ものも持たざるプロレタリアではない、日本の憲法は彼等に一定の資產を保證した、爲に彼等は此の資產を提げて以て中原を馳驅しうる、それと同時に日本の憲法は彼等に小成に甘んずれば退いて守るべき資產を保證して、彼等の軟化の根據を與へたのである。まことに日本憲法の妙法は素晴らしい。

以上の私の觀測にして大過なしとすれば、日本のファッシスト運動はすでに峠を越したのである、少くとも一九三一年の初頭に萠芽して滿洲事變によつて拍車を加へられたファッシスト運動は、一轉機に到達したのである。何故なれば現存政治機構に自己を沒入して、和衷共同すると云ふファッシズムなるものは世にありえないからである。だが今までの所でも軍部は相當大きな成果を收めたと云へる。統帥權に指を染めることは遠い未來は別として、當分は思ひもよるまい。軍備縮少も亦至難であらう。協調外交はたとへ復活するとしても、滿洲國建設以後の協調外交は日本から云へば協調でも外國からは協調外交とは考へられまい。又何よりも時と人とをえたならば、軍部は全政局を震撼せしめうると云ふ自己の力を意識しえたであらう。此のすべては既に偉大な收穫である。たとへファッシスト運動が今日坐折したとしても、彼等は之を以て裕に慰めるに足る、或は始めから此の位の成果を意圖してヤマを賭けたのかも知れない。勿論齋藤內閣が倒壞した後に、政友會內閣が成立するとも考へられず、政黨總裁を首班とする政黨聯合內閣が出來るとも豫想されず、政界が常正に復するにはまだ相當の時期を要するだらう、然し二三年來日本を震撼したファッシスト運動は今までの接續した運動としては一轉機に到達した、たとへ餘震は幾度か繰返されようとも大震は既に經過したと看做すべきであらう。

（五）　日本ファッシズムの將來

だが、まだファッシストにとつて最後の切り札が殘されてゐる。それは一九三五年の軍縮を契機とする戰爭の危險である。若し此の軍縮會議にして成功せずんば、たとへ直後にではなくとも戰爭にまで日本を驅る危險性があると云ふことを私は曾て書いたことがある（本書第一章「非常時の實相とその克服」參照）。戰爭の遂行は臨時非常の政治狀態を必要とすることを何人も承認する、此の承認の心理に乘じて、戰爭の遂行目的を逸脫したファッシスト政治が確立される危險は多分に存在する。凡そ日本を中心とする戰爭は絕對に避けなければならないと同時に、戰爭に藉口して出現するファッシスト運動も亦吾々は極力阻止せねばならない。それが爲には軍縮會議の成立と戰爭回避との爲の外交的工作が今から必要であると共に、××××と×

×とファッシズムと云ふ一聯の連鎖を、今から切斷する思想的準備を必要とする。なるほど戰爭は臨時非常の狀態である、又軍部の活動に俟たねばならないものではある、然し日清日露の兩戰役も決して軍部の獨裁政治を必要とはしなかつたのである。戰爭とファッシズムとを必然に糾合する錯覺は今から警戒せねばならないのである。

それではファッシスト運動にして現在の如くに停止し、又一九三五年の危機に戰爭を回避しえたと假定したならば、日本のファッシズムはそれで遠く地平線上に姿を沒するものと考へてよいかと云ふに、決してさうではない。日本國民の大部分は元來國家主義的であり、獨裁主義的であり、强力主義的である、此の國民はファッシズム醱酵の恰好の地盤である。況んや日本のファッツシズムは思想よりも運動が先んじたが、運動と伴つて徐々としてファッシズムの文獻は現はれて來た、無意識の裡に潜在してゐた國民のファッシズム的傾向は、意識され潜在より化して顯在となりつゝある。思想的準備なき爲にこそ停頓したファッシスト運動は、寧ろここに暫らく休息して、徐に思想的工作の進展するを待望して居るかも知れない。更に況んや軍部は外に××××××して兵威を高めたと共に、過度にファッシズムを强行せずに、逸早く政戰の局面を收拾した爲に、餘り多くの反感を蒙らずに手を引くことが出來た。又更に況んやここに日本の特殊の憲法がある。彼等は憲法上の特權に立て籠つて、確實に一城を固守して天下を睥睨しうるのである。民衆の意志に立脚した內閣と併立して、××に直屬する彼等は、その內閣にして民衆の支持ある限り、之と協調するだらう、然し一度民意にして內閣から離叛した時、民衆の輿望を負うて內閣倒壞を策するかも知れない、否時に應じて再び陣容を新にしてファッシスト運動に乘り出すかも知れない。ファッシスト運動の銳鋒を挫きえた日本の××は、他面に於て不斷永劫のファッシズムの策源地である。此の意味に於て日本のファッシズムは、突發的な激震から去つて、慢性的の震動に姿を變へたとも云ひうるのである。

若し日本の憲法にして、徹底した自由主義的憲法であつたなら、統帥權の一項を憲法に殘さなかつたであらう、だが日本の特殊事情は自由主義をこゝまで實現せしめなかつたのである。かくて憲法は政局の永續的震源をその內部に包藏して來た。日本の社會改革は此の一點に逢着して常に頓挫するだらう。之こそ×××××××である。若し日本の社會改革にして自由主義的に進展するならば――それが眞正の社會改革の路であるが――早晩此の一點に於て×××

の争奪戦をせねばなるまい。その時が日本のファッシストがこゝを最後と争ふ天下分目の血戦であらう。だが日本の國際上の地位にして非常な安定をみない限り、日本の進歩的分子と云へども此の戰を思ひみることさへ出來ないかも知れない。そこでファッシズムの禍亂を根絶することが不可能とみて、寧ろ××をして社會改革を遂行せしめようと云ふ希望が一方に湧いて來る。之がファッシズムを永久的に日本の妖雲たらしめる心理である。だが××と社會改革とは遂に調和しえない異質物である、此の希望は一場の幻滅に終るの外はないのであるが、諦め兼ねる人間心理は當分の間此の希望を容易に拋棄せしめまい。かくて日本の社會運動は統帥權を中心として、シーソー臺の如くに上下を繰返して往くだらう。

軍部は相當の戰果を收めて、而も大した手傷を受けずに手を引いたとは云ふものの、何ものも失ふ所なかつた譯ではない。軍人が軍事に精勵する時に部内の統一節制は保たれうるが、××××××××、××××××××××、政策の内容は常に異論あらざるをえないからである。××××××××××に乘り出さうとして、部内の各階級に××××××××××××××と云へないだらうか。それより生ずる禍亂は今はさほど大きくはないかも知れない、然し將來に於て必ずや臍を嚙む悔を感ずるやも圖り難い。今之に就て多くを語ることを好まないが、今日××の名に於て起つたものが、他日××より逸脱して獨自の發展をなさないとも云へない。この點に於て××は測り難き××を未來永きに亙つて吾が體內に導き入れたとも云ひうる。之に氣付いたことが、ファッシスト運動を轉機に至らしめた理由でもあらうが、國民皆兵主義の場合は英國の志願兵主義の場合と違つて、國民生活と軍隊との間には、一條の毛細管があつて相互を疏通する。國民生活より來る思想上の變化が敏感に軍隊に反映し、××××××××××××××××××××××、×××××××××××××××××××××××が現はれないとは保しえない、此の注目すべき問題を殘して、日本ファッシスト運動の第一場には幕が下りかけてゐる。

(六)　ファッシズムとリベラリズム

國外的に又國內的にかなりの好條件を背景として、一氣に押し出して來たさしもの日本ファッシズムを、停頓せしめたのは何かと云ふ問題が起つて來る、それにはファッシスト運動自體の内部的不統一が擧げられねばならないが、運動の外部に之を阻止したものがなければならぬ、それは日本の各方面に散在してゐる自由主義的勢力である。人は之を聞いて異樣に感ずるかも知れないが、それはその人が自由主義なるものに就てマルキシズムから來た奇妙な偏見を持つてゐるからと、日本の自由主義者と云ふものの特殊的存在形態を認識しえないからである。

私は曾て日本の自由主義の特殊性を述べて、日本では自由主義が完全の姿に於て發展しえなかつた、國家主義の許容する限りに於てのみ移植されたのだ、從つて自由主義は存在はしたが歪曲された自由主義たるに止まつて、眞正の自由主義は未だ曾て全面的に說かれたことがないと云つた（前掲「自由主義の再檢討」參照）。一面に於て日本の自由主義の歪曲性をかうして述べることが誤謬ではないと共に、又それとは矛盾せずに云ひうることは、歪曲されてはゐたがともかくも自由主義は存在してゐたと云ふことである。思想は社會制度に實現をみると共に、實現された制度は逆に思想を育成する。日本の憲法を作る前に相當の自由主義があつたのであるが、憲法が制定されてから五十年間の傳統と惰性とは、憲法に認められた限りの自由主義を育成せねばならなかつた。況んや明治の末期から大正初頭にかけて、主として文藝の方面で個人主義が說かれて、今までの國家主義に反省が與へられ、更に大正七八年歐洲大戰の末期からマルキシズムの擡頭に至るまでの間に、短くはあつたがデモクラシーが說かれてゐた時代があつた。此の雰圍氣に育つた青年は今や長じて三十五から五十までの少壯期にあり、日本の年齡層の中堅を形成してをるのである。

だが卓越した自由主義の思想家がなかつた爲に、世界觀から現存社會の解剖、未來社會の構想、理想實現の過程に至るまでを全面的に網羅して、一つの渾然たる思想體系を構成するに至らなかつた。自由主義者は社會の廣汎なる方面に散在してゐるに拘はらず、彼等の自由主義は意識されず組織化されず、唯消極的反撥的たるに止まつて、强烈なる信念となるに至らない。既に體系をなしてゐないから、それ自身矛盾し對立する各個の思想は、雜然として一自由主義者の內面に混在してゐる。若し確然と整理されたであらうならば、敵と味方とに分たるべきものが、自らも人も自由主義者と目してゐることが少くない。だがそれに拘らず自由主義者は、大體の傾向を同じくし、同一の範疇に屬せしめることが出來ないではない。その特異性と認むべきものは、世界観に於て唯物論に反對して理想主義を採り、國家主義に反對して個人主義を採る、その結果として内政に就て强權を排斥し、外交に就て國際平和を希望する、然し國民の特殊性を認識する限りに於て國民主義であり、國民主義と調和する限りに於て國際主義者である。資本主義に對する立場に就て、自由主義者は分裂する、今絶對的の自由放任主義を採るものは絶無であらうが、どれだけの改革を資本主義に加へるかに就て、自由主義者のあるものは唯局部的の改革を以て足るとする、之が社會改良主義派であり、根本的の改革を必要とするものは社會主義派である。何れにしても社會改革を實現する方法に就て、獨裁主義に反對して議會主義を採る、然し現在の議會制度にも現在の政黨にも滿足するのではなく、議會主義の立場に於て議會制度と政黨との改革を希望する。

以上が日本の自由主義の特徴であるが、此の中のあるもの例へば議會主義を採る點に於ては自由主義者であらうとも、國家主義に反對する個人主義者でないものがあるかも知れない。又以上の特徴も單に粗雜な概念を列擧したに止まつて、同一の概念を以て表現されても、その實質は多種多様に分れるのである。然し大體に於て自由主義は以上の如くに特徴付けられ、之を以て一面にファッシズムに對抗すると共に、他面に於てマルキシズムに對抗し、何れにも滿足しない社會層のイデオロギーを構成してゐるのである。人は自由主義に負擔者となるべき階級のないことと、自由主義者が一集團に結成されてゐないことを咎めるかも知れない。然し一つのイデオロギーの負擔者が階級でなければならぬと考へることが、マルキシズムより來る獨斷的の前提である。事實に於てマルキシズムを負擔するものも、特定の一階級ではなかつたのである。若しそれ自由主義者に結成がないと云ふならば、いかにもその通りである、而して結成のない所に日本の自由主義の特殊的存在形態があるのである。

日本の自由主義者は英國の自由黨の如き一政黨を結成しなかつた。彼等は自由主義のイデオロギーを提げて、夫々各種のエキスパートとして現存社會機構の中にそのまゝに浸透したのである。あるものは政黨の中に、あるものは官僚の中に、あるものは學校の教壇に、あるものは言論界に、又あるものは工場の技師として、あるものは病院の醫師として、その他ありとあらゆる機構の中に浸入して、その機能を運轉することに、自由主義のイデオロギーを躍動させてゐるのである。なるほどそれは組織されてはゐない、然し組織が力であると共に、又ある場合には無組織が力であることもある。天下に散在する自由主義者は夫々の地位の專門的技術者として、かけ甲斐なき存在價値を持ちつゝ、蔚然として一勢力を形成してゐた。それこそが見えざる內にファッシズムの進展を阻止して、此の停頓にまで導いたものである。若し之を疑ふものがあるならば、唯一つだけを思ひみよ、軍事豫算の討議に際していかに大藏大臣が奮鬪したかを、更に大藏省に於ける少壯官僚がいかに細微なる豫算の査定に努力したかを、更に軍部の中に於てさへ自由主義の一片はファッシズムを掣肘してゐたではないか。

（七）　日本のリベラリズム

何故に自由主義者がかくも現存社會機構の中に浸透しえたかと云ふならば、自由主義と云ふ思想が從來の思想と全面的に對立してゐないからであらう。殊に道德に關する見解が正反對でない爲に、主義を主義として保持しつゝ、却て忠實恪勤なるエキスパートとして重用されたからである、此の點に於てマルキシズムと著しい差別がある。マルキシズムの場合には啻に思想が從來の思想と全く相容れないのみならず、その目的の爲に手段を擇ばないと云ふ道德觀の爲に、現存機構はマルクス主義者を信頼しうる實務家として、遇しえないのである。何故に自由主義者が一政黨として結成しなかつたかと云ふならば、イデオロギーを同じくするものが一政黨に所屬し、數個の政黨が全國民を何れかに分割すると云ふ慣習が、此の國になかつたからであらう。かくて彼等は組織されずに散在して來た。マルクス主義者は無組織なることを以て、自由主義者を無力だと云ふが、結成が有利か不利かはその主義の目標とする所により異り、又その主義の發達段階の如何により異らねばならない。徒に早くより結成を唱へた爲にマルクス主義者は、現存社會機構より閉め出しを喰ひ、徒に從來の思想と尖銳的に對立する思想を構成した爲に、早くより多數者と別居して孤立の境地を歩まざるをえない。之が大衆を誘導し社會に大をなす所以か否かは俄に豫斷を許すまい。少くとも職業的のマルクス運動員を養成するに止まつて、實際社會を運轉するエキスパートに乏しいことは、日本のみならず世界共通のマルキシズムの缺點である。華かな一握りの集團が景氣よき社會批判をするがよいか、堅實なエキスパートを各方面に配置して、拔き差しならぬ存在價値を握るがよいかは、日本の社會運動家の考慮せねばならない點であらう。獨逸社會民主黨は戰前に於て此の缺陷を意識した、露西亞共産黨は此の缺陷があつたが爲に、革命後に外國よりのブルジョアー技術者に依存せねばならなかつた。英國勞働黨の强味は實に豐富なるテクニックのエキスパートを各方面に持つことにある。ともかくも日本の自由主義者に組織なく結成なかつたからこそ、現存社會機構に浸入して、見えざる裡に一勢力を形成しえたのである。徒に結成なきが故にとて自由主義の無力を語るのは、マルクス主義者の速斷でなければならない。マルクス主義者は型にはまつた規矩準繩を各國一樣に適用することによつて、數多くの誤謬を犯したが、自由主義に對する認識と評價との如き、その一過失の最大なるものの一つであらう。彼等の自由主義に對する偏見は、自由主義が跳梁跋扈した英國をみたマルクスの批評と、十九世紀中葉の獨逸自由主義者の無力と、今世紀の露西亞自由主義者の不徹底さとをみたマルクス、レーニンの批評とに累はされてゐる。だが英國に於てこそ自由主義を無視してもよい、何故なれば英國に於て自由主義は旣にその使命を果したからであり、又自由主義は姿を變へて英國社會主義の中に躍動してゐるからである。又露西亞に於てこそ自由主義を輕視してもよい、何故なればそこには輕視されてならないほどの自由主義はなかつたからである。だが英國の如く自由主義がその使命を完了せずして、國家主義が依然として重壓を加へてゐる日本の如き國に於ては、自由主義にはまだ果すべき使命が殘されてゐる。露西亞とは比較にならない自由主義者の存在する日本に於て、自由主義を輕視することは重要なる社會勢力を打算の外に置くことである。社會を單純に二分して勞資兩階級とするマルキシズムからみれば、マルキシズムに非ざる自由主義は資本家階級のイデオロギーと云ふことになるだらう、だが英露何れにも屬せざる日本の如き中間國家に於ては、社會組織はより複雜でありイデオロギーは多彩に交錯してゐる。此の國に於ては國家主義なるものがあつて、勞資のイデオロギーの何れよりも獨立し、ある場合には資本主義を支持し、又ある場合には資本主義を改革しようとする。國民の上に持つ國家主義の魅力は素晴らしい、國家主義がその名に於て出現する時に、曾ては勞資關係に就て明確な去就を決定をしてゐたものが、徒に混亂し惑迷させられるのである。英國の如き先進國に於て、國家主義の本質を分析し、之を神聖なる犠壇より引き下ろして、民衆の歸趨をより單純にせしめたのは、實に自由主義の偉大な功績であつた。日本や獨逸伊太利の如きに於ては、自由主義の此の任務は未だ果されずに殘されてゐたのである。その間隙に乘じて、國家主義はその新粧を凝らして、ファッシズムなる名を帯びて出現し、マルキシズムをも重壓の下に呻吟せしめてゐるではないか。マルキシズムは自由主義の殘された此の任務を自由主義を支持して果さしむべきであつた。而もそれは、決してマルキシズムの不利に於てではないのである。徒に自由主義を敵視することにより、ファッシズムをして名を爲さしめたるが如きは、マルクス主義者の驚くべき認識不足に因るものと云はねばならない。今やマルキシズムが凋落の一轉機に來た時に、彼等が反省せねばならないことの一つは、恐らく自由主義に對する認識と評價とそれへの向背とであらう。

以上に於て私は日本の自由主義の特殊的存在形態と、そのファッシズムに對する抗爭の功績とを述べた。だが日本の自由主義は前に述べたやうに、未だ思想體系を確立してはゐない。これ私が日本に眞正の自由主義がなかつたと云ふ所以である。マルキシズムは思想體系を所有してゐたが、實際勢力としては無力であつた。ファッシズムは實際勢力としては有力であるが、體系を所有するに至らない。此の點に於て自由主義はファッシズムと類似してゐる。然るに自由主義者は最近のファッシズムの擡頭に際會して、之と自己とを比較することにより、始めて自己を意識することが出來た。ファッシズムと見えざる裡に抗爭することにより、始めて自己の力を認識することが出來た。今より後自由主義者に殘された任務は、今まで單に消極的反撥的たるに止まつた自由主義に、組織と體系とを與へることである。自由主義は自由放任論をどう始末したらよいか、資本主義の改革をどの點まで必要とするか、ファッシズムとマルキシズムとの差別をいかに確守すべきか、日本の社會改革の爲に、いかなる階級と協同したらよいか、之等の諸點を明確にすることは、社會思想家に負はされた重要な課題であらう。自由主義が體系化されることにより、從來雜多なりし自由主義者は各々その所に整理され、從つて自由主義者の範圍は狹められるだらう、だが日本の各方面に散在して夫々重要なるエキスパートとして、現存機構を動かしつゝある彼等の存在は、無視すべからざる勢力である。彼等を敵とするか味方とするかにより、日本の改革は決定されると云ふも過言ではない。苟くも進歩を意圖する社會運動家にとつて、彼等への去就をいかに決定するかは、今後愼重に考慮すべき重要な問題となるに違ひない。

（八） 當面の諸問題

私はマルキシズムが凋落の途を辿りつゝあること、之に代はるべく旋風の如くに現はれたファッシズムが、思想的準備を缺いた爲に一應の頓挫をしたこと、自由主義が特異の形態に於て粘り强い任務を遂げたことを逃べた。眼前に去來しつゝある思想の運命の見通しを付けることは、困難でもあれば適當でもない、だが敢て私は可能の限りに於て之を試みた。さてその總括的批判に移らう。

マルキシズムは去りつゝある。その去ることに惜しむべきものありとせば、充分に批判が爲し盡されずして去ることである。マルキシズムは何としても大きな思想體系であつた。それはありとあらゆる問題に夫れ自身の解決を與へてゐた。たとへマルキシズムに不滿だとしても、それが提出した課題は充分に檢討し、別個の對案を與へることによつてのみそれを淸算すべきであつた。然るにその批判が充分に爲されざる內に、ファッシズムの登場によつて徐に背景に退きつゝある。日本の思想界はマルキシズムからより多くのものを攝取すべきであつた。ファッシズムも亦運動に於て停頓した、若しそのことに惜しむべきものありとすれば、それが日本の社會に與へた震撼が、充分に效果を擧げない內に停頓したことである。ファッシズムが出現した時に、日本の政治機構も經濟機構も砂上の樓閣の如くに崩壞すべく脅威を受けた。たとへファッシズムの立場に立つ再建が望ましくないとしても、それが全社會を搖り動かした不安は、間接の原動力となつて望ましい改革が遂行される希望が抱けないではなかつた。だがその脅威も去りつつありとせば、現狀維持を謳歌しつつある一部の人々は、漸く愁眉を開いて會心の笑を漏らしてゐるかも知れない。かくてマルキシズム去りファッシズム鈍る時、何が吾が思想界に殘るであらうか。

凡そ個人にとつても社會にとつても、思想變遷の跡を回顧すれば、平凡に傳統を辿り惰性に動いてゐる時が多いが、時として心の底から搖り動かされ魂の高揚する時期がないではない。個人も國民も此の時に於て成長の飛躍を遂げ、やがて再び平凡單調な時代が之に續くのである。だが日本の民衆はマルキシズムとファッシズムとから、社會の根本問題に就て搖り動かされたに拘はらず、眞劍に問題を取り上げることなしに、從つて成長の飛躍をすることなしに、平凡單調な時代へと移り往くのであらう。かうした時に起り勝ちなことは、一は地上の問題とは直接の聯關なき高踏的な哲學に耽溺することである。混沌たる地上の問題に手を染めることの煩に堪へないからであり、又危險を恐れる怯懦の心が、無風安全の地帶に身を避けしめるからである。哲學上の思索は最も必要なことではある。だが地上の問題と切り離された哲學の思索が果して何の役に立たうか。今一つは根本的な問題に觸れることを回避して、瑣末な技術的な問題に沒頭することである。技術的な問題に亙らずして、地上の問題は結局に於て解決は爲されない。だが根本的な問題を高閣に束ねていかにして枝葉の問題が片付くであらうか。かくて思想界の此の瞬間に警戒すべきものは、徒に天上高く舞ふ哲學の空論と地上末節を弄ぶ技術者の小策とである。

だがより以上に警戒すべきことは、枝葉の技術的問題たるかの如き粧ひの下に、重要なる根本問題が知らぬ間に片付けられてゆくことである。問題の實質をありのまゝに展開すれば反對論が續出することを恐れて、名を瑣末な技術的改革に借りて、その實反對思想に眼潰を食はせてゐることがある。その一例を議會制度の改良工作にみる。議會制度を改革することは議會主義者の立場からも必要が認められる。それと同時に、獨裁主義者は議會制度をあれどもなきものたらしめんが爲に、議會制度の改革を提案しうるだらう。此の時に獨裁主義か議會主義かの問題に觸れることを回避して、單なる議會制度の枝葉の改革たるかの如き外觀の下に獨裁主義者から提案が出されることがある。かの議會以外に於ける國策審議會の如き、案それ自身は必ずしも反對ではない。然し裏に藏する意圖を觀取することなければ、議會主義者は悔を殘すことがないとは云へない。又他の例を統制經濟にみる。資本主義を改廢せんとする社會主義者も、資本主義を延命せんとする資本主義者も、等しく統制經濟を提議しうる。此の時名は經濟の統制と云ふ單なる技術的問題であるが、資本主義者の意圖に乘ぜられたならば、資本主義のより重大なる弊源たる私有財產の問題は隱蔽されて、生產の統制を行ふことを以て資本主義を改革し盡したと云ふ錯覺に陷ることがないとは云へない。社會が根本的に震撼させられた後の小康の時期に於て、此の種の警戒すべき事柄が少くない。

（九）　現代日本の根本問題

かくて吾々は結局に於て根本問題に就て、不斷の決答を準備して置く必要がある。そのことは至難ではあらう、だが至難なればとて吾々はそれに面を背けてはならないのである。人は眼下の目まぐるしい思想界の變轉をみて、いかなる感慨を抱くであらうか。なるほど現代は世界を通じて解決すべき問題を、あり餘るほど課せられて居り、それに應じて各國の思想界は何れも混沌としてゐる。だが歐米先進國に於ては、新舊思想が對立し抗爭しながらも、各人を通じて大體の基準となるべき原理が與へられてゐる。此の原理は必ずしも理論的でないかも知れない、たとへ平凡なる常識であらうとも共通の原理は規矩準繩となつて、その上にて各種の思想は、一波一動しつゝあるのである。だが日本に於て課せられた問題は餘りに複雜である。歐米各國が過去二百年間に濟し崩しに片付けて來た問題は、明治以來七十年の短期間に壓縮されて吾々に解決を迫りつゝある、而も大體の基準となるべき共通の原理なるものがなく、各個の思想は夫々が底の底まで觸れつゝ去來してゐるのである。マルキシズムとファッシズムとは此の制度彼の制度の改革を求めてゐるのではない。凡て一切の社會制度の再檢討を求めてゐるのである。全制度の再檢討は世界觀の再建を以て始まらねばならない。國際團體と國家、國家と個人、强權と自由、經濟と生活、等の如き根本的問題に就て、明治以來夙に態度を決定しなければならなかつたのだが、次々に延期されて今や總決算をせねばならない時に到達したのである。人はマルキシズムとファッシズムとの抗爭の中から何を觀取するか知れない、だが私に觀取されることは此の抗爭を通して民衆が自ら知らずして闇を手探りつゝ、新なる世界觀を要望してゐることである。若し日本の思想家に人あらば、此の要望に答へねばならない。傳へられる昭和維新とは、正に要望の世界觀を提げることである。

今から丁度百年前ジョン・スチュアート・ミルは「ベンサム論」を書き「コールリッヂ論」を書いた。彼は十九世紀初頭混亂の英國を支配した此の兩巨人を拉して、前者に於て現存社會制度の中にいかに害悪があるかを指摘した天才をみ、後者に於て現存社會制度の中にいかに合理性があるかを指摘した天才をみた。而して、その何れもに眞理がありと云ひ、要望される哲學は、此の二人の天才を調和したものでなければならないと喝破した。マルキシズムは改革の思想を作るが爲に現存制度の一切を否定した。だが否定し盡されぬあるものはファッシズムの名に於て之に叛逆の聲を揚げた。若し改革が一切の傳統を否定せねばならないとするならば、改革と傳統とは止め度なき抗爭を繰返すの外はあるまい。だが改革を要望する人間の理性は、今日までの傳統を作り上げて來た。今までの傳統を保持して來た理性こそが、正に改革の要望となつて現はれて來るのである。やがて作らるべき世界觀は兩刄の劍の如くである。一刄を以てその保持することに役立つと共に、他刄を以てその改革すべきに改革すべく役立たねばならない。而も改革と傳統とは卑怯なる妥協苟合の產物たるべきでなくて、矛盾なき渾然たる體系の中に、夫々が所をえて布置按配せられねばならない。此の要望にして滿たされざる限り、思想界は之から後も永久に、或は右に或は左に輕々しく變動するであらう。かくて民衆はその應接に忙殺され疲弊困憊し、制度は安定の暇なくして機能は停止するだらう。本文冒頭に引用したコンラード・ヘーニッシュの述懷は、類似の事情にある獨逸思想界の一の魂より他の魂への飛躍を語つたものであるが、日本の思想界も亦近くマルキシズムよりファッシズムへの推移に於て同一の飛躍を經驗した。唯憐れなるは此の國に於て、そのスケールがより小にして、その徹底さに於てより慘めだと云ふことである。

だが憐れなるはそれだけではない、無名の民衆が一つの主義から他の主義へと附和雷同するのは止むをえまい。だが許し難きは主義を唱へた人々の進退である。吾々の身邊を顧みよ、曾ては吾々を反動だと貶した人々は、今や續々としてファッシズムの陣門に降りつゝあるではないか、又曾ては自由主義者たりしもの、今は相次でファッシズムの陣營に近づきつつあるではないか。主義を堅く持する節操に乏しいのは、まことに此の國民の弱點である。マルキシストにせよファッシストにせよ、若し眞劍に自己の主義の前途を思ふ時、恐るべきものは反對の思想家に非ずして、賴み甲斐なき同志の無節操なることに想到しないであらうか。こゝに凡そ此の主義彼の主義といふ問題を離れ、あらゆる主義の上に超越した根本的な問題がある。何れの主義を採るかの前に、凡そ主義に殉ずる節操が敎へられねばならない、だが周圍相次で動く時、波に浚はれずして獨り止まることは至難の事である、然し人を此の難事に堪へしめる鍛練こそ、あらゆる主義の前に必要な條件である、之を果すこそ正に理想主義の使命なのである。

昭和九年二月號「中央公論」

(十二) 自由主義の再檢討

(一) 緒　言

近頃の日本の思想界に著しき傾向は、ファッシズムの壓倒的勢力とマルキシズムの凋落と、自由主義の擡頭とである。固より自由主義が多少なりとも思想界の問題となつたのは今に始まつたことではない、實に自由主義は雲間を漏れる月光の如くに、屢々吾が思想界に出沒隱見する。そのことは自由主義が充分に清算されてゐないからであり、それは更に自由主義の本質が何であるかに就て、充分に究明されてゐないからである。近時論壇に於ける自由主義批判の文を見る時に、自由主義に贊成するものも之に反對するものも、一様に自由主義に就て唯漠然たる概念しか持たないことを見出す。然し自由主義はある意味に於て現存秩序を構成するイデオロギーであり、いかなる社會思想も之よりして何等かの影響又は反對影響を受けないものはない。進まんとするも退かんとするものも、自由主義の本質を明確に把握し、然る後に之に對する態度を決定せねばならない筈である。

自由主義の究明が充分に爲されなかつたのは、必ずしも吾が思想家の怠惰性にのみ基くのではない。此の主義が大規模の思想體系であり、それ自身に於て研究の對象として至難なるのみでなく、過去百七八十年に亙つて主張されて來た自由主義は、決して固定した思想ではなくして、それ自身が幾多の發展過程を經過して居るからである。そして自由主義の祖國たる英國に於てさへ、之を完全に叙述した良書が見出されてゐない。その爲に自由主義に對する全然の無理解か、或はマルキシズムより教へられた自由主義観かに止まることは、必ずしも無理ではなかつたのである。

本文は筆者のみた自由主義の素描を展開し、之に關する若干の批判を試みんとするものであるが、本文の各個の問題は夫々が特殊の論題として詳述を必要とすべきものであるが、それは曾て私の二三の著書に於て試みたことがあり、又將來に於て逐次試みるであらう、こゝには唯極めて簡單にその素描をのみ與へることを目的とする。更に一言注意したいことは、筆者は從來往々にして自由主義者と稱されたが、後に述べるが如くに私は世人の考へるが如き意味に於ける自由主義者ではない、此のことを念頭に置かずしては、本文の記述は讀者の正解を妨げるであらうと思ふ。

(二) 自由主義の原型

社會主義の起源は遠く古代の霧の中に見失はるとは、曾てアキレー・ローリアの云つた言葉だが、かゝる意味に於ては自由主義の起源も亦古代希臘にまで遡らねばならない。然し一脈の連鎖を持つ自由主義の端初は、近世當初の宗教改革に求むべきである。ルーテル、カルヴィン等の改革者は、羅馬法王の强制敎權に對して信仰を解放したのであり、信仰の自由としてやがて後年の自由の體系の一部たるべきものであるが、自由は先づ宗敎の生活に於てその姿を現はしたのである。敎權への反抗は次で敎權と密接に結合してゐた俗權への反抗へと推移した。之から後の自由の要求は二樣の方向へと發展して往く。その一は自由の形式上の確保である。その二は自由の實質上の確保である。自由を確保するが爲に、或は國王の宣誓を求め或は國王の廢立を行つた、然し結局自由を確保する最上の方法は、國家權力の行使に人民を參加せしむることにあると云ふこととなり、人民參政と云ふことに落付いた。之が自由の形式上の確保であり、後年の政治的自由即ちデモクラシーの萠芽をその中に見出しうる。だが形式上の自由の確保は當然に別の問題を生む、即ち人民が參政した後にいかなる自由を確保すべきかと云ふことであり、之が自由の實質上の確保となる。ここに信仰の自由は擴められて一般思想上の自由となり、更に生命身體の自由となり、又やがて經濟上の自由も亦その尖端を現はすに至る。十六世紀から十八世紀の中葉に至るまでの、形式と實質と二つの自由の要求が、經となり緯となつた發展の跡は興味ある記述の題目ではあるが、今は別の機會に委ねるの外はない。

此の時まで自由は各個分離したものとして要求されて來て、すべての自由を組識的に纒め、更に之を裏付けるに特殊の世界觀を以てしたのではなかつた。此のことを企てたのが十七八世紀に於ける啓蒙思想家の功績である、而してその思想の實現したのが一七八九年の佛蘭西革命の「人權宣言」である。此の「宣言」を讀むものは何人も、簡潔にあるべき社會を道破する異常の迫力に打たれないものはあるまい。人類の歷史に於て之だけに思想が現實を搖り動かした文獻はあるまい。だが注意深き讀者は氣付くに違ひない、此の宣言の中にはかの經濟的自由——後年自由主義の中に大きな役割を演じ、その故に又之のみが自由主義の全體であるかの如くに誤解された——は極めて消極的にしか觸れらてゐないのである。之は當時の佛蘭西の事情による、ケネー、チュルゴー等の重農學派の思想は、まだ此の宣言にまで浸透するに至らなかつた。經濟的自由の高潮は既に產業革命の開始をみたる英國の思想家の手を俟たねばならない、之を果したのはヒューム、スミス等である。然しスミスを以て經濟的自由主義の創設者とするは正しいが、凡そ自由主義の創設者とするは當らない。經濟的自由をもその一部に含めて、あらゆる自由を打つて一丸として、之を貫くに特異の哲學を以てした思想家は、ジェレミー・ベンサムである。彼こそは自由主義の代表的思想家であり、彼に至つて自由主義は始めて、その充全なる體系を完備したのである。

然らば自由主義者により主張された自由とは何かと云ふ問題に移るのであるが、その前にここに吾々の注意を逸してならない問題がある。「人權宣言」の思想家よりベンサムへ、佛蘭西の自由主義者より英國の自由主義者へ、との推移は單に何々の自由が特に附加されたと云ふことのみではない。前者の自由主義の基礎たる啓蒙哲學は、後者の自由主義の基礎として功利主義哲學へと、發展したのである、之を說くことは後章に述べることの照應の伏線として省いてはならない。啓蒙哲學はそれ自身に矛盾した二つの思想を包含してゐた、卽ち認識論に於て感覺論を採り、人間觀に於て快樂主義を採りつゝ、道德哲學と社會哲學とに於て、自然法の學說を基礎としてゐたのである。希臘のツェノーの心靈の命ずる所に從へといふ道德の敎理は、羅馬の法律學者の手に於て、吾々の胸奥には生れながらに規範となるべき法律があると云はれて自然法の學說となり、その自然法は現實法律の解釋の規準となり、法文欠缺の場合の補充となり、やがてあるべき法律の理想とさへなつた。

メーンの「古代法」によれば、中世に於て敎養の中心はアリストートルの哲學と自然法の學說とであつたと云ふ。やがて自然法說は啓蒙哲學者の手に入るや、自然法は「あるべき法律」から自然狀態に於て曾て「ありし法律」となり、その時には人は自由にして平等であつたと云ふ、かくして自由と平等とは天賦の人權として神聖不可浸の聖壇に置かれ、失はれたる人權の回復は現實の法律には罪惡であらうとも、自然法に於ては肯定されると云ひ、自然法學說は現存社會秩序に對する反抗肯定の根據となつた。

自然法學説はかの感覺論や快樂主義に現はれた經驗主義と共に、啓蒙思想家の中に雜然として混在してゐた。その混合の割合は大陸の思想家の場合には自然法學説が主であり、英國の思想家の場合には從ではあるが、然しハチソン、スミス等に於てさへ、一抹の自然法學説を見出すことが出來るであらう。だが自然法學説と經驗主義とは、それ自身調和を許さざる矛盾した概念である。自然法學説に於ては先天的の理性を認め經驗主義は之を否定する、前者の自然法とは「あるべき法」であり今現に「ある法」ではない。後者の自然法とは現に宇宙を支配する「法則」であつて、支配すべき「規範」ではない。啓蒙哲學者の中に混在した經驗主義を鞘極したものが、佛蘭西唯物論であり、自然法學説に重點を置いたルッソーの「社會契約論」よりカントの理想主義が發展した徑路を顧みるものは、兩者の矛盾と對立とを看破するに困難ではあるまい。此の矛盾を感知して之を批判し整理して、經驗主義を以て首尾一貫した矛盾なき體系を建設したのがジェレミー・ベンサムであり、彼れの功利主義哲學の體系がそれである。認識論に於て感覺論を、人間觀に於て快樂主義を、道德哲學と社會哲學とに於て、「最大多數の最大幸福」を理想とする功利主義をとる大規模の哲學を建て、「最大多數の最大幸福」を實現する方法として、彼れの自由主義といふ社會思想が基礎付けられたのである。而して此の體系が自由主義の哲學であり、又現に資本主義に躍動する世界觀である。此の體系の中にも尙矛盾は完全に克服されてはゐない、こゝに後年の發展の契機がある、だが啓蒙思想家よりベンサムへの推移は、單に經濟的自由をも含めた一切の自由を組織的に取纏めたと云ふ以外に、自由主義の哲學の推移を含めたものであることは、特に銘記して置く必要がある。

然らば問題は再び元に立ち返つて、自由主義の主張する自由とは何を云ふか。私は之を次の項目に列擧することが出來ると思ふ。

（一）身體上の自由　生命身體財物居住移轉に關する自由を總括する。
（二）信仰上の自由
（三）思想上の自由　一般の思想に關する自由で思想を表現する爲の言論著作印行等の自由を云ふ。
（四）團結の自由　各種の集會及び勞働組合その他の團體結合の自由である。
（五）社會上の自由　主として職業の自由敎育の自由結婚離婚の自由等を含む。
（六）家族上の自由　夫の强制より妻を解放し親の支配より兒童を解放せんとするものである。

（七）經濟上の自由　私有財產權を確立し、財產の使用收益處分相續の自由を認め、同時に營業、勞働、契約、消費の自由等がこゝに含まれるのみならず、外は貿易通商の自由が含まれる。
（八）政治上の自由　政治に一般民衆の代表者を參加せしめることを意味する。
（九）地方的自由　中央の權力に對して地方團體の權限を擴張せんとするもので、地方自治地方分權とか云はれるもの。
（十）團體の自由　敎會大學勞働組合等の團體が國家の强制から解放されることを云ふ。
（十一）國民的自由　異る民族が他の民族よりの强制を脫せんとするもので、希臘獨逸伊太利等の獨立、植民地の母國よりの獨立がこゝに含まれ、更に一國家が武力を以て他の國家を强制するを排し、平和的手段により事件を解決せんとするもの。仲裁裁判の設定軍備縮小等は此の結果として生ずる。

今之等の各個の自由に就て一々詳述する遑はないが、一言こゝに觸れて置く必要のあるのは、思想上の自由と政治上の自由とである。思想上の自由とは、凡そ言論著作である限り卽ち實踐に亘らない限り、その內容の如何を問はず、表現の自由なるべきことを意味するのであり、政治上の自由とはいかなる政治上の信條の持主たるを問はず、すべての民衆をして政治に參與せしめ、その意見を發表せしめ討議せしめ納得せしめて後、始めて國家の命令强制は行はるべきであると云ふ。此の二つの自由はそれ自身に於て何を實現すべきかと云ふ內容を含まずして、ある內容を實現すべき手段方法に關する自由である。此の點に於て他の自由が實質を持つのと異り、此の二つは形式上の自由であつてそれ自身は無內容なるものである。あらゆる要求は思想と云ふ形式を經て發表され宣傳されるのであり、政治に參與することにより實現されるのであるから、此の二つの自由は之れ以外の他の自由の實現の爲に自由主義者が利用するのみならず、自由主義と反對なる保守主義も社會主義も之を利用しうるし、又利用せずんば何事も爲しえない筈である。固より新興思想としての自由主義は、實質上の自由の實現の爲に此の二つの自由を提案したのではあらうが、他の思想も亦此の手段を利用することにより、自由とは反對のものを實現しうる譯である、卽ち此の二つの自由を通して、實質上の自由を剝奪することも出來るし、又進んでは之を通して思想上の自由と政治上の自由自體をも蹂躪しうるかも知れない。之等二つの自由は正に、自由主義にとりて活人劍であると共に殺人劍でもある、ここに之等の自由の特殊的性質がある、此のことは後段の問題と密接の關聯がある。

扨前に列擧した項目を一瞥するものは、自由主義の云ふ自由が廣汎なる範圍に亘り、決して經濟的自由を以て盡きるものでないことが分るだらう。なるほど經濟的自由の實現により私有財產制度と自由放任制度とを確立し、資本主義の中心的社會制度は構成されたのではあるが、經濟的自由主義は自由主義の單なる一部に止まつて、その運命は自由主義全體の運命を卜することにはならないのである。又此の項目を瞥見すれば、いかに自由主義の主張が現行法律に實現されて、吾々の現時の生活を構成しつゝあるかが分るだらう。身を之等の自由なき時代に置いたならば、いかに吾々の生活が憐れなものであるかが分る、封建的なる身分的及び法律的桎梏から吾々を解放した自由主義が單に資本家のみならずいかに勞働者をも驚喜せしめたかは、自由主義以前に存在した勞働者壓迫の法律を考へてみたならば、之を推察するに難くはない。

だが人は直に云ふだらう、なるほど自由主義は十九世紀の中頃までは一般民衆の福音であつたかも知れないが、あの經濟的自由こそはその後に於て呪ふべき社會苦を產んだものだと。だが此の批判は自由主義の反對者より聞く必要はない、自由主義者自體が既に自由主義の修正を企ててゐたからである。こゝに於て吾々は曾てのありし自由主義より眼を轉じて、その後の自由主義の發展を跡付けねばならない。

（三）　自由主義の發展

前に述べた原型としての自由主義は、英國を始めとして歐米諸國に普及したのではあるが、その樣相は必ずしも單一ではない。佛蘭西に於て自由主義は、政治的自由卽ちデモクラシーに重點を置き、之と聯關して平等の色彩が濃厚であり、獨逸に於て自由主義は對外關係から國民主義と結合し、之よりして自由主義は己を破滅に導く危險性を包含し、一般に大陸の自由主義はその哲學の中から自然法學說を完全に淸算しえないで、それよりの影響と反對影響を對立物なる社會主義に與へてゐる。啻に自由主義自體が各國夫々特殊性を持つのみでなく、それがその國思想界に持つた勢力も各國一樣ではない、英國に於て最も強く獨逸に於て弱く佛蘭西は中間にある、そして此の事が社會主義の發展に至大の影響を及ぼしてゐる、之等各國の自由主義の種々相を探ることは本文から割愛せねばならない、唯日本の自由主義に就てのみは、是非とも後章に觸れるであらう。

自由主義の祖國英國の思想界をみると、自由主義が體系として組織されたのは、十八世紀末から前世紀の始めに亘つてであるが、その思想は一八三〇年代から約半世紀間英國を支配し、一八四〇年代から八〇年代迄實際界の指導原理となつて、前述の各項目は着々として實現され、まだ實現されないものもやがて實現さるべき趨勢にあつた。自由主義を信條とする政黨は始めにホイッグ黨後に自由黨であるが、此の政黨は半世紀間反對黨の保守黨を壓倒して優越の地位を持續した。所が自由主義の破綻は彼の經濟的自由と云ふ一項から現はれて、自由黨は危機に直面せざるをえな　なつたのである。

自由主義と平等との關係は誠に微妙にして複雜な問題である。唯明かなことは、あらゆる人は自由を享有することに於て平等でなければならぬと考へてゐたことである。然し問題は自由を平等に享有すべしと云ふ人そのものが、果して平等であるかどうかである。若し不平等な人間に同一の自由を與へるならば、自由を享有することに不平等が生ぜねばならなくなる。恰も富者と貧者に同一の税額を課した時に、課税は同一であらうとも、負擔は平等ではなくなると同じ譯である。自由主義は人がその出立に於て能力と條件とが平等だと考へたかどうかは明かでない、然し尠くとも此の問題を忽諸に附したことだけは明かである。結果は經濟的自由から勞働者階級の慘憺たる狀況を生むに至つた、その由來とその經過とに於ては、社會問題の教科書に讓つて置いて差支がない。

此の狀勢に直面して勞働者の爲に保護法規を作ることは、それが資本家を强制するが爲に、又勞働者を援助するが爲に、干涉と保護とを排する經濟的自由主義と矛盾する。だが周邊に押し迫る勞働者の窮狀を見て、自由主義者の人道的精神は、坐視するに忍びない、更に保守黨は自由主義に囚はれる必要がない爲に、保護法規を提げて勞働者階級と結ばうとする。原理に忠實ならんとするか、胸奥の聲に聽くべきか、自由黨はこゝに進退兩難の窮地に陷つた、何人か自由主義を再檢討して往くべき路を指示する者を仰望して止まなかつたのである。

此の待望の中に一道の曙光を投じたのは、ジョン・スチュアート・ミルの「自由論」である。彼は此の書に於て人間の行爲を二種に分ち、自己のみに關する行爲と他人にも關係する行爲とし、前者に對しては絕對的に自由を確保すべきであると云ひ、然し後者に就ては必ずしも自由を主張しえない、その事情如何によつて左右されても止むをえないと論じ、尠くとも前者に屬するものとして思想言論の自由を擧げ、その自由に就て好個の文献を後世に殘したのである。彼れの爲した分類が妥當か否か、その分類の限界が明白か否か、彼がその分類の適用に就て一貫してゐたか否かは批判の餘地がある。併し自由があらゆる場合に要求さるべき絶對性のものではなくて、それに限界が附けらるべきことと、その限界の外に於ては從來自由なるべきものと考へられた所に强制が許されることだけは明かにされた。自由主義の批判が自由主義の代表者と思はれたミルによつて爲されただけ、その投じた波紋は至大なものであつた。

だが彼れの試みは暗示ではあつたが解決ではない、殊にその論旨がベンサムの功利主義哲學から理想主義哲學への轉向を示し、而も理想主義に於て徹底を缺くだけに、却て自由主義の基礎たる哲學に就て、矛盾不統一の缺陷をさへ曝露した。こゝに於てミルの着手した試みを完成して、自由主義者の待望に副ふものが別に現はれねばならない、それを果したのがオックスフオードの哲人トーマス・ヒル・グリーンであつた。ベンサムに於てさへ自由はそれ自身に於て價値あるものではなくて、「最大多數の最大幸福」の爲に必要なる條件として價値付けられてゐた。然るにある條件は必要なるものとして高調されること久しきに亙るや、往々にして條件たる地位を逸脱して、それ自身價値あるものと思はれるに至る。十九世紀後半に於ける自由が正にそれであつた。グリーンは先づ自由とは何の爲に必要なるかの檢討から始めて、社會のあらゆる成員の人格の成長の爲に必要であり、又それによつてのみ價値付けられるとした。然るに當面の經濟的自由によつて人格の成長を助けられるものは誰か、勞働者は之ある爲に却て人格成長に必要なる生活條件を缺き、資本家は之によつて富を増すことにはならう、然しその富は人格成長の條件に不可缺の條件でないのみならず、逆に富により人格成長を阻止されさへする。十九世紀の初期に於て自由主義が經濟的自由を主張したのは、その時にその自由があらゆる人の人格成長の條件だと思はれたからである。曾て經濟的自由を主張したことは誤謬ではなかつた、然し今やそれと首尾一貫するが爲には、却て經濟的自由を拋棄せねばならない、それこそが自由主義の進むべき正道であると云つた。かくて彼は勞働者の爲の保護法規の制定を急務として要求した。彼が一八八一年に書いた「自由主義的立法と契約自由」は、此の意味に於て自由主義史上に於ける劃期的の文献である。

だが彼は勞働者を窮極に於て保護する爲には、資本主義の廢止が必要であるとは思はなかつた。社會問題の原因は私有財產制度にあるのではなくて、英國特有の土地制度にあると考へた。從つて土地に就てのみはかなり急進的の改革案を持つたが、私有財產制度は原則としては持續し唯必要な限りに於て制限しようとした。此の意味に於て彼は社會主義者に非ずして社會改良主義者に止まつた。然し彼により私有財產制度は神聖不可侵の王座より引き降された。彼が改良主義に停止したことは、彼が哲人にして社會科學者でなかつたことより來る限界である。こゝに自由主義の再發展の萠芽が宿る、だがそれは後の問題である。グリーンにより原型としての自由主義の自由の內、既に實現されたものは更に肯定され、まだ實現されないものは更に力付けられ、經濟的自由主義のみは社會改良主義へと置き代へられた。その時既に實現されたものの中に思想言論の自由があり、やがて實現さるべきものの中に政治的自由があつたことは、此の場合に特に注意する必要がある。かくて彼により作られた自由主義を、人は新自由主義と云ふ。自由主義の發展は半途彷徨の自由黨にとつては、起死回生の妙藥であつた。一八九一年自由黨は綱領として新自由主義を採り、彼れの思想が今に至るまで自由黨の指導原理であることは、ラムゼー・ムアーが「政治と進步」の中に云ふ通りである。

然しグリーンの爲した業績は、單に經濟的自由主義に代へるに社會改良主義を以てしたことだけではない。注意深き讀者は既に氣付かれたであらう、彼は「最大多數の最大幸福」と云ふ社會理想に代へるに、「社會のあらゆる成員の人格の成長」と云ふ社會理想を以てし、之を以て自由主義を基礎付けた、こゝに功利主義哲學は理想主義哲學により置き代へられたと云ふことを。而も彼はミルの如くに矛盾に於て理想主義を採入れたのではなくて、矛盾なき理想主義の體系を、自由主義の哲學として提供したのである。彼は道德哲學として又社會哲學として、「最大多數の最大幸福」の成立しえないこと、快樂主義の人間觀がそれ自身に於て誤謬なるのみならず、道德哲學との接續に於て矛盾あること、感覺論の認識論が啻に成立しえないのみならず、その論理的歸結は凡そ科學の崩壞を導き、眞理の普遍性を否定することを觀破した。そこで認識論に於て觀念論をとり、人間觀に於て自我滿足の念により人間が行爲すると認め、自己の人格の成長が道德の理想であり、あらゆる成員の人格の成長が社會の理想であるとして、こゝに理想主義に於て首尾貫徹した哲學體系を構成したのである。啓蒙哲學より自然法學說を驅逐して一元的の體系を作つたベンサムの功利主義哲學より、自由主義の哲學はこゝに理想主義へと發展したのである。自由主義の發展はその哲學の發展を逸すれば、說いて全からざるものである。

（四）　自由主義の再發展

自由主義はベンサムよりグリーンに至り一發展を果したのではあるが、その發展は之を以て停止してはゐない。今一つの發展がその跡に待たれてゐた。新自由主義は經濟的自由主義に代へるに社會改良主義を以てしたが、そのこゝに止まつたのは社會問題が窮極は、資本主義の制度に由來するのではなくて、英國特有の土地制度にあるとみたからである。然し社會科學の硏究は資本主義を解剖してその全貌を明かにし、私有財產制度と自由放任制度の存する限り、結局社會問題の止むことなきことを明かにした。グリーンといふ哲人の事業は、凡そ社會制度を批判すべき觀點に、人を正當に立たしめるには役立つたが、資本主義と云ふ特殊の社會組織の解剖にはその手が及ばなかつたのである。資本主義を維持してその埒內に社會問題を解決せんとすることは、結局惡しき循環に終はるの外なく、又若し社會問題を以て單に勞働者の生活條件を向上させることにあるならば、改良主義も多少の事を爲しうるだらう、然し社會に資本家と勞働者と云ふ二階級があり、搾取と被搾取と支配と隷從との關係にあり、不勞の所得者と勞働の所得者とが對立することを以て社會問題とするならば、改良主義は之が解決に一指を染めることも爲しえない。かくてあらゆる成員の人格の成長を圖るが爲に、經濟的自由を拋棄した新自由主義は、その論理的歸結を窮極まで究めるならば、資本主義を廢止すると云ふ社會主義にまで到達せねばならない筈である。

だが社會主義をいかにして實現すべきかと云ふに、幸にして自由主義は貴重なる遺產を與へて吳れた、それは思想上の自由と政治上の自由とである。言論の自由によつて社會主義を鼓吹し普及させ、議會に於て最大多數の社會主義政黨を確立し、その多數決による社會主義法案を通過させることが出來る。社會主義の負擔者は凡そ社會主義を眞理なりと信ずるすべての民衆である。直接に現資本主義より苦痛を受ける筋肉及び頭腦勞働者は、社會主義を眞理と信ずる契機に惠まれることが多い、その故に勞働者階級が主要なる負擔者たることに相違ない、然し勞働者なるが故にとて唯それだけで、社會主義の負擔者でもなければ、勞働者に非ざるものが負擔者となりえないこともない、一に社會主義を信條とするか否かの信念に係るのである。

此の思想は新自由主義と殆ど時を同じくして擡頭し、新自由主義と同じく原型の自由主義の自由の內、未だ實現されない項目をその儘承繼したのであるが、後年別に新な自由の一項を附加した。新自由主義が勢力を持つと共に、今まで最小限度に職能を狹められてゐた政府の職能が加はり、その權限が擴張するに伴つて、勞働組合、敎會、大學、藝術團體等の地位にまで優越的の支配を揮はうとする危險があつた、こゝに於て之等の部分社會特異の職能を尊重して、その獨自の地位を保持せんとする所謂團體の自由が卽ちそれである。此の新項目を加へたる外、新自由主義の社會改良主義に代へるに社會主義を以てした、之が自由主義最近の發展である。こゝまで自由主義を展開した社會主義者は、自由黨より獨立した勞働黨を作り、遂に一九一八年二月に勞働黨をして社會主義の綱領を採らしめることが出來た。之が現勞働黨のイデオロギーである。

人は勞働黨の社會主義が理想主義の上に立つことを異樣に思ふかも知れない、然し大陸と異つて英國では、由來理想主義は保守反動の哲學ではなくて、進步急進の哲學たる役割を演じたことが多い。否理想主義こそ正に勞働者をして社會主義の實現にまで鼓舞激勵する道德哲學であり、往くべき社會の目標を指示する指導原理なのである。又人は思想上の自由と政治上の自由とを、原型の自由主義より承繼したことを訝るかも知れない、然し此の二つの自由は前に述べたやうに、いかなる主義も之を通して實現を期待しうる濶達自在の方便である。形式的にしてその故に無內容なる此の自由は、曾ては自由主義の爲に、後には新自由主義の爲に、その實現の方法たりしと共に、今は社會主義者の活用しうる貴重なる自由主義の遺產なのである、之を承繼することは社會主義者にとつて決して不合理ではない。啻に彼等は單に之を承繼したのみではない、同じく社會主義を實現せんとするものが、革命主義と獨裁主義とに路を借らんとするに對して、あらゆる思想の自由を認め、大多數の民衆の納得と同意とに於てのみ社會組織を改革せんとする政治上の自由卽ちデモクラシーの合理性を愈々深く確信するに至つたのである。かくして英國の社會主義は古き自由主義より出でて、最も新しき共產主義に對抗するまで陣營を整へるに至つたのである。

以上私は自由主義の三期に亘る發展を述べた。自由主義はその原型の經濟的自由主義から社會改良主義へと發展し、更に再發展して社會主義へと進化した、之と共にその哲學も亦啓蒙哲學から功利主義へ、更に又理想主義へと推移したのである。然し自由主義がかかる發展をしたからと云つて、前期の自由主義は跡方もなく姿を消して、後期の自由主義に代はられたと云ふのではない。原型としての自由主義をその儘に信奉するものは今は絶無であらう、多少なりとも經濟的自由の修正を認めないものはない、然し等しく修正を認めるにしても心ならずも餘儀なく認めるのは、原理として社會改良主義を奉ずるものとは趣を異にする、此派は今流れて保守黨の中に入り、現存秩序を可能の限りに維持せんとする保守主義に混流する。新自由主義は自由黨の指導原理であり、社會主義は勞働黨の指導原理である。かくして自由主義の發展段階の夫々の形態は、今英國の思想界に三樣に分れて鼎立の勢を爲してゐる。

こゝに問題となるのは、上述の三形態は果して自由主義といふ一個の思想の發展と認むべきか否かと云ふことである。なるほどグリーンの場合は、原型としての自由主義は必然に發展して社會改良主義とならねばならないと唱へて、過去の自由主義との連絡を斷たないやうに努めたことは確かであり、又之を新自由主義と呼ぶことも今は一般に通用して何人も怪しまない。

然し勞働黨の社會主義は、自己を社會改良主義と區別せしめることに急であつた爲に、當事者自身は自己の思想を自由主義の發展と認めてはゐない、社會主義を自由主義と連絡せしめたのは、私の知る限りではラングショウの「社會主義と自由主義の歴史的職能」の一書あるのみである。之から云へば上述の三形態を自由主義の發展形態と目すべきでなくて、夫々異る思想と認める議論が生じないものでもない。然し自由卽ち「强制なき狀態」の實現を要求する思想たることに於て、三者は何れも同一であり、他の自由の項目を全部承繼してゐた點に於て、私は之を自由主義の一列の發展形態と目しても不當ではないと思ふ。第三の形態は內容から云へば、理想主義的社會民主主義とも云ふべきもので、原型としての自由主義からみれば正に正面に對立するものではあるが、ある思想の形態が曾ての對立物にまで變化した場合にも、一思想の發展と稱へることは他にもその例が乏しくはないのである。

それと同時に等しく自由主義と呼ばれてゐるものが、以上の如き發展をなして夫々の異る形態を持つ故に、人は單に自由主義と呼ぶ時に、何れの形態を指示するかを明白に區別せねばならない。自由主義を資本主義と結び付けて資本主義のイデオロギーだと云ふ時に、その自由主義とは何れを意味するのか、自由主義は既に使命を果して今は時代錯誤だと云ふ時に、それは何れの自由主義を意味するのか。社會主義としての自由主義を信ずるものに對して、原型としての自由主義に對する批判を加へるも、それは的を失した批判でなければならない。本文の筆者は自由主義發展の第三の形態に屬するものであるが、從來唯漫然として自由主義者と呼ばれて、第一又は第二の形態に對してのみ妥當なるべき印象を以て迎へられたのは、偶々吾が思想界の無智と輕卒とを表白するものに外ならない。原型の自由主義を自由主義の全部たるかの如くに考へて、之を批判するに急なるものが多いが、その人は啻に自由主義の發展を知らないのみならず、吾が國に於ける自由主義の歷史を顧みる時に、その批判が特に必要なき無意味のものたることが分るだらう。こゝに於て吾々は日本の自由主義の特殊性に一瞥を投ずる必要がある。

(五)　日本の自由主義の特殊性

前に各國の自由主義は夫々特殊性を持つと述べたが、此の特殊性は日本の場合に於ては特に顯著であると思ふ。日本に自由主義の主張する自由が制度の上に實現されてゐることは確かである。憲法の條章をみればそこに帝國議會を見出す、之は政治的自由の實現である、その他第廿二條以下をみれば居住移轉の自由から財産の自由言論著作印行集會結社の自由に至るまでが列擧されてゐる。その他民法商法刑法その他の特別法規に於て幾多自由主義の趣旨を見出すに難くない。又思想史上に於ても明治の初期に歐米の自由主義の文献が陸續として邦譯されてゐる。スミス、ベンサム、ミル、モンテスキュー、ルッソー、トックヴィール等は好んで當時の新智識階級に讀まれたやうである。更に福澤諭吉を始めとして一般に自由主義を唱へるものあり、馬場辰猪尾崎行雄等は政治的自由を唱へ、田口卯吉島田三郎天野爲之等はマンチェスター學派の經濟的自由主義を唱へてゐた。之等の事實を顧みる時に、日本にも曾ては原型としての自由主義の時代があつたかのやうに考へられる。然し明治を通じて自由主義は、次の數點に於て重大な制限を附けられてゐたことを忘れてはならない。

第一に自由主義は國家主義に隷屬し、その許容する限度に於てのみ實現されたと云ふことである。こゝに國家主義とは國家と云ふ社會を以て第一義的の價値あるものとし、各個人は國家の手段として價値付けられるものとする思想を云ふ。自由主義はその發展のすべてを通じて、個人を以て第一義的價値あるものとする個人主義の上に立つ、その個人の本質如何に就ては發展の段階により異るが、個人主義をとることに於て一貫し、此の點に於て國家主義と對立する譯である。勿論個人主義に於ても國家を以て無用とするものでなければ價値なきものとするのでもない、然し個人の爲に必要不可缺のものではあるが、それ自身に於て價値あるものとは考へないのである、こゝに價値觀念が顚倒する。德川末期から明治開國を經て日露戰爭に至るまで、日本は外國の侵略を受ける危險があり、然らざるも隣國が侵略を蒙ることにより、間接に日本自體の獨立に危險があつた。此の時に於て國家の運命と個人の運命とは二にして一であり、國民を擧げて國家の統一と獨立とに精力を傾倒したことは、少しも不合理ではない。此のことは自由主義の立場に立つても是認しうる譯である、何故なればかの「國民的自由」と云ふ一項は之を意味するに外ならないからである。然し國家の統一と獨立とを重視することは、やがて國家を以て第一義的價値存在とする國家主義に導き易い、そして明治時代の日本の支配的思想が正にそれであつたのであり、こゝに自由主義の個人主義との對立が生ずる。

今は當時の國家主義の批判を企てる時ではない。ともかく國家主義は王座に位して、自己と調和しうる限りに於て、自由主義的制度を外國から移植したのである。既にさうであるならば、自由主義はその哲學たる個人主義を捨てて或は不問に附して、國家主義に隷從せねばならない。だが個人主義なくしての自由主義は、精魂を去つた空骸に等しいのである。此の點に於て日本の自由主義はその根本に於て歪曲されてゐた。啻にそれのみならず、自由主義の各個の自由さへも國家の統一と平和とに支障なき限りに於てのみ許された、言論集會結社等の自由、政治的自由等が一部實現されて而も完全に實現されてゐないのは、一定の限界内に於てのみ自由主義が移植されたからである。

第二に移植されたる限りの自由主義に於てすら、その外形に止まつてその信條に及ばなかつたのである。明治維新によつて封建制度を打破し、所謂近代國家の成立に入つた日本は、過去に則るべき社會制度の規準がなかつた爲に、勢ひ歐米の文物制度を模倣するの外なかつた。而して時は一八六〇年代の末期であり、歐米各國は濃度の差こそあれ、何れも原型としての自由主義の支配の下にあつた。此の時に移植された外國の制度は、自由主義的制度ならざるを得なかつたのである。勿論日本の特殊事情が全然考慮されなかつたと云ふのではないが、民衆は勿論政府の要路者と雖、自由主義の信條を理解しその眞隨を體得してゐたとは考へられない。殊に日本の制度の構成に重要な關係を持つたのは、かの條約改正の問題である。治外法權を撤廢し關稅自主權を回復し、列國と平等の立場に立たんことは、明治の大半を通じての國民の仰望であつた。その全國民の注意の焦點たりしことに於て、日清日露の戰役に劣らないと思ふ。そして列國をして日本を對等視せしめる爲の捷徑として、好んで歐米の文化制度を移植したのである。かくて自由主義的制度は、民衆の要求と納得との上に實現されたのではない。信仰思想結社等の自由は歐米に於て、いかに多くの苦悶と葛籐と爭鬪とを經て獲得されたか。然るに吾が國に於ては制度を裏付ける歷史と信念とを伴はずして、極めて安易に實現されたのである。その故に制度と民衆の思想との間には大きな間隙があつた。而も當時の爲政者は此の間隙を埋めることは爲さなかつた。外形を重視しその效果を顧みないか、效果は唯民衆の理解によりてのみ生ずることを忘れるのは、往々にして國家主義者に認められる通弊である。

第三に以上は自由主義一般に就ての事であるが、進んでその一である政治的自由主義即ちデモクラシーに就て述べるならば、明治の初期に多少なりとも自由主義が力強く唱へられたとすれば、それは政治的自由主義であつたらう、當時の所謂自由民權論がそれである。私は敢て自由黨改進黨の先輩の血を吐く奮闘を輕視するのではないが、此の自由主義に就ても前二條に述べた自由主義一般に對する制約が妥當するのみならず、當時の民權運動の中に、薩長の藩閥政治家に對する權力爭奪と云ふ一抹の暗影を掩ふことは出來ない。自由主義と對蹠的地位にある封建的の地方感情が、政治的自由の要求にまで現はれてゐたことは、奇怪なる結合でなければならない。尠くとも日本の民權運動にはかのシーエが「第三階級とは何ぞや」と問うて「第三階級とは今何物にも非ず、されどやがて一切たるべきものなり」といつた抱負と普遍性とを缺いてゐた。現代の政黨の政權慾は政黨成立當時の遺習を唯忠實に承繼したに過ぎないのである。

最後に轉じて經濟的自由主義をみる。自國の產業の自主獨立を圖ることは、國家主義より來る當然の結論である。然るに明治維新の後日本が國際場裡に立つた時に、英國は資本主義の最盛期であり、佛獨米等も亦後れながら資本主義の發途にあつた。日本は先進資本主義國の壓迫に對抗し、出發の遲延を回復し、富源の乏しいと云ふ弱點を補足せねばならない。歐洲諸國が中世の末に近代國家として成立してから幾多の過程を辿つて、一八六〇年代にまで到達した所に、日本が一朝にして飛躍する爲には、經濟的自由放任が適切でないことは當然である。恰も歐洲諸國が曾て採つた重商主義を學んで、政府は率先して民間產業に保護干涉を與へるの外なかつた。從つて日本には經濟的自由の時代は殆ど皆無と云ふも妨げないのである。稍之に近いものを求めれば、明治十四五年頃から日清戰役前後迄であるかも知れない。明治初年以來は所謂官業時代であつて、政府自ら工場鑛山を經營し、又技術者の養成に從事してゐた。所が明治十三年十一月官營工場拂下の方針を決し、明治十四年四月農商務省が設けられた時に、その創設の趣旨として「今や事業漸く開け人々自ら奮つて之に從事するの時に至つては、人民をして依賴するの思念を脫し、益々其の自奮の氣象を擴張せしめざるべからず」と云ふ。一見すれば自由放任主義の口吻であるが、その後段に於ては「專ら法規により公平不偏普く之を保護し、詳に地方の實況を察し一般の便宜を圖り、大に之を奬勵するを以て管理上の要務となす云々」と云つてゐることをみれば、保護助長の政策を拋棄したのではない。實際に於ても此の時代に於てさへ、鐵道會社の配當率を保證し、汽船會社に莫大な補助金を與へ、海外貿易の爲に金融の利便を供する等各種の施設を講じてゐるのである。況んや日清戰役以後に於て監督取締と補助金の下附と關稅率の引上とにより、いかに保護政策に熱心であつたかは周く人の知る所である。明治の後半に至つては英國を除く諸國に於ても新重商主義の名の上に同一の政策が採られてゐた時だから、日本も亦之と步調を共にするに好都合であつた。かくて結局日本には經濟的自由主義の時代を見出すことが出來ないのである。

日本の資本主義は自由主義によつて發達したのではなく、政府の保護助長政策によつて今日あるをえたのである。勿論私有財產權を確立し身體、營業、敎育、課稅の自由を與へたことは、身分的法律的の桎梏から解放したことにより、間接に資本主義の發達に與つたと云へないではない。然し原型としての自由主義が唱へたやうな政府よりの自由放任が、日本の資本主義をこゝに迄齎らしたのではない。殊に注意すべきは、資本家一般が保護されたのみでなく、特殊の資本家は有力な官僚政治家の恩顧を受けて、歐洲の重商主義にみるが如き特權的庇護さへ受けて、今日の繁榮を爲すに至つたことで、此の意味に於て有力なる吾が資本家は所謂政商と呼ばれるものが多い。明治の末期第一西園寺內閣以來政黨內閣制が確立される機運に向つた時に、政黨は資本家階級一般の爲に有利な立法を企てたと共に、特殊な資本家の爲に特權的恩惠を與へることを忘れなかつた。近時所謂政黨と財閥との結合と稱されるのは、特殊の資本家が曾ては官僚政治家と結合した關係を、今や政黨にまで轉化させたに過ぎないのである。かゝる特殊の資本家との因緣を結ぶほど、政府は資本家の保護に焦慮したので、日本資本主義の發達を經濟的自由主義と結び付けるのは當らない。

以上擧げた數點の特殊性は、果して何を物語るものであらうか。第一に日本の自由主義は唯歪曲された形に於てのみ移植されたのである。その哲學を剝離され、自由の項目を削除され、實現された限りに於ても多大の制限が付けられてゐた。而も信念と分離した空骸としてのみ認められた。之は決して完全の自由主義ではない。日本に於て自由主義はその使命を既に果したのでもなければ、その效果が批判の俎上に上りうる程に、自己の全き姿を現はしたのでもない。第二に日本には經濟的自由主義の時代はなかつた。從つて日本の資本主義と自由主義とは因果關係はない。自由主義は資本主義を發達せしめた名譽を擔ふ資格もなければ、資本主義より生ずる罪惡の責任者といふ汚名を受ける理由もない。又自由主義を以て資本家階級のイデオロギーと考へられる程、自由主義は資本家階級にさへ愛顧を受けてはゐないのである。此の事を思ふとき、吾が思想界に於ける自由主義の批判が、いかに適切を缺いてゐるかが分るだらう。

それでは新自由主義はどうか。大正年代の初期に吉野作造氏大山郁夫氏等によりデモクラシーが唱へられた。之は政治的自由主義であり、氏等は兼て思想上の自由國際上の自由にも主張し及ばれた。その自由主義は明治初期の自由主義とは直接の連絡なく、獨立に外國思想から暗示を受けたものだらう。大體に於て新自由主義の範疇に屬すべきものであるが、第一に哲學としての理想主義が明白に體系として現はれてゐない、稀薄な形に於て理想主義が隱見するに過ぎない。第二に社會思想としての自由主義を全面的に把握してゐない、主として政治的自由主義を說いたに止まる。第三に經濟的自由主義に代はるべき對案が明白でない、思ふに略社會改良主義を採つたのであらうが、政治的自由は形式的な無內容のものである、此の自由を通して何を實現すべきかが明白でないならば、自由主義として完全ではない。政治學者としての兩氏は社會經濟問題に用意が足りなかつた爲に、マルクス主義より來る攻擊に堪へなかつたと思ふ。又大正年代の末期に上田貞次郎氏鶴見祐輔氏により新自由主義が唱へられた。然し上田氏は吉野氏等と反對に經濟學者として、社會改良主義を說くに止まり、鶴見氏は一抹の理想主義哲學に觸れてはゐるが、社會思想としての自由主義に及んでゐない。社會生活に對する氏の綱領は漠として捕捉し難い。第三形態の自由主義に至つては、舊社會民衆黨の一部に之を採るものがあるやうであり、淸澤冽氏等も此の部類に入るが如くであるが、その思想の全貌は未だ明かにされるに至らない。

之を要するに自由主義は尨大なる哲學を持ち、社會生活の全面に亘る綱領を持つ渾然たる思想體系である。然るに日本に於ては明治以來眞に自由主義を提唱したものはなかつたのである。若し自由主義を批判せんとするならば、尠く共日本に於てはその對象を過去に求めることは出來ない。唯未來に求める外はないのである。

日本に新自由主義が明かに唱へられなかつた代りに、社會改良主義は自由主義とは關係なき別個の方面から現はれた。それが國家主義の上に立つた社會政策學派である。原型としての自由主義を自家藥籠中のものとした國家主義は、誠に國家の統一と平和と發展の爲ならば、機に應じて變通自在の妙諦を解する、それは必要あらば資本主義の改革をも辭しないのである。日本には社會主義としての自由主義のない代りに、社會主義も全く別の方面から現はれた、それがマルキシズムである。社會政策學派とマルキシズムとは、かくして自由主義と對立して興味ある三角關係をなす、之は後段に於て再び觸れることとする。

(六) 自由主義は右に面するか左に面するか

最後に問題が殘されてゐる、その一は自由主義は日本の未來に於て存在の意義あるか否か。第二に若し自由主義が出現した場合に、それは右に面するか左に面するか、換言すれば保守性を持つか進歩性を持つかどうかと云ふことである。此の二問に答へる前に先づ問者の所謂自由主義とはいかなる自由主義かを明かにする必要がある。若しそれが原型としての自由主義を意味するならば、存在の意義はない、之は何人も異論があるまい。新自由主義を意味するならば、社會改良主義が果して社會問題を解決しうるか否かに係る、私は社會改良主義を以てしては解決が不可能だと思ふ、此の結論に就ては別の論文に述べよう。そこで私にとつて問者の自由主義とは、第三形態としての自由主義を云ふものとしてのみ意味がある。かゝる自由主義は果して存在の意義があるか、それは左右何れに面するか、此の二問に對しては一答を以て報いることが出來るのである。だがそれが爲には私は日本の社會構成に就て一言する必要がある。

日本の資本主義は經濟的自由主義に依つてでなく、國家主義の羽翼の下に育てられて今日の大を爲すに至つたが、その發展段階より云つて英國に及ばざること頗る遠く、獨逸に及ばざること稍遠きものがある。その結果として日本の社會構成に對する關係からみると、注目すべき次の數點がある。

第一に資本主義が成立して後日が淺く、所謂資本主義的精神即ち利益の爲に利益を追究するの念は、まだ全社會に浸潤してゐない。原型としての自由主義と結合した資本主義は、ベンサムの快樂主義を伴ふ爲に、資本主義は獨自のイデオロギーを持つが、日本の場合には國家主義に抱合されて育つた爲に、資本主義は利益追及の念に反撥する別個の精神に出會する。此の精神は一部理想主義的色彩を帶びるものではあるが、それが國家主義と結合するものである點に於て、自由主義の哲學たる理想主義と必ずしも同一ではない。然し何れにしても此の反資本主義的精神によつて、資本主義は一つの障碍に逢着する。

第二に日本の主要産業は依然として農業であり、原料生産者としての農業と原料消費者としての工業に利害の對立があり、資本家階級の名に統一すべく兩者の關係は單純ではない、此の點に於て農業を輕視しうる英國や農業が壓倒的なる帝政時代の露西亞と異る。他方に於て、農業勞働者は天然に依存すること、機械よりも勞働に依ること、全生産行程が共同によらざること、土地の所有に執着することに於て、都市の勞働者と必ずしも心理に於て同一でない。

第三に大資本家にも非ず又勞働者にも非ざる中産階級が多い。資本主義にして高度に發達せば沒落すべき運命にある舊中産階級は今尙多數殘存し、資本主義により增加すべき新中産階級は未だ多くはない。前者は小商人手工業者中小農として、大資本家の壓迫に對抗すべく、必死の力を以て跪いてゐる。彼等の希望は現資本主義を古に戻すことにある、然し資本主義自體の崩壞には反對する。新中産階級の中には希望を未來の社會主義社會に維ぐものがある、然しその數は未だ充分でない。中産階級が多數を占めるが爲に勞働者の數は想像するよりは多くはない、英國に於て人口中の約七割五分、獨逸に於て約五割の勞働者は、日本に於て遙に尠いだらう。從つて資本主義による被害者として資本主義の崩壞を希望するものが、人口に占める割合は少く、資本主義に對する反抗力が弱いこととなる。況んや勞働者であると云ふことは當然に社會主義者たることにはならないのである。

第四に日本の資本主義は國家主義の羽翼の下に育てられ、國家主義が必要と認める限りに於て資本主義の發達を助長したのであるが、國家主義と資本主義とは各々別個の存在であつて、常に結合すべき必然性はない。若し國家主義に背馳するならば、資本主義は孤立の地位に離緣されるかも知れない。なるほど資本家階級の富の力は偉大ではあらう、然し富が偉力を揮ふには、當然の前提がある。それは社會が平和であり武力が平和を保持してゐることである。若し××××××××資本家階級に對して揮はれるならば、富力は何事も爲しえない、富が××××××××××買ひうる場合は別である、然し壓倒的××××對者に握られる場合に、之すらも可能ではない。要するに社會が勞資何れかの兩階級のみに分裂するとみるは、ある社會には妥當するが日本には妥當しない。日本では國家主義は資本主義の上に君臨し、勞資の對立の外に超然として、何れをも活殺する自由の地位にある。國家主義の庇護の下にある時にのみ、資本主義は强固な存在を保持しうるのである。

以上の數點からの結論を要約するならば、日本に於ては資本主義は全社會を吸收するに至らない、從つて社會問題のみが日本の唯一の問題でないこと。反資本主義者の中で中産階級と勞働者階級とは立場を異にする、而して勞働者階級の力は微弱にして單獨に資本主義を仆すに至らないこと。同時に資本主義を維持する側も利害交錯して單一でない、殊に國家主義の向背が資本主義の運命に重大なる關係あること等である。そこで私は轉じて國家主義なるものに就て語らねばならない。

明治維新以來國民を支配した國家主義は、日本が日露戰役に勝ち條約改正に成功した後に一轉機に際會した。今までは日本の國際的の地位自體が、國家と個人とを必然不可分のものとして認識せしめるに充分であつた。然るに明治の末期に於ては、日本の獨立を脅すべき危險は去つた。こゝに於て國民の眼は始めて外より內に轉じ、國家からして個人が分離して、個人は獨立の存在として自己を意識するに至つたのである。かくして哲學界文藝界に於て個人主義が擡頭するに至つた。私は此の時機を以て興味ある一時期だと思ふのであるが、不幸にしてそれは社會生活の批判にまで及ぶことなしに、又國家主義と明白なる對立批判を爲すに至らなかつた。恰も政府當局が國家主義の敎育に力を注ぐに着手したのは此の時以後である。ある思想を意識的に鼓吹するは、その思想に何等かの轉機が來たからである。前には國家の事實により今は意識された政策により、結局國家主義は今に至るまで日本國民を支配する牢乎不拔の思想である。之より脫却することは唯、獨自の讀書と思索とを經たもののみに可能である。

今こゝに國家主義なるものの思想上の分析を企てるのは適當の場所ではない。唯國家主義より必然に生ずる結果を擧げれば、第一にそれは國家の統一を必要とするが故に、又能率を尊重するが故に、自由を排して專制を喜ぶ。第二に國家の獨立と發展との必要の爲に、對外的に强硬政策を採り軍備の充實擴張に往く。第三に國家の統一と平和とを必要とするが故に、社會秩序の安定を求める。第一の結果として國家主義は自由主義をその哲學から切斷し、自由の項目と程度とを最小限度に止めようとした。政治的自由を與へたが、衆議院議員の選擧權を制限し、衆議院と對等に貴族院を置き更に樞密院を加へ、廣汎なる×××××留保し、殊に×××

×一項×××××を民衆の發言から獨立せしめた。思想上の自由と結社集會の自由とは與へたが、法律による制限を認めて、結局狹小な範圍にそれを限定した。かくして自由主義を自己に隷屬せしめたのである。のみならず若し必要あらば、議會を廢止しあらゆる言論を壓迫する××××に移らないとは云へない。第二の結果として資本主義を保護助長し産業の自給自足を圖つて、一旦の緩急に備へようとした、自由主義を歪曲された形ながら移植したのも亦國家の獨立と發展との爲である。第三の結果として旣に成立した資本主義を維持しようとする、これ×××××運動を阻止する所以である。然し××××保護することによりその歡心××××を買ひうるならば、×××保護立法を拒否しない。

人或は國家主義を以て資本家階級のイデオロギーといふかも知れない。國家主義と資本主義とが明治以來結合して來たと云ふ事實が、人をしてかゝる錯覺を起さしめ易い。然し結合は兩者にあつたに違ひないが、結合にも各種の態樣がある、對等の結合も主從の結合も何れも結合の一種である。國家主義と資本主義とは主從の結合であつて、對等でもなければ從主の關係でもない、國家主義に必要な限り資本主義を助長し維持するので、必要な限りに於て資本主義を改良もする、之れ國家主義より社會改良主義の起りうる所以である。資本家階級が議會に進出して多少なりとも政權に參與しえたのは、第一次西園寺内閣以來の事であり、漸くにして國家主義と對等の地位にまで達せんとした時は、國家主義と資本主義との袂別の始まつた時である。國家主義の對外强硬政策と資本家の利益とが必ずしも伴はず、軍備擴張費の支出に資本家の利潤が堪へられなくなつた時、資本主義は國家主義に不平であつた、その時國家主義は資本主義との結合を切斷した。幣原外交の平和政策と倫敦條約以後に於て兩者の關係は對立惡化し、××××××××××××××××××た。だが之は元來本質を異にしたものが暫らく結合して、人目に注意されなかつたのが、今やその本然の姿に戻つたので潛在化して顯在となつたに過ぎないのである。

國家主義は國民の各層に浸潤し、多少なりともその洗禮を受けないものはない、然し特に國家主義の負擔者たるものがある、之れ卽ち軍部、上層官僚、貴族院樞密院等にある上層政治家、軍部の指揮の下にある在鄕軍人團であり、更に最近に於て國家主義が反大資本家の色彩を鮮かにして以來、之に投ずるものに中產階級があり、又單に反資本主義と云ふ名目に××××

×、×××されたものに一部勞働者階級がある。實に國家主義は吾が國に於て廣大なる社會群を構成する。此の群は勞資階級の對立の外に超越して、第三者としての權威を持つ。全社會が勞資何れかに屬するとは、マルクス主義者の謬見である。かのエンゲルスが「家族私有財產國家の起源」に於て、ビスマルク時代の獨逸國家は勞資何れにも屬せざる第三的性質のものだと云つたのは、彼れの階級國家論との矛盾に於てではあるが、獨逸の事實に該當し更に規模を大にして吾が國に妥當する。かくて國家主義者と資本家と勞働者とは三派鼎足の形を爲して、その間に微妙複雜の交渉を展開する、之が日本の社會の實相である。

國家主義を以てファッシズムとするは當らない、固よりファッシズムの概念の規定如何によるが、單に國家の爲に專制獨裁を行使するを以てファッシズムと云ふならば、ファッシズムと國家主義とは異語同義であるに過ぎないが、ファッシズムとは資本家階級が資本主義を維持するが爲にする革命獨裁主義と規定するならば當らない。何故なれば英國の如く略々全社會が勞資何れかの階級に所屬する場合と異り、日本の如きは國家主義群は勞資何れよりも超然たる地位を有し、資本家の爲に立つのでもなければ資本主義の爲にするのでもない。國家主義が反資本主義を標榜しながら、結局は資本主義と結合することになつたとしても、それは偶然の結果であつてその意圖とは關係がない。社會主義がその實現の過程に於て資本主義を默過すると同じだからである。國家主義を資本主義維持といふ意味のファッシズムと區別する所に、日本の社會の特殊性があり、之を認識することが吾々の問題に對して重要なのである。

こゝに於て問題はかうなる、日本には資本主義は未だ全社會に浸潤してゐないで、社會問題のみが唯一主要な課題ではない、別に國家主義より生ずる幾多の課題がある。政治上の自由なく民衆はその意志を政治に表現することなくして甘んじうるか、思想言論の自由なく結社團結の自由なくして安易たりうるか。科學藝術宗教は國家の名の下に制約を甘受するか、××××××××過大の負擔を負ひ不斷の×××脅威の下にあるも妨げないか。すべて之等を苦痛として害惡とするならば、資本主義より起る苦痛害惡と、等しく、解決を促す思想がなければならない筈である、之に該當するのが吾々の意味する自由主義である。

だがまだ之だけでは自由主義は存在の意義あるか否かの問題は、充分に答へられてはゐない、何故なれば自由主義の爲すべき職能を果しうる思想が他にあるならば、更に自由主義の必要はないからである。現下の思想界に於て日本の課題を解かんとする思想が二つある、一は右翼改革論であり、一は左翼改革論である。右翼改革論の內容は多岐多端であるが、第一にそれは國家の名に於て××××を主張する、それならば正眞正銘の國家主義であり、問題の解決案ではなくて問題そのものである。第二に右翼改革論者は資本主義の打倒を云ふ、然しその意圖に於てさうであらうとも、彼等が別に抱懷する對外强硬政策からは國內の平和と統一とを圖り、外國に對して迫力を加へねばならない、然るに資本主義を根本的に打破することは、久しきに亘る混亂と動搖とを惹起し、當座は對外的迫力を稀薄ならしめざるをえず、かくて社會改良主義に墮するの外はない、而して社會改良主義が社會問題を解決しえないことは前に述べた如くである。

轉じて左翼改革論に及ぶ、所謂左翼改革論とはマルキシズムの上に立つ共產主義を意味するのであるが、第一にそれは社會問題のみを以て唯一の問題とし、之を解決するを以て一切の問題が盡きると考へるが、此の見解は日本の實情に妥當しない、國家主義にして克服されない限り、社會主義社會に於ても亦人は國家主義の重壓に苦しまざるをえないのである、共產主義者自身が自ら意識せざるも、日本人は特に國家主義を克服しない限り、その感染を受けてゐないものはないからである。第二にマルキシズムは國家主義を克服しえない、日本に於て重要なる國家主義をマルキシズムは等閑視するが故に、マルキシズムの中には國家主義を克服すべき之と對立するものを持たない。唯階級國家論のみが稍之に當るものであるが、國家の×××××××××××××××だといふその説は、理論上成立しえないのみならず、日本の國家の場合には事實に於て該當しない、從つて民衆を×××××眩惑から覺醒せしめるに足らない、國家主義を克服するには別の論據を持たねばならないのである、況んや共産主義の持つ×××××主義は、その目的に於て異るもその趣旨に於て×××××同一である。政治的自由を攻撃するに急なりし共産主義は、却て國家主義の論據を强め、今それからの壓迫を滿喫しつゝあるのは、慘しき思想界の悲劇である。第三に資本主義に對する限りに於ても、社會主義を××××に依らんとするは、國家主義の勢力强き國に於ては到底成功しえない。×××××××××××××、現存秩序の急激なる變動として、國家主義は力を極めて壓迫するに違ひない。資本家と國家主義者を共同の戰線に廻して果して勝算あるか。平時に於ても×××

主義の宣傳自體が、既に思想上の自由を俟つて始めて可能である。××××××××××自由主義を實現するに非ずんば、××××××××××不可能に終るの外あるまい。

かくして右翼改革論も左翼改革論も、共に現下の問題に該當しないならば、國家主義と資本主義との兩面に面する自由主義は、正に存在の意義があると云はねばならない。之で自由主義存在の意義を問ふ第一問は答へられた、而して自由主義は右に面するか左に面するかと云ふ第二問も亦自ら答へられた譯である。若し共產主義に反對することを以て右に面すると云ふならば、自由主義は右に面する。然し國家主義に反對することを以て左に面すると云ふならば、自由主義は左に面する。然し實際は國家主義と資本主義とは一線の路上に位置すると云ふほどの單純なものではない、從つて自由主義は左右何れにも屬せざる中間に介在するものではなくて、三者は三角關係にあつて複雜なる交涉を持つのである。之を左右中間と云ふ簡單なる範疇に分類することは、輕卒なる評論家の惡癖である。「社會のあらゆる成員の人格の成長」を圖る思想は進步性を持つ、左右何れかと云ふ問題を無視して、自由主義は悠然としてその信ずる路に邁進するのである。

だが反問が起るかも知れない、自由主義が國家主義と資本主義との双方に對立する二元的のものならば、敵を双方に廻して一層實現の故障が多くはないかと。然し問題はしかく單純ではなく、三角關係の地位にある三者は微妙なる交渉を持ち、その實現の過程は幾多の迂余曲折を經るだらう。前述の論旨は時間を長期に求めて、吾々の行途を指示したに過ぎないので、稍近き未來に於て自由主義がいかなる進路を辿るかに就ては、更めて別個の論文を書いて本文と照應せしめるであらう。然しその前に、自由主義と國家主義、自由主義とマルキシズム、戰爭と自由主義、議會制度と自由主義等の一連の問題に就て、更に詳述すべき必要がある、本文は之等の企てに對する唯一片の序論に過ぎないのである。

昭和八年十月號「改造」

(十三) 現代に於ける自由主義

(一) 緒論

現代に於ける自由主義ほど、奇怪な地位を與へられてゐるものはあるまい。一方からは現代社會に於ける弊害は、すべて自由主義の責任であるかの如く非難される、此の立場では自由主義は恰も現存社會を構成する王者の如くになる譯である。所が他方では自由主義さへも危險な思想として、屢々彈壓の下に立つ、此の立場によれば自由主義は恰も現存社會に對立する異端の思想であるかの如くである。自由主義と云ふ同一の思想が、かくも異る視角から見られる事は、その原因が自由主義自體にあるのか、或は抑々叉批判者の誤解曲解にあるのであらうか。私は自由主義が受ける非難は、一部は批判者の無理解と悪意とに基くと思ふが、叉一面に於て自由主義と稱する思想の內容が複雜多岐であり、その或るものは既に現存社會機構に實現されて、從つて現存社會の弊害の原因を爲して居り、他のものは未だ實現されることなしに、依然實現さるべき將來性を持つことにあると思ふ。既に完全に實現されたのでもなく、又未だ毫末も實現されることもない思想と異り、こゝに自由主義なる思想の現代に於ける特異の地位がある。

その故に現代に於て自由主義を理解することは特に必要である、何故なれば第一に若し自由主義が現存社會に實現されてゐるとするならば、自由主義を理解することは、現存社會を理解する爲に必要だからである。而して現存社會を改革するものにとつて、改革さるべき對象を研究することよりも、より必要なことはないのである。現存社會を構成する自由主義の部分は、果して依然として持續する價値があるか或は改革する必要があるか、若し改革の必要ありとすれば何處を突くべきであるか。一度此の點を詳細に點檢する時に、人は始め自ら想像したよりも、自由主義が現存社會に深い根蔕を有し、その或るものは依然として保持するに値することを發見するであらう。かくて人は自ら意識することなしに、自由主義者であつたことに氣付き、又自由主義者たることを欲するかも知れない。第二に自由主義の或るものが現存社會に未だ實現されてゐないとすれば、それは實現する必要がないか、自由主義は既に死滅したか、或は依然として生命を持續すべきであるか。前途を展望する立場に於てマルキシズムやファッシズムと比較して、自由主義は改革的原理として理解されるに値する。若し依然として自由主義に將來性があるとするならば、單に過去から現在に接續したと云ふ因襲の故でなく惰性の故でなく、自由主義は積極的に能動的に生氣潑剌として發動せねばならない。

自由主義はすべての思想と同じく、動いて止まざる發展過程の中にあり、決して固定し化石した思想ではない。過去に於て自由主義は幾度か危機に遭遇して、その度に新しき方向にそれ自身を發展せしめた。英國自由主義の歷史を繙くものは、自由主義が少くとも二度死活の岐路に立つたことを知るであらう。一は前世紀の八十年代に於て資本主義の害惡に直面して、依然として經濟的自由主義を維持すべきか、社會改良主義へ發展すべきかと云ふ事であつた。此の時自由主義はミル、グリーンの指導の下に、惜しげもなく經濟的自由主義を捨てゝ、社會改良主義へ進路を採つたのである(註一)。又自由主義は前世紀の末から今世紀の始めにかけて、帝國主義の擡頭に直面して、その本來の平和主義を維持すべきか、武力主義を採るべきかの問題の前に立たされた（註二）。アスクィス、グレー、ホルデーン等の有力なる自由主義者は、所謂自由黨帝國主義者《リベラル・インペリアリスト》と呼ばれて、自由主義を邪道に導く危險があつた。南阿戰爭はその側面的援助の下に爲されたのであり、歐洲大戰はその主動的指導の下に導かれたのであつた。自由主義を指導原理として來た自由黨は、此の時に於て方向を誤つた。戰時戰後に有能の分子が續々として自由黨から勞働黨に加入したのは、此の爲であつた（註三）。かくて自由主義は自由黨に死して勞働黨に於て生きたのである。少くとも以上二回の危機を經過して、自由主義は不斷の發展を繼續して來た。自由主義は特定の政黨に固着した原理でもなければ、永遠に不變な內容に囚はれる固定した思想でもない。曾てそれが逢會した如き危機に、今も亦それは逢會してゐる。自由主義は曾て危機を克服した如くに、今も尙ほそれを克服せねばならない。

私は自由主義の大部分は依然として維持するに値するものであると思ふ。然し其一部殊に經濟的自由主義は既に拋擲されて社會改良主義となつたのであるが、之を以ても尙ほ不充分であり、結局に於て更に一歩社會主義へと發展すべきであると思ふ。自由主義中の何が今も尙ほ生きて殘るべきか、經濟的自由主義の往くべき運命は如何、之を語らんとするのが本文の目的である。

（註一） J. A. Hobson: The Crisis of Liberalism, 1909, Preface.

（註二） W. Lyon Blease: Short History of English Liberalism, 1913, Chapter I.

（註三） Charles Trevelyan: From Liberalism to Labour, 1921.

L. T. Hobhouse: Democracy and Reaction, 1904.

（二） 自由主義より生くべきもの

（一） 緒　言

自由主義とは社會思想の一種である、社會思想とは現存社會制度に對して採るべき態度を表現するものである。いかなる社會思想も必ずその根柢に哲學を持たざるをえない。唯その哲學が意識的組織的であるか、無意識的無組織的であるかの差があるに過ぎない。同一の社會思想が異る哲學を持つことがあると共に、同一の哲學が異る社會思想をその上部に持つこともある。社會主義が或は唯物論を或は理想主義を持つは前者の例であり、理想主義が社會改良主義と社會主義との何れもの根柢となれるが如きは後者の例である。それでは自由主義の哲學は何であつたかと云ふに、之には三種の發展があつた、その一は十八世紀末までの自然法の哲學であり、その二はその後の功利主義の哲學で、最後にそして現在に自由主義が基礎とする哲學は理想主義である。

社會思想の根柢である哲學の部門は分れて、存在論、認識論、人間觀、道德哲學、社會哲學の五となるであらう。社會思想家は啻に社會思想を持つのみならず、その思想を基礎付ける哲學を持たねばならない。而して哲學者は以上五個の部門の全體に亘つて、論理的矛盾なき貫徹した哲學の體系を所有せねばならない。自由主義を社會思想とするものは、眞に之を基礎付ける哲學を求めて理想主義に得た、蓋し理想主義のみが全哲學の部門に亘つた矛盾なき體系であるからである。かくの如く自由主義と理想主義との間には、密接不可分の關係がある。だが然し此のことは社會思想としての自由主義と、哲學としての理想主義とを混同することを許すことにはならない。人往々にして自由主義と理想主義とを混淆して、自由主義が卽ち理想主義たるかの如く誤解を抱くものがある。之は異る兩者を同一視するものである。兩者は異る地位にあることを峻別することが必要であると共に、他面に於て異る兩者は上下の關係に於て密接不可分の聯關あることを銘記する必要がある。

自由主義は自由の實現を目的とする社會思想であるが、自由主義によつて實現さるべき自由は決して單一ではない、凡そ十一種類を數へることが出來る。身體上の自由、信仰上の自由、思想上の自由、社會上の自由、團結の自由、經濟上の自由、家族上の自由、地方的自由、團體の自由、國民的自由及び政治上の自由これである。今之等各種の自由を說明する事は本文の範圍外に屬するから省略するとして(註)、單に常識を以て考へても、是等の自由が各國の憲法に規定されて、現存の社會制度を構成してゐることが分るだらう。自由主義は過去數百年之等の自由を實現すべく奮鬪して、遂にその或るものを現存機構に印刻せしめた。各種自由が保證されてゐることにより、いかに吾々の生活が影響を受けてゐるであらう。

自由主義が果し得たる功績を點檢しようとするならば、試みに自由主義なかりし以前の社會を描くに如くはない。そこでは異端の信仰を唱へたからと云つて、焚刑に處せられた。國王の意のまゝにいつにても、吾々の生命、身體、財物は奪はれた。若し社會の組織に就て少しでも改革的の意見を公にするものあらば、その地位を奪はれ、監獄に繋がれ、國外に追放された。刑罰は苛酷であり死刑にされる場合が多かつた。人間である同胞は奴隷とされて、獸の如くに酷使されてゐた。勞働者は雇主の爲に少くとも何時間は働かねばならぬと云ふ法律によつて勞働を强制されてゐた。異る民族は强大なる民族の爲のみに支配された。國家と國家とは事每に戰端を醸して、之が爲に人民の生命、身體、財物は常に犧牲とされた。而して立法行政司法の事は、一に國王又は貴族の手にあつて、その意のまゝに變更改廢されて、民衆は發言の機會を全く閉ざされてゐた。之が自由主義以前の社會であつた。

（註）本文は自由主義に就ての若干の知識を前提とする。自由主義に就ては「社會經濟體系」第二十卷拙稿「自由主義」參照。

今自由主義が幾多の戰をなしたる後の社會を見よ。全く之と異るものをそこに見出すであらう。吾々の身體上の自由は保證され、思想上の自由は與へられ、團結結社は承認され、社會的の桎梏は除去され、經濟上の取引に煩累は消滅し、民族は自己の運命を自己が決定すべしとされ、多くの部分社會は恰も一の國家たるかの如き職能を果しつゝあり、國際裁判制度、國際聯盟制度は成つて、武力による解決は時代錯誤と考へられ、國内のあらゆる民衆はすべて國政に參與する權利を持つてゐる。之を以前の社會と比較するならば、國家の内外に於て社會生活の組織が根本的に改造されてゐるのを認めるであらう。これ皆自由主義の貴重なる貢献である。

假に之を資本家的の社會組織に改造したのみだと云ふものがあるとしても、資本家的組織に對して是非檢討の言論を思ふが儘になし得るは、何の功績に歸すべきであるか。勞働組合が今日の如くに活動して、生産上の資本家の專制に對抗し、消費組合が消費者の爲に商業資本家を掣肘しつゝあるは、その源は自由主義の團結の自由に遡るべきである。更に議會に於て勞働者階級が有力なる發言權を持つて、結局は現存秩序を改造し得るに至れるも、政治的自由の伸張に歸すべきではないか。たとへ自由主義を以てブルジョアーの意識形態なりと一括するものも、ブルジョアー社會を改造する諸運動が、現にかくも活潑に進行しつつある淵源を自由主義に認めねばなるまい。而も是等の運動を容認したのは、自由主義の止むを得ずしてなした妥協でなくて、自由主義そのものゝ當初よりの論理的内容を構成してゐるのである。こゝに至るを豫想し覺悟しつゝ、而も自由主義はその理論に直進して來たのである。固より自由主義に多少の躊躇と逡巡とがあつたことは否めない。而も之を克服し得たのは、自由主義そのものに內在する理論がかゝる躊躇と逡巡とを許さなかつたからである。

自由主義の功績をかく點檢して來る時に、誰か自由主義の全部を抹殺して可なりといふものがあらう。だが之だけの事では過去の自由主義に感謝すべきことの證明にはならうとも、未來に於て自由主義が依然として存在價値あるものとの證明にはならない。然らば自由主義に於て何が將來も鬪はれねばならないものであるか。

（二） 理想主義の道德哲學

第一のものは、理想主義の道德哲學である。さきに私は云つた、理想主義は哲學上の立場であつて、自由主義そのものではないと。確かに兩者は區別されねばならないが、然し自由主義は理想主義と密接な聯關がある、理想主義から切斷して自由主義を考へることは出來ないのである。曾ては自由主義も或は自然法の哲學を、或は功利主義の哲學を根柢に持つた。然し之等の哲學は夫々その時々の發生理由を持つたとしても、何れもが偶然に支配されて自由主義の根柢となつた。哲學としての理論上の矛盾、その自由主義との聯關の缺乏等が、遂に自由主義の根柢を理想主義にまで持ち來さしめ、英國に於てグリーン、ケヤードが、獨逸に於てカント、フィヒテ等が、その哲學の構成者となつた。理想主義を持つことにより、自由主義はその當然に來るべき歸結に到達し、そこに安住の地を見出したのである。

若し自由主義と理想主義との間にかゝる不可分の聯關があるとすれば、自由主義は即ち理想主義ではないとしても、自由主義は理想主義に必然に結合し、自由主義の獨占的哲學と考へても不當ではあるまい。吾んや現代に於て吾々の周圍に在る社會思想を見る時に、それ等が理想主義ならざる哲學を持つならば、理想主義こそ自由主義に特異のものとして、自由主義を特出せしめる表徴と看做ことが出來る。例へばマルキシズムと云ふ社會主義は唯物辯證法の哲學を持ち、理想主義と對立し反撥し抗爭してゐる。マルクス主義者が自由主義を批判する時に、單に社會思想としての自由主義を批判してゐるのでなしに、自由主義者の採る理想主義の哲學を批判してゐるのである。現代に於ける重要なる課題は社會思想として何を採るかと云ふ事と、哲學として何を採るかと云ふ兩面に在る。而して自由主義はその根柢とする理想主義を、自己の哲學として高らかに標榜し、哲學としての理想主義の支配的勢力を要求する權利と義務とを有する、之が自由主義から生くべきものゝ第一でなければならない。

理想主義とは、先天的《アプリオリー》の即ち經驗から導き出されたのではない能力の存在を主張することを特色とする哲學である。そは哲學の各部門に於て夫々の立場を採る。即ち存在論に於て唯心論を、認識論に於て觀念論を、人間觀に於て意志自由論を、更に道德哲學と社會哲學とに於て亦特異の立場が導出され、是等のすべてを包括する巨大なる體系が理想主義である。今存在論や認識論や人間觀をこゝに述べることも意味なきことではないが、自由主義と直接聯關あるものとして、先づ道德哲學、次に社會哲學を語ることが當面の重要事である。道德哲學に於て問題とされるのは、何が最高の善か、何が最も價値あるものか、何が人生の目的かと云ふことである。之に就て理想主義の道德哲學は答へる、それは人格の成長であると。人格の成長が唯それのみが最高の善であり、それが窮局の價値あるものにして、他のものは之によつて價値付けられるものである、それを目的として人は生くべきである。獨逸のウィルヘルム・フォン・フンボルドが述べ、さうしてミルがその名著「自由論」に引用した「人生の目的即ち漠然たる刹那の欲望に依るに非ずして、永遠不易の理性の命ずる人生の目的は、各人の有する能力をして完全充足の一體として、最も高度にして又最も圓滿なる發達を爲さしめるに在る」と云ふ有名なる言は、今も尙ほ理想主義の道德哲學を適確に道破したものに外ならない。

理想主義は此の道德哲學を採ることによつて、第一に國家主義と對立する。國家主義は國家を以て目的とし個人を以てその手段とし、國家が價値の最高王座に位し、それに役立つか否かによつて、一切のものが價値付けられるとするものである。だが國家を最高の價値あるものとすること自體も亦、意識の中に把握されねばならない。價値あるものと云ふことは、價値ありと意識されることを意味するので、意識されることなくして國家の價値とは無意味の空語である。今意識の主體は常に個人であつて、個人以外の何でもない。而して個人には國家を價値あるものとする意識があると共に、又個人の欲望を價値あるものとする意識もある。此の意識内に於ける幾多の價値意識の對立を克服するものが、最も價値あるものにして、それは意識の對立抗爭克服と云ふ過程に意義を認める人格の成長と云ふことでなければならない。それなればこそ國家主義に於ても亦、國家の爲に死して個人は生きるのだと云はざるを得ないのである。これが國家主義のみならず、凡そ人格とは別個のものを最高價値とする道德哲學の成立し得ざる所以である。此のことを外にしても、國家主義は理論上に矛盾を包含し、幾多の弊害の源泉となる。詳細は私の別稿に譲ることゝしよう（本書第五章「國家主義の批判」參照）。理想主義と對立する第二のものは、現に資本主義を支配しつゝある利己主義である。それは云ふ、各人の物質的利益が最高の價値あるものだと。だがあらゆる人のすべてが自己の物質的利益を目的とする時に、物質は宇宙に於て有限の存在しか持たないから、必然に多數のものが角逐爭奪を爲さざるを得ない。その鬪爭をいかにして解決すべきか、その解決の基準たるべきものが即ち最高の價値あるものであるべきに、利己主義は爭奪の原因にこそなれ解決の基準にはならない。これ利己主義の成立し得ざる所以であり、それが現に資本主義を支配して、いかに多くの悪弊の源泉となりつゝあるかは、吾々の周く知る所である。理想主義に於ても自己の物質的利益を看過はしない、それが人格成長に必要な限りに於てそれを主張する。然し理想主義はそれを最高の價値あるものとはしない、唯人格成長に必要な條件として價値付けるのみであり、吾々の同胞に必要なる物質的利益と調和し得る限度に於てのみ、各人に許容されるに過ぎない。第三に對立するものは、マルキシズムの唯物論である。之はプロレタリアは實現すべき理想を有しない、唯現象を解剖分析するを以て足ると稱して、啻に最も價値あるものを提示せざるのみならず、價値あるもの、理想とするもの、目的とするものゝ存在を否定する。だが吾々の日常生活に於て、何を選擇すべきかの取捨に逢着せざることはない。その時選擇の基準となるものは彼の價値あるものでなければならない。マルクス主義者と雖も、口に筆に理想を否定しつゝ、而も事實に於て自ら知らざる裡に理想を設定し、それを基準として選擇を爲しつゝあるのである。これ既に一個の矛盾であるが、而も彼等が理想を使用するのが暗々裡であつて、明かに高らかに理想を標榜しないが爲に、一は現はれて宿命的の袖手傍觀となり、社會改革への懶惰となり、他は現はれて各個人の道德的頽廢となつてゐる。曰はくすべては必然の結果であると、曰はく社會的狀勢から止むを得ないと。かゝる思考の傾向がいかに現代人をして自己の懶惰を辯明する口實たらしめてゐるか。各個人の道德的頽廢が遂には社會運動そのものをも腐蝕して、マルキシズムはその自ら蒔いた種を刈らざるを得ざるに至つてゐることは、吾々が內外の運動の事例に於て現に目擊してゐる所である。現想主義の道德哲學は以上三種の哲學と對立して、自己の存在を明白に特徴付けてゐる。啻に理想主義はその使命を終へないのみではない、それが必要とせられるは正に現代に於てゞある。

道徳哲學は個人生活を規律する原理を提示するのであるが、然らば人格の成長と云ふ目的の爲に、吾々はいかなる方法を採るべきであるか。之は枚擧に遑がないが、特に現代に卽して重要なるものを二三列擧するならば、第一に人格の成長を希圖するものは、偉大なる人格の思想と行徑とから感激を享受せねばならない。人は理想主義と聯關ある自由主義を顧みて、こゝに云ふ權威に對する憧憬と、一見矛盾するかの如くに思ふかも知れない。然し社會生活上に於ける政治的自由主義卽ちデモクラシーは、個人生活に於ける權威への崇拜卽ちアリストクラシーと毫も對立するものではない。彼のデモクラシーなる社會思想は、各人をして思想上のアリストクラシーを享有せしめんが爲にこそ、之が桎梏となり妨害となる社會上のアリストクラシーを廢止するに外ならないのである。第二に吾々は他人の思想と人格とに對する時、偶然の好意や偏狹な獨斷に支配されることなく、常に寬容と雅量とを持たねばならない。夫々の經驗から產れた思想と人格とは、夫々相對的の價値を持つ。特定の一個のものに絕對の眞理を認めて、排他獨占の地位を與へることは、豐富なる人格を成長せしめる所以ではない。第三に吾々は自己の人格の成長を所期するのであつて、他人の人格の成長を意圖するのではない。各人は夫々異る遺傳と環境との下に生れ、異る經驗を累積して、個性ある人格を持ち、又特異の人格を持つべきである。たとへ他人の思想や人格はいかに偉大であらうとも、又人たるに限り多分の普遍性を持つてゐようとも、而も個性はその影を沒してはゐないのである。眞に自己の人格の成長を望むものは、他人よりのものを單に他人のものとしてでなしに、一度は自己の鎔鑛爐に投入し、更めて自己のものとして攝取せねばならない。然るに現代に於ていかに多くの人が、他人よりのものを漫然として受取り、平然として享樂しつゝあるか。自己の足の上に立たずして、他人の足に立つことは、人格成長に何の役立つ所がない。第四に吾々は自己の人格の成長と人格の表現とに於て、形式や因襲や傳統に支配されてはならない。之等の支障を突破して人格そのものを前面に押出し、人格の核心に觸れしめねばならない。蓋し之等のものはなるほど多數人の經驗を長期に亘つて累積したものではあるが、その或るものは既に過去の經驗に卽したもので現在に妥當せず、又たとへ現在に妥當しようとも、他人の經驗の累積であり、自己の經驗に卽したものでない時に、之等のものは各人一様の鑄型に投じて、劃一的の人格を作り勝ちだからである。而して人格の成長とは、凡そ劃一性とは對立するものだからである。敎育界に於て劃一敎育の打破が叫ばれ藝術界に於て形式主義古典主義が克服されたのは當然でなければならない。ヴィクトル・ユーゴーは佛國に於てロマンチシズムは、正に自由主義の爲すべきことを果したと云つたが、云ふ意味は社會生活に於て自由主義の爲したる所を藝術界に於て爲したのが、古典主義の形式傳統を打破したロマンチシズムだと云ふのであらう。此の點に於ても自由主義と理想主義の道德哲學とは、相通ずる所が看取される。之を要するに、以上の如くに述べられた理悪主義の道德哲學は今も吾々の生活を規律する原理である。誰か之を存在の理由なしと云ひ得るだらうか。

（三）　理想主義の社會哲學

第二に生くべきものは、理想主義の社會哲學である。道德哲學は吾々個人の生活を規定する原理として、人格主義を與へたが、個人は孤立して生活してゐるのではない。數多の個人は集團して社會を構成し、個人はその中に生きてゐる。こゝに於て社會を規定する原理がなければならない、之が社會哲學の問題であり、理想義義は社會哲學に於て、社會に於て價値あるもの社會の理想とするものは、あらゆる個人の人格の成長であると云ふ。個人にとつて最高の價値あるものは、自己の人格の成長であると云つた。然し社會は個人の集團であるが爲に、社會に於て價値あるものが別に考へられないことはない、現に道德哲學に於て幾多の立場が對立しつつあるが如くに、社會哲學に於ても亦幾多の立場がある。之等の中に於て理想主義の社會哲學の特色は二點に在る。第一に社會生活に於て何を最高の價値あるものとするかと問はれた時に、人格の成長をと答へ、第二に誰の人格の成長かと問はれた時に、あらゆる個人のと答へる。今此の二點を現代に於ける他の立場と對立させるならば、最高の價値は既に道德哲學に於て解答が與へられたに拘はらず、個人生活から去つて社會生活に轉じると、再び他の解答が一應の尤らしさを以て現はれて來る。卽ち或るものは、社會の富の增加が價値あるものと云ひ、或るものは國家の膨脹發展がそれだと云ひ、又或る場合には家族の繁榮がそれだと云ふ。だが之等のものは價値あるもの〻爲に必要な條件ではある、然し價値あるものそれ自體ではないのである。必要は往々にして吾々をして條件を移して目的たらしめる、緊急重大の必要は特に此の主客轉倒を促進する、だがいかに必要なればとて必要であると云ふことそのことが、或る目的を豫想前提としてゐるのであつて主客顚倒の錯覺に陷つてはならないのである。だがいかに吾々の身邊に於て、生產力を目的とする思想や國家を絕對視する思想や家族本位の思想が漲溢して、之が爲に目的たる個人人格の成長が阻止されてゐるであらうか。個人を看過し無視して、國家や家族や生產力を萬能視する思想は、啻に誤謬であるばかりでなく、やがては國家や家族や生產力の萎微沈滯の結果に終らざるを得ずして、已れに出でたるものが已れに返ることは、ジョン・スチュアート・ミルの次の言が最もよく語つてゐる、曰はく「小人物たる國民を以てしては、遂に大事を爲し能はざることを氣付くの時が來る。機械の運轉を滑ならしめる爲に犧牲にして來た國民の生活力の缺乏の爲に、折角あらゆるものを犧牲にして完成した機械が、結局何等得る所なきに氣付くの時があるであらう」と。理想主義はあらゆる個人を關心の對象とし、富や地位や人種や性の差別に囚はれず、貴族も平民もブルジョアーもプロレタリアも男性も女性も、すべて平等無差別にその成長を考慮する。之を現代の特權獨占差別不平等の社會と對照して見よ、かゝる社會を暗默の間に是認し肯定する思想と比較して見よ。その間に多大の差異を見出さゞるを得まい。なるほど人はその能力に於て差異あることは認める、理想主義はその差異を無視するのではない、平等とは決して同視することゝ同じではないからである。唯理想主義の目的とする所は、人の能力を發揮するに障害となるべきものを打破して、不當の制約の下にでなしに、赤裸々に能力を發揮せしめることにある。人は能力に差異があらうとも、能力を持つ人たることに於て差異がなく、かくて平等に扱はるべき權利を所有するからである。

理想主義の社會哲學上の立場は、動もすれば吾々の窮極の價値あるものを掩蔽して、吾々の洞察を鈍らせんとする障害を排除して、端的に奈邊に社會生活の核心が存在するかを知らしめ、又特權獨占を維持せんとする傾向に反對して、あらゆる個人を平等に關心の對象たらしめる。之が正當の社會生活の原理である。誰がかゝる理想主義の提唱を現代に於て必要なしと斷言し得るか、理想主義はその使命を果すべく餘りに多くの問題を殘されてゐるではないか。然らばあらゆる個人の人格の成長の爲には、いかなる方法が採らるべきか。その方法は時間と場所とを通じて一樣な固定したものではない。周圍の狀勢に伴つて方法は常に異らざるを得ない。然し原理は常に方法の前提として存在し、採らるべき方法の取捨を決定する役割を果すのである。かくて理想主義の社會哲學上の原理は、無限の發展の源泉として、異る狀勢に直面して異る方法を産んで盡きる所がない。かゝる原理を持たざる方法は、或る時或る所に於て妥當しようとも、やがて瞬時にその使命を果して葬られるであらう。だが理想主義の原理は、永遠に新生打開の生産力を所有する。それでは此の原理から導出された方法は、過去に於て何であつたか、それが卽ち自由主義であつた。之こそがあらゆる個人の人格の成長に役立つ方法と考へられたのであつた。かくて吾々は始めて自由主義そのものを語るの時に來た。

（四）　實質上の自由と形式上の自由との關係

自由主義と云ふ社會思想により實現されるべき自由には、凡そ十一の種類があることは先に述べた。是等の自由を一瞥する時に、更に二種に大別されることが氣付かれるであらう。一は思想上の自由及び政治上の自由（卽ちデモクラシー）であり、他は殘る一切の自由である。後者は自由の實質であり、前者は後者の自由を實現する爲の方法である。思想上の自由あつて吾は實質の自由を實現せんと宣傳することが可能となり、政治上の自由あつて吾々は代表者を民衆議會に送つて實質の自由を法制化し制度化することが出來るのである。故に前者は形式上の自由であり、後者は實質上の自由である。自由を實現せんとする自由主義がこゝに於て形式上の自由主義と實質上の自由主義とに分れる。之を發生的に見るならば、先づ始めに實質上の自由が考へられ、それを君主に要求して人身保護律、權利宣言等の文書を以て約束せしめた。然し若し君主にして是等の文書を撤去するならば、自由は跡方もなく消滅するであらう。こゝに於ていかにすれば、實質上の自由を確保するを得るかを考へて、遂に政治上の自由に想到し、その前提としての思想上の自由を併せて、こゝに形式上の自由が成立するに至つたのであつた。

兩者の自由は相互に密接の聯關を有する。蓋し言論の自由と政治上の自由なくしては、民衆がいかなる實質上の自由を要求するかを知ることを得ない。又それなくして實質上の自由は實現することを得ないし、一旦實現したものが再び消滅することを阻止することが出來ない。實質上の自由は、唯形式上の自由を通してのみ確保されるのである。だが兩者の聯關は啻に之だけではない。實質上の自由と云ふも決して無條件に自由なのではない。或る種の限界內の自由であつて、その範圍以外に於ては自由は與へられない、これ各國の憲法が何々の自由を保證しながら、必ずそれに法律の定めたる場合は此の限りに非ずと云ふ留保を附してゐる所以である。若し嚴格に解釋するならば、たとへ大體に於ては自由を與へられてゐようとも、或る範圍外には自由なしとするならば、結局自由は完全には存在しないことにならう。それにも拘はらず、吾々が自由の制限を制限として意識せず、依然として自由を完全に保有するが如くに考へるのは何故であらうか。是等の制限は必ず法律によりて定むべしと規定されてゐる。法律とは吾々の代表者が議會に於て決定したものである、それならば代表者の意志は、之を選擧した吾吾の意志であり、吾々が自己の意志により自己に附した制限は、自律であつて他律ではない、かくて吾々は此の制限にも拘はらず、依然自由であると考へられるのである。固より議會は民衆の代表議會のみでなく、貴族院の如き第二院があり、代表議會に於ても吾々の代表者が滿場一致で法律を決定するのでなく、多數決によるのであるが、若し吾々の代表者の意志が吾々自身の意志であり、多數の意志は全體の意志であり、代表議會の意志が全議會の意志であると云ふ擬制が成立するとすれば、法律により定められた制限は、自己制限にして自由となるであらう。形式上の自由の賜物によつて、實質上の自由に附せられた制限さへ自由となつて、實質上の自由は完全に保有されたと云ふことゝなる。形式上の自由はかゝる魔力を以て實質上の自由を補充する、兩者の聯關はしかく密接なものがある。

だが兩者の自由は聯關があればとて、同一物に化してはゐない。區別さるべき重大の差異がその間に存在するのである。思想上の自由とは、思想言論である限り卽ち實踐に亙らざる限り、その思想の內容の如何を問はず壓迫されないと云ふことである。從つて思想上の自由によつて擁護される思想は、單に實質上の自由を主張する自由主義のみではない、自由主義と對立するマルキシズムも亦その中に含まれる。否實質上の自由のみならず形式上の自由にも反對して、獨裁と革命とを主張する共產主義も亦包含されるのである。又政治上の自由とは社會制度の改革は少數者の意志に依るべきではなく、多數民衆の意志にのみ依るべきものとすることである。そこで此の自由によつて意志を議會に反映せしめ得る民衆の中には自由主義者もあるが、マルクス主義者もあり、形式上の自由主義者は自己に反對する人々をも議會に送つて、自己の思想に反對する機會を與へることゝなる。かゝる一見奇妙と思はれることの出現するのは、形式上の自由の特色が、飽く迄もその形式性に在つて、思想內容の實質を問はないからである。だが然し事態は之だけでは濟まされない。形式上の自由は實質上の自由に反對するものを擁護するのみではない。形式上の自由によつて實質上の自由が否定されると云ふ對立反撥の關係さへ生じて來る。例へば若し議會に於てマルクス主義者が多數を占めて來るならば、彼等は多數決を利用して、或る種の實質上の自由例へば經濟上の自由を否定して、私有財產を廢止し自由競爭を撤去するかも知れない。否更に進んでは形式上の自由たる言論の自由や政治上の自由をも否定して、言論壓迫や獨裁政治を實現しないとも限らない。かくて形式上の自由はそれ自身自由主義に依存しながら、自由主義に反對するものを擁立して、啻に實質上の自由のみならず、形式上の自由をも否定せしめることゝなり、自己の手に於て自己の墓穴を掘ると云ふ奇觀を呈することゝなる。こゝに於て實質上の自由と形式上の自由とは對立否定の關係に立ち、之が曾て自由主義（實質上の自由主義の意味）と民主主義《デモクラシー》（政治上の自由主義）との對立として、何れに優位《プリマート》を與へるかと云ふ問題を生じた所以である。而して英國は自由主義に重要性を置き、佛國は民主々義に主點を置くと云ふ各國自由主義の特殊性を招致した。私は形式上の自由はたとへ實質上の自由と矛盾し對立しようとも、そのことは形式上の自由を排除する理由にはならないので、若しそれによつて實質上の自由が否定されようとも、更に進んでは形式上の自由にさへも否定が及ばうとも、それは止むを得ないものと認むべきだと思ふ。唯問題は言論の力によつて實質形式何れもの自由を保持すべきことの必要を、民衆に啓蒙し納得せしむるに在る。かく云へば、自由主義とは結局自己の手に於て自己を葬る愚を犯すものだと云ふ人があるかも知れない、然りその通りである。だがその故に自由主義は永遠に自己を發展せしめることが出來るのである。自由主義は根柢に理想主義の社會哲學を持ち、側面に形式上の自由主義を抱いて、無限に自己を展開する生産力を持つ。こゝに自由主義の思想としての特異性がある。これだけの前提を置いて、何が自由主義そのものから生くべきかの問題に、私は返らねばならない。

（五）　思想上の自由と政治上の自由

自由主義自體から殘るべきものゝ第一は、形式上の自由の二つ、即ち思想上の自由と政治上の自由である。それ〴〵に就て簡單に述べることとしよう。

(1)　思想上の自由

一般に思想上の自由と呼ばれるのは、單に思考することの自由ではない。思考はそれ自身に止まつて外部に表現されない場合には外部より之を窺知することが出來ないし、從つて之を如何ともするを得ないから、强制を加ふべき餘地がない。思考は言語或は文章の形式を以て表現される時、始めて强制か自由かの問題が起り得る。故に正確には言論の自由（freedom of speech）と呼ぶべきであるが、此の語も行はれると共に、思想上の自由（freedom of thought）と云ふ語が、言論の自由と同義に解して行はれるのである。思想上の自由とは、思想である限りに於ては、その思想の內容の如何を問はず、その表現に對して强制が加へられない狀態を云ふのである。從つてマルキシズムであれファッシズムであれ、自由主義そのものと共に何れも、思想上の自由に均霑する。これ前項に於て私が此の自由が形式上の自由にして自由の實質を表示するものでないと云つた所以である。私は今思想上の自由は思想である限りに於てと云つた。それは實踐と對立させて實踐には絕對的の自由がないことを意味するのである。いかなる種類の實踐にいかなる程度の自由が與へらるべきかは、別の根據に於て決定さるべきで、ここに云ふ思想上の自由とは關係がないのである。然らば思想と實踐とをいかに區別するかと云ふに、思想とは直接意識生活に變化を及ぼすことを目的とし、實踐とは現象界に變化を及ぼすことを目的とする。例へば學者が學術書を刊行する場合の如きは、直接意識生活に變化を及ぼすことを目的とすること明かであり、更に當面の時事問題を檢討の對象とする評論と雖も、意識生活を直接目的とする場合には思想上の表現に屬する。それが間接にいかなる結果を惹起しようとも、それは偶然の結果であつて尙思想の表現たるを妨げることにはならない。之に反して人身を殺傷し器物を破毀するが如きは、現象界に變化を生ずることを目的とするもので明かに實踐であり、實踐の目的を以て徒黨を組織し密議を凝らすが如きも、亦實踐の準備として實踐に屬するであらう。然し思想と實踐とは原則として以上の如くに區別されるも、その境界線が曖昧であることは止むを得ない。例へば當然の結果として實踐が豫想される四圍の狀況に於ての言論は、果して實踐の準備として實踐に入るべきか、或は單に直接意識生活への變化を目的としたもので、實踐は間接の結果たるに過ぎないかは、その時の事情によつて判斷するの外はない。いかなる場合にも區別に不明の境界のあることは止むなきことであつて、之を以て思想と實踐とを區別し得ないと云ふことにはならない。而して何れに屬すべきかゞ不明なる場合には、思想を廣く解して自由の範圍を擴大すべきは、苟くも自由主義を容認する以上は、當然でなければならない。

何故に思想と實踐とを區別して、特に前者に對して自由を要求するかと云ふに、思想に自由を與へても、その結果は直接は意識生活の範圍に止まり、意識界は現象界と異り、その領域は無限である。從つて一時有害なる思想がそこに侵入しようとも、後に來る思想によつて舊來の思想を清算することが出來、思想の去來は多々益々辨ずるのである。之に反して現象界は有限の存在であるから、そこで行はれる變化は當然に一物を破壞して他物を迎へねばならない。而して若しその變化にして後悔することある場合にも、原狀に回復することは不可能である。これ現象界の變化に徒に自由を與へることの不可なる所以である。故に現象界の變化卽ち實踐に就ては、思想上の場合と異り原則として自由とすることなく、民衆の代表者の機關（卽ち議會）の決定に依らしむべきであり、先づいかなる實踐が自由なるべきかを、思想上の自由の下に論議せしめ、次で政治上の自由を利用して決定すると云ふ愼重の過程を必要とするのである。

自由主義は思想上の自由を揭げることに於て、一方に於てファッシズムの言論壓迫に對立し、他方に於てマルキシズムの無產者獨裁主義に對立する。ファッシズムは國家の平和と統一との名に於て、又能率增進の名に於て、思想上の自由に反對する。だが平和統一と能率とは、思想上の自由を犧牲として求めねばならぬほど價値あるものであるか、自由主義が基礎とする理想主義の社會哲學は之に答へて「否」と云ふ。マルキシズムによれば、現在社會が既に有產者の獨裁であると云ふ。だが有產者と無產者の多少の比率は、何によつて判定するかと云ふならば、國民總意の表現たる總選擧に見るの外はあるまい。その他の方法による判定は、要するに論者一個の主觀的判斷と見るの外はない。而して總選擧の結果に於て有產者が多數であるならば、有產者の獨裁と云ふことはあり得ない。何故なれば凡そ多數と云ふことと獨裁と云ふことほど、言語に於て矛盾はないからである。更に現在社會に於ても思想上の自由はたとへ完全ではないとしても、決して絕無ではない。現に所謂有產者社會に反對するマルキシズムさへもが說き述べ書くことを許されてゐるではないか。假りに現在社會に於て思想上の自由なしとするも、思想上の自由に反對して無產者獨裁を說くことにより、マルキシズムは果して何の得る所があるか。マルキシズムを宣傳すること自體も亦思想上の自由に俟たねばならない。地下潛行の宣傳はその效果に於て限界がありその範圍に於て狹隘である。若し思想上の自由なしとして絶望するならば、その限りに於てマルキシズム自體の宣傳にも亦絶望せねばなるまい。思想上の自由主義を説くことによつて、マルキシズムは得る所あるも失ふ所はない。而も獨裁主義を叫ぶことによつて、無産者の獨裁を持ち來さずして、ファッシズムの獨裁を持ち來し、その重壓の下に苦しむが如きは、餘りにも愚かしき戰術である。

然らば何故に思想上の自由は必要か、その論據如何と云ふに、第一に萬代不易の眞理はあり得ない。思想は常に消長交替を繰返して來た、今若しその時の支配者の思想に合致するか否かによつて思想を壓迫するならば、次の正しき思想は現はるべき由がない。第二に思想は反對思想との對立によつて、常に辯證法的發展をする。反對思想の批判あることによつて始めて吾々は自己の思想を反省し意識し、その確信を加へることあると共に、反對思想の正しき部分を攝取して、より高き思想を構成することが出來るのである。第三に若し思想に權力を以て強制を加へるならば、その思想の持主は不自然に歪曲された人格の成長を爲し、而も處罰を恐怖する卑怯利己の傾向を助長することにより、人格は成長せずして頽廢するのである。私は之等の論據の詳述を別論に譲ることとしよう（註）。若しそれ別個の見地に立つならば、思想上の自由あればこそ、民衆は政治に不滿なる時、その不滿を表現して鬱を晴らすことが出來るのであり、又思想上の自由あるにより民衆の要望が何處にあるかゞ判定されるのであり、最後に若し次項の政治上の自由を是認するならば、その前提として思想上の自由が與へられねばならない。何故なれば思想上の自由なくしては代議士は自己の政見を發表して、民衆の批判に訴へることが出來ないからである。之を要するに思想上の自由は、政治上の自由の前提要件であり、あらゆる實質上の自由は之を俟つて始めてその必要を民衆に啓蒙し宣傳することを得る、正に自由の中の根本的の自由でなければならない。

現代文明國はその憲法に於て思想上の自由を原則として承認してゐる。吾が憲法の第二十九條に於ける言論著作印行の自由の如き卽ち之である。だが法律によつて例外を規定することを得るとして、出版法、新聞紙法、治安維持法、治安警察法等々がその例外法規となり、原則として容認された思想上の自由は、こゝに餘りに××××を受けてゐる。殆んど完全な自由を有する英國の如きと比較すれば、多大の徑庭を見出さゞるを得ない。啻に法規上の抑壓のみでない、社會的迫害とも云ふべき一部團體からの抑壓を顧みるならば、現代日本に思想上の完全な自由ありと云ひ得るか。若し思想上の自由の必要を承認するならば、吾々は之等の壓迫を最少限度に限局せねばならない。かくても尙自由主義は旣にその使命を果したと云ひ得るであらうか。吾々にして自己の成長を希求する念の燃える時、又吾々にして自己の思想に確信の存する時、人は思想上の自由を欲求する。之に反して吾々に謙虛の心の消える時、又自己の成長を忘却する懶惰の心の動く時、又自己の思想に不安動搖を覺える時、又更に威壓と强制とにより人は動くと考へる時、思想上の自由は危機に瀕する。而して人間にその危險なしと誰が斷言し得るであらう、その間思想上の自由は不斷に强調されるに値する。

（註）拙著「大學生活の反省」中の「大學に於ける自由主義の使命」參照。

(2)　政治上の自由

政治上の自由とは、政權の行使を一人の君主又は少數の特權階級に委することなく、國民中のあらゆる成員をして參加せしむる狀態を云ふので、彼のデモクラシーと云ふ語は、同一事實に對する異なる名稱である。こゝにあらゆる成員と云ふも、當然に判斷能力を具備することを條件としてゐるのであるから、成年に達せざる幼少年者を除外することは勿論である。然し成年以上である限りは、殊に一方に於て國民義務教育を施行してゐる場合には、男性たると女性たるとを問はず、又その所有財産と所得金額の如何を問はず、すべて平等に代表議會に代表者を選擧する權利が與へられねばならない。かくて國民の總意は總選擧に於て表現され、國民により選擧された代表者より成る政黨は、單に政府を批判し監督するに止まらず、多數を占める政黨は自ら內閣を組織して、政權行使の衝に當るべきである。國家の政策は一に國民の意志に基礎を置き、その多數の同意ある場合に限りて行ふべしとするのが、政治上の自由主義であり、別の言葉を以てすれば議會主義《パーラメンタリズム》即ち之である。

政治上の自由を主張する論據は、第一に國家はそれを構成する全成員の所有物であつて、少數者の私有視すべきではないこと。第二に若し國民の爲を圖るならば、結局國民自身をして意志を表現せしめ、その代辯者を政權に參與せしめるに如くはない。第三に若し少數者が國民の爲と稱して、國民の意志如何を問はず政治を行ふならば、各人はそれ〴〵自己の所信を主張することとなり、混沌として歸一する所がなくなるであらう。多數の決定はたとへそれが正しいか否かは議論があるとしても、その正否如何も亦多數者の意志を俟つて決定されねばならない。かくて多數者の意志たることが一應の落ち付きと纒まりとを附けることが出來る。第四に若し多數者の意志を無視して少數者の意志を强行するならば、多數者は依然として舊制度に膠着して、新制度は圓滑に運行せず、制度は制度としての機能を發揮し得ない、のみならずいつにても反革命に參加する危險性があり、社會が不安定の狀態を繼續する外はない。之等の論據の詳述は私の別稿に讓ることとする（本書第十章「議會主義と獨裁主義との對立」參照）。

政治上の自由主義は一方に於て、ファッシズムの革命獨裁主義と對立し、他方に於て共產主義の革命獨裁主義と對立する。此の兩主義は何れも少數者にして眞の國民の幸福と信ずる改革を爲さんとするならば、國民全體の意志如何を問はず之を强行して差支なしとする。從つて議會の多數を俟たずして少數者の暴力革命を以て、政權を收奪し、政權を行使するにも多數者の同意を俟たずして少數者の獨裁權力を揮はうとするのである。ファッシズムの革命獨裁主義に對しては二面に於て批判を加へることが出來る。卽ち一はその改革の內容であり、他は改革の方法である。ファッシズムがいかに資本主義の改革を希求しようとも、結局その歸結は社會改良主義の範圍を出でず、それさへファッシズムの他の要求例へば軍備擴張に必要なる經費に支配されて、充分に改良の實を擧げることが出來ない。これその改革內容に對する批判であるが、その方法に對しては前述した政治上の自由主義の論據がその儘妥當するであらう。若しそれ共產主義の革命獨裁主義に至つては、その改革の內容に於て筆者と多く異ることなく、唯その方法に於て對立するのであるから、稍々詳細に議論する必要がある。

共產主義が狹義の社會主義と區別される特徵は、一は共有さるべき財貨が單に生產手段のみならず、消費財貨にも及ぶと云ふことと、一はその實現の方法として革命獨裁主義を主張することとに在る。前者に就て共產主義は直ちに消費財貨の共有を實行しようと云ふのではなく、先づ生產手段の共有を敢行し、次で（恐らく二三十年の後）次の段階に於て消費財貨の共有にも及ぼさんとするのであることは、レーニンの「國家と革命」等に就て知ることが出來る。他方狹義の社會主義に於ても單に生產手段の共有を以て永久に滿足するのではなく、やがては可能ならば消費財貨の共有にも及ぼさう、然し差當り實行すべき綱領としては消費財貨の共有を埒外に置くと云ふのであるから、共產主義と狹義の社會主義との改革の內容の差異は、云ふに足らないものだと云ふこととなる。筆者は後章「經濟的自由主義の運命」に於て述ぶるが如く、狭義の社會主義を是認するのであるから、筆者と共産主義との差は實現の方法として議會主義を採るか、革命獨裁主義を採るかの一點に係つて來る。之が所謂社會民主々義と共産主義との對立の要點である。

共産主義は誤れる二つの前提の上に立つてゐる。一は現存國家がブルジョアジーの餘剰價値搾取の爲の命令强制機關であり、從つて現存國家の中に於て（議會は國家の一部である）資本主義を化して社會主義社會とすることは不可能だと云ふことである。その二はプロレタリアが現在社會に於て多數を占めてゐるに拘はらず、議會に於てプロレタリア黨が少數黨たるに止まるは、議會が民衆の意志を反映せざる證據だと云ふことである。前者は所謂階級國家論《クラツセン・シユターツ・テオリー》と稱されるものであるが、此の國家論が成立する爲には、人が皆自己の利益の爲のみに動き、各人の利害を基礎として階級が成立し、從つて人は唯階級利益の爲のみに動くと云ふ前提が證明されねばならないが、人が皆自己の利益の爲のみに動くと云ふ快樂主義《ヘドニズム》の人間觀は、既に論破し盡されてゐる。現存國家に多分のブルジョアー的色彩を認めざるを得ないが、尚國家には超階級的立場のあることを否定し去ることは出來ない。エンゲルスは千八百七十年の獨逸帝國の如きは、勞資何れにも屬せざる第三的性質に屬すると云つたが（註一）、多かれ少かれ如何なる國家にもかゝる第三的性質を缺いてはゐない。若し階級國家觀を採れば、國家の存在は搾取の爲のみに係るに拘はらず、エンゲルスが國家の最後の行爲は生産手段の共有を敢行するに在り（註二）、と云つたのは、明かに矛盾だと云はねばならない。又此の國家觀によれば、階級の對立が消滅し搾取が跡を絕つた時には、命令強制權力は死滅すべきであるに拘はらず、レーニンによれば社會主義革命の行はれた後にも、かなり長期に亘つて、無産者獨裁と云ふ形式の命令強制權力が繼續するのである、之も亦矛盾を曝露したものと云ふべきである。要するに此の國家觀は積極的の證明を缺くのみならず、その內部に理論的撞着を含むが故に妥當性を持たないのである（註三）。

（註一） F. Engels: Der Ursprung der Familie, des Privateigentums und des Staates, 1884. 2te Aufl. 1892, S. 180.
邦譯「マルクス全集」第十二卷、八一四頁參照。

（註二） F. Engels: Die Entwicklung des Sozialismus von der Utopie zu der Wissenschaft, 1882.
邦譯「マルクス全集」第十二卷、八一二—八一三頁參照。

（註三）　昭和七年五月號「經濟學論集」拙稿「國家論と國家主義」參照。

翻つて第二點を見るに、現在社會に於てプロレタリアが多數を占めると考へるのは、唯論者の獨斷に過ぎない。現在の英國を除いては、世界各國に於てプロレタリアは決して人口層の過半數を占めてはゐないのである。之を大衆と云ふは正確には當らない。況んやプロレタリアの全部が社會主義者ではない、プロレタリア以外に却つて多數の社會主義者があると共に、プロレタリア自身が却つて社會主義的意識にまで進んでゐない。英國の如く完全なる政治上の自由と、思想上の自由とが與へられてゐる國家に於てすら、プロレタリアの僅に六割が勞働黨に屬し、一割が自由黨に三割が保守黨に屬すると云はれてゐる。プロレタリアを以て急進分子と解釋し、急進分子が社會成員の多數を占めるとするは、全く妄想的の前提に過ぎない。此の前提の上に立つて、議會は多數なるべきプロレタリアを代表してゐない、故に議會は民衆の意志を反映してゐないと云ふのである。なるほど選擧權を女性に拒んで男性に獨占せしめ、更に選擧法の規定に多くの不備あることに於て、現在の議會制度が完全であるとは云はない。然したとへいかなる缺點を有すればとて、無記名投票制度を採る限り、社會主義者にして斷じて脅迫と買收とに屈せざる氣魄にして有らば、それに相應する投票數を獲得することが出來ない筈はないのである。然るに選擧に於てプロレタリアの振はないのは、議會制度自體の缺點のみではなくて、プロレタリア自體にも責任がある。資本主義下に於ては、社會主義黨は多數になり得ないと云ふならば、戰前に於て獨逸社會民主黨が百十名の最大多數黨となり、戰後に於ても最低七百萬の投票を獲得してゐたこと、英國勞働黨が一九二九年の選擧で總議員三百十五名中二百八十七名の代議士を送り得た事實をいかに說明するのであらうか。資本主義下に於てはブルジョアーは自己に不利なる選擧法に改革する筈がないと云ふならば、一八三二年に英國の地主階級が選擧法改正に同意してブルジョアーに政權參與を讓步したこと、日本に於て普通選擧法が實施された場合の如き、何れも流血の慘事を伴はずして、支配階級は自分の獨占權を抛棄したではないか。若し又、社會主義黨が絕對多數黨に近づいた時には、ブルジョアー政府は暴力を行使して反對政黨を彈壓するに違ひないと云ふならば、その場合に從來の選擧制度の下に於て脅迫や買收を强行するのであれば、それに屈する社會主義黨に責任がある。若し選擧制度を改正するか又は議會を停止するならば、その時始めて社會主義黨は政治上の自由の名に於て暴力を以て起つ正當の權利がある。だがそれは政治上の自由の名に於て卽ち政治的自由主義の名に於てゞあつて、決して革命獨裁主義の名に於てゞはない。その場合蹶起するに敢て革命主義を借りる必要はないのみならず、自由主義の名に於てすることが、正當でもあり又有利でもある。若しその場合に蹶起するも、時は既に遲れてゐる、今よりして準備をするの必要があると云ふならば、敢て問はう、社會主義黨が絕對多數黨に近づいた時にさへ、暴力を以て彈壓せんとするブルジョアー政府は、今日微々たる勢力しかない共產主義者の革命準備を默過してゐると思ふか、又社會主義黨が殆んど民衆の半數をも包含せんとする時にさへ、彈壓に抵抗し得ないならば、微々たる今日の共產黨が彈壓に抵抗し得ると思ふのか。議會主義に反對する論據はすべて一々、その儘革命主義の論據を破壞するものならざるはない。それならばこそマルクスは一八七一年と七二年の兩年に亘つて、議會主義による社會主義實現が可能なることを說き、エンゲルスは一八九五年に非合法がブルジョアーに有利であり、合法こそプロレタリアにとり有利であると說いたのである（註四）。

（註四）邦譯「マルクス全集」第七卷の三、二七〇頁。同第五卷　一四―一五頁。

或は云ふかも知れない、議會主義によつても社會主義の實現は不可能ではない、然しそれは百年河清を待つに等しい、寧ろ一擧に暴力革命を以てするに如かずと。何故かと云へば、プロレタリアがブルジョアーの思想教育の下に育つ今日、彼等の全部が社會主義者たることを望むは、前途餘りに遼遠であると。だがたとへブルジョアーの教育を受けようとも、あらゆる教室內外の教育よりも、より有效なる宣傳は、プロレタリア自身の境遇より來る體驗ではないか、かゝる有力なる宣傳の應援あるに拘はらず、プロレタリアをして社會主義者たらしめ得ないならば、その責は社會主義に在らねばならない。況んや思想教育が人間の意識を決定すると考へるのは、存在が意識を決定すると云ふマルキシズムの唯物史觀に矛盾するではないか。又思想上の自由なき今日、プロレタリアに社會主義の宣傳をすることは不可能だと云ふかも知れない。此の點は私も亦充分に理解し得るが、之は思想上の自由促進の理由にはなるが革命主義を採ることの理由にはならない。何故なれば思想上の自由さへなき社會に於て、革命運動の實踐の自由のあり得る筈がない。而して現代國家を顚覆するが如き革命は、よほどの人員を動員し組織訓練が行はれねばならないが、かゝる準備は當然に思想上の自由を必要とする。先づ獲得すべきものが、思想上の自由たることは、政治上の自由主義たると革命主義たると異る所がない。而して先づ思想上の自由を獲得して後、議會に多數黨を派出するは、餘りに時日を要し待つに堪へないと云ふならば、思想上の自由なければ、多數黨の獲得も不可能なると同じく、革命準備も亦不可能である。思想上の自由あらば、多數黨を獲得することは、不斷の彈壓を受けながら地下に於て革命運動の準備をすると遲速何れであらうか。要するに議會主義の實現を遲からしめる理由は、革命主義の實現をも亦遲からしめるのである。假りに時間に於て兩者を同一だとするならば、前述した議會主義の論據は、すべて議會主義に有利な勢援を與へるであらう。革命主義者は一九一七年に露西亞革命が成功した事例に眩惑されてゐる。然しあの革命は露西亞の如き特殊の國に於てのみ可能であつたので、あれを萬國に妥當するものと普遍化するは甚しき錯覺である。現に類似の條件に在つた獨逸革命が成功せざりしことに徴しても明かである。之を總括すれば、社會民主々義の不利は誤れる共產主義の存在することに在る。革命主義を清算して社會民主主義の戰線に於て統一することこそ、社會主義にとつて最も有利であり最も急務でなければならない。

政治上の自由は各國に憲法の議會制度となつて實現されてゐる、だが決して完全ではない。上院に對する代表議會の優越性、政黨内閣制の確立、選擧權者の擴大、選擧法の改正、更に多數討議の機關ではなし得ない現代複雜な諸問題の調査立案の爲の調査機關の設置等、政治上の自由主義は補完すべき多分のものを前途に殘してゐる。況んやファッシズムと共產主義との双方より來る革命獨裁の危險ある時、誰か政治上の自由主義の使命盡されたりと云ふものがあるか。

（六）　團結の自由、團體の自由、國民的自由

實質上の自由に就ては曩に一言したやうに、身體上の自由、信仰上の自由、社會上の自由、經濟上の自由、家族上の自由、地方的自由、團結の自由、團體の自由、國民的自由等々が數へられる。經濟上の自由に就ては特に次章に述べることとしよう。身體上の自由とは、生命、身體、居住、移轉、財物に關する自由を包括し、之等は何れも吾が憲法に於ては第二十二條、第二十三條及び第二十五條等にて保證されてゐるが、生命身體に關する尊重の念薄く、動もすれば殺傷拷問等の噂を聞く時、依然として必要を減じない。信仰の自由も吾が憲法第二十六條に

規定されてゐるが、往年大爭鬪の的であつた此の自由は、今日はその重要性を減少した。社會上の自由とは、職業の自由敎育の自由結婚離婚の自由等を包含し、男性に對しては此の自由が與へられてゐるとしても、女性に對しては未だ決して充分ではない。家族上の自由とは、家族に於ける夫婦親子の關係に於て、隷從壓迫より妻と子を解放せんとするものであり、地方的自由とは中央集權制度に對立して、地方の特殊性に適應した自治制を主張するものである。之等は何れも或る程度まで現存制度に實現されてゐて、而も未だ決して全からざるものであり、自由主義の主張は依然として繼續され擴大される必要がある。だが實質上の自由の內で、特に現代に於て重要性を有し、自由主義の中に於て特異の地位を占めるのは、團結の自由と國體の自由と國民的自由との三種である。何れも個人を對象とする自由ではなくして、個人の集團たる社會を對象とする自由たることに於て特色があり、之を重要視し來れることに、自由主義の發展の跡を見出し得るだらう。

自由主義が曾て自然法の哲學や功利主義の哲學の上に立つてゐた時には、その機械的個人主義たる事の當然の結果として個人はそれ〴〵孤立した存在と考へられ、個人の集團たる國家は單に各個人の安全を保證する機關として、各個人の利害を連鎖としての機械的集合と看做されるに過ぎなかつた。然るに自由主義の哲學が理想主義に轉化するや、人間觀も之と共に轉化して、各個人はそれ自身の中に同胞の成長を希求するの念があり、又自己の成長の爲には集團の生活が必要缺くべからざる存在と考へるに及んで、集團はいつにても離れ得る利害の上に立つ結合に非ずして、內面的連鎖によりて繫がるゝ結合にして、集團を離れて個人は全からず、個人と集團とは密接不可分の關係に在る。人或は自由主義の哲學が理想主義であり、理想主義の道德哲學が個人主義なることを前述したことを考へて、以上の私の言に疑ひを挿むかも知れない、然し之に答へるが爲には、私は二つのことを述べることを以て足る。一は若し私の人間觀が理想主義に非ずして、利己的個人主義であるならば、集團を以て機械的結合と看做すの外はあるまい。然し吾々の人間觀は理想主義なるが故に、以上の言は毫も吾々の立場と矛盾することにはならない。第二に人間觀に於て利己的個人主義を採らないで、個人の中に集團への內面的關心を認めればとて、此のことは道德哲學に於ける個人主義と相容れられないことにはならない。何故なれば人間觀とは事實に關する認識であつて、道德哲學とは吾々の理想に關するものであり、人間が事實に於て外面よりいかに多大の影響を受けるかを認めればとて、道德の理想として個人の成長を置くことは、矛盾することにならないのは、道德哲學上の個人主義が、社會思想上の社會主義と矛盾せざることと同じである。要するに現代の自由主義は、十九世紀前半時代のそれと異つて、集團を個人の機械的結合と見ることなく、集團は個人と共に自由主義の重要なる對象である、これだけの前提を置いて、三種の自由に論及しよう。

(1)　團結の自由

團結の自由とは、個人にして希望するならば同志相集合して、團體を組織することの自由を云ふのである。吾が憲法第二十九條の所謂集會結社の自由卽ちこれである。團結の自由は、當事者が資本家たると勞働者たると自由職業者たるとを問はず、その存在が一時的たると永續的たるとを問はず、又その團結の目的の單に經濟的たることを必要としない。然し團結の自由として古來最も問題となつたのは勞働者の同盟罷業の自由及び勞働組合組織の自由であつた。勞働者以外のものゝ團結は、漫然として容認され、毫も怪しまれる所なかつたが、勞働者の團結のみが特に問題となつたのは、勞働者が社會に於て一種特異の眼を以て見られてゐたからで、彼等の團結の自由が問題となつた時、始めて一般に團結の自由は意識の對象となるに至つたのである。元來自由主義の立場から見て團結は二樣に取扱ふことが出來た、卽ち若し個人の意志に重點を置けば、個人にして團結を希望せば、それを阻止するは自由主義に反することとならう。同時に團結あることにより受ける强制に視點を向ける時、必ずしも自由主義は團結を肯定し得ない。卽ち團結したる個人はそれにより强制を受けることがあり、之に加入せざる埒外の個人はその團結から脅威を受け、その團結の相手たるもの例へば資本家は、當然に團結の威力により强制を加へられるであらう。若し强制を排除することを以て自由主義の使命とすれば、團結の自由は自由主義と矛盾するとも考へられる。十九世紀の始め自由主義は此の難問の前に立たされた。佛蘭西革命は團結を禁止した、蓋し後者の立場を採つたからである。之に反して英國に於ては之が決定に少からず苦惱し、自由主義者間に異論が對立した。此の苦境を物語るのが、一八二四年と翌年との勞働組合法である。

元來勞働者の團結に關する立法には、三個の段階があつた。第一期は團結自體を不法として之を禁止するのであり、英國に於ては一七九九年と一八〇〇年の「結社禁止法」が之に當る。

第二期には團結は不法としないが、その團結により爲される各種の行爲を禁止することにより、結局實質上は團結が禁止されると等しい結果となる。第三期に於てそれ等各種の行爲をも自由とし、名實團結を合法化するのである。英國に於ける一八二四年と一八二五年の法律は、「結社禁止法」を廢止して、團結自體を不法とせざることに於て共通である。此の點に於て自由主義は個人の意志に重點を置く立場を採つたのである。然し一八二四年の法律は團結の行爲に就てかなり自由であつたが、一年間に起つた爭議に脅えて、翌年の法律では自由を狹めることとした。此の立法方針の豹變の中に、團結に關する自由主義者の態度の不確定さが窺知された。要するに一八二五年の法律は、第二期を代表する。然るに一八七五年の法律により始めて第三期に入り、名實團結の自由は確保されるに至つた。佛獨兩國に於ても略々之と類似の段階を經過し、日本に於ては大正十五年「治安警察法」第十七條を撤廢することにより、第三期の段階に入つたものといふことが出來る（註一）。自由主義と團結の自由の經緯は以上の如くであるが、自由主義は團結を作らんとする個人の意志に重點を置いて團結を承認した。此の歸結は自由主義より來る當然の結果の如くであるが、他方團結により强制される資本家を思ふとき、未だ加入せざる勞働者を考へる時、更に團結したる個人も加入に於て自由ではあるが、加入によつて幾多の强制を受くることあるべきを思ふ時、自由主義は勞働者の團結に自由を認めることに於て必ずしも平然たり得ない理由もある。それにも拘はらず、勞働者の團結が遂に名實自由を確保したのは何故であるか、そこに自由主義者は自らも意識せざる裡に、資本主義下に於ける勞働者の地位が特異のものであり、勞資が決して平等の立場にゐないことを承認したに外ならない。かくて經濟上の自由主義は、團結の自由を承認した時から、側面的の攻擊を自らの手に於て加へられたのである。更に團結の自由は機械的個人主義の立場に於て承認されたのであるが、かくして認められた團結が日益しに擴大し强化して、個人の爲し得ざる職能を發揮する時に、團結をよりよく說明する思想が要望されねばならない。自然法や功利主義に代はつて、理想主義の哲學が擡頭したのは、此の要望に適應したからであつた。

(註一)　拙稿「勞働問題研究」四〇八―四一六頁。同「社會思想史研究」第一卷一九三―二〇四頁參照。

現代に於て各國は既に以上の立法の第三期に入り、吾が國も亦然りであるが、然し之を以て團結自由の問題が餘す所なく解決し盡されたかと云ふに、必ずしもさうではない。「治安警察法」第十七條は撤廢されたにせよ、警察當局は他の法規の條項により、爭議の首腦部を檢束して、爭議を潰滅せしめることが出來るし、又公益事業に關しては「勞働爭議調停法」があり、此の種の立法の必要は認めるけれども、公益事業の從業員が私益事業のそれよりも不利を蒙らざる爲の別種の施設を必要とはしないか。同情罷業は許さるべきか、總同盟罷業如何、等の問題が殘されてゐる。更に團結の自由は主として勞働者の團結に就て問題となつたが、下級官吏の如きも亦團結の自由を認めらるべきではないか。又或る種の結社例へば共產黨が合法政黨と認めらるべきか否か。革命の實踐及びその準備を合法化することは、現存秩序を容認する多數者の意志と必然に矛盾することであり、共產黨が合法政黨の名の下に革命運動を爲すことを認むるのは、私も反對であるが、假りに共產黨が政黨を革命運動の機關と峻別するならば、たとへ革命獨裁主義を唱へようとも、合法的政黨として妨げないと思ふ。英佛獨を始めとして現に諸外國の實行しつゝある所である。況んや私有財產の撤廢を主張する團結の如きは、之を認むべきであることは、單に團結自由の問題としてのみならず、前述した思想上の自由からも要求されるであらう。要するに現在及び將來に於て、團結の自由には依然として活動の餘地が殘されてゐるのである。

(2) 團體の自由

こゝに團體の自由とは、吾々の構成する各種の團體はそれ自身獨自の存在理由を有するものであるから、原則として他より强制されざる地位を認めらるべきであり、唯止むを得ざる場合に於てのみ他からの干涉を容認することを云ふ。此の自由が念頭に置くのは國家からの干涉であつて、治安維持の必要からのみ國家の干涉を認め、その他の場合には自由を認めようと云ふのである。現代に於て吾々個人は孤立して生存してゐるのではない、各種の集團卽ち社會の一員として生存する。之等の社會の中には生れながらにして吾々がその一員たる國家又は家族の如きものもあれば、その後に於て加入した敎會、大學、研究所、資本家組合、勞働組合等を始め、大小無數の社會がある。之等の社會が複雜に交錯してそれ〴〵の職能を果しつゝあることは、現代社會の特異の傾向である。社會の中でその目的の一般的包括的なものを共同社會と云ひ、國民が現代の唯一の共同社會である。その目的の一部的局部的なる社會を部分社會と云ひ、團體とは部分社會を意味する別名である。共同社會ならざる社會はすべて部分社會であり、國家、教會、大學、勞働組合、政黨階級の如き、又世界人類の如き何れもそれである。部分社會はそれぞれ特殊の目的を有するが、教會は宗教を、大學は研究と教育とを、勞働組合は勞働者の生活條件の維持改善を目的とする。特殊の目的の爲に構成される部分社會は、全體社會のそれ〴〵の側面を擔任して、全體社會と共に各個人の人格成長の爲に必要なる職能を果しつつある。人は國家を以て全體社會なりと云ふかも知れない。然し國家も亦一の部分社會に止まり、唯その目的が秩序の維持に存し、從つて命令强制の權力を所有することに於て、他の部分社會と異るに過ぎない。從つて國家が之等の部分社會の王座に位して最高の價値を有するのではなく、國家はその目的たる秩序維持と云ふ點から、教會や大學や勞働組合等に干渉することは當然であるが、秩序維持に關係しない限りに於て、教會も大學も組合もそれ〴〵の特殊の目的を遂行することに就て、敢て國家が部分社會たることと異ることなく、その下位に立つべきものではなく對等の立場に在り、國家からの干渉は唯秩序維持の一點に止まり、他の點に於ては教會は宗教に就て大學は眞理の探究と學生の教育とに就て、全く自由なるべきである（註二）。

（註二）　拙著「社會政策原理」四八—五四頁。本書第九章「國家・大學・大學令」參照。

團體の自由を主張することに於て、自由主義が國家を絕對神聖の王座から引き降す點で、十九世紀初期の國家觀と類似するかの如くであるが、決してさうではない。國家を以て機械的結合と見ない點に於て今日の自由主義は往年の自由主義と異つてゐるし、國家からの自由を個人の爲でなしに團體の爲に要求する點に於ても亦異る。團結の自由は旣に自由主義の中で特異の地位を持つてゐるが、團體の自由に至つて、更に自由主義は往年の自由主義から一步離脫してゐるのである。曾て宗敎が人間生活に重要な役割を果した時には、敎會と國家との關係は紛糾した問題であつた。十九世紀に入りても多少兩者の紛爭はないではなかつた（註三）。然し團體の自由を意識せしめたのは、主として大學と國家との關係、勞働組合と國家との關係に於てゞあつた（註四）。例へば英國の二十世紀に入れる後の勞働組合と國家との關係、日本に於ける最近の國家と大學との關係を顧みるならば、團體自由の問題が現代に於て重要性を有することが分るであらう。團體の自由を主張する前提には、團體とはそれ自身獨自の生命と使命とを有し、國家が之を容認するが故にその存在が與へられるのでなく、それは夙に存在し、國家は唯自己の特殊目的たる治安維持の點から、國體の活動に干渉するに過ぎないと云ふ社會觀がある。例へば一九〇八年オスボーンの判決に於て、英國裁判所は勞働組合は國家の認めた範圍内に於てのみ存在する。而して國家は組合に政治活動を認めなかつた、故に組合は政治運動に參加してはならないと云ふ判決を下した。之に對して組合側では、組合はそれ自身獨立の存在を有してゐるので、その存在が國家によつて與へられるのではない、唯國家の特に禁止したことを爲しえないのみで、禁止せざる行爲はいかなることでも爲し得ると主張した。こゝに社會に關する二つの見解が對立してゐることが見出される。國體の自由を主張するものは、後者の社會觀の上に立つてゐるのである。然らば國體の自由はいかなる根據を有するか。國家は獨自の存在目的を有することに於て、神聖なる存在である。然し部分社會たる國家を化して全體社會とし、最高絶對なる社會とすることは、啻に他の部分社會の職能を阻止するのみでなく、命令強制の權力を優越視せしめる弊害を生ずる（註五）。宜しく國家を他の部分社會と同列に置き、部分社會をして國家を經過してゞなしに、それ自身獨立の地位を保持して、それ〴〵の職能を果さしめることが、人格成長の趣旨に合致するからである。

（註三）　拙著「社會思想史研究」第一卷　二三五―二四〇頁參照。

（註四）　拙著「トーマス・ヒル・グリーンの思想體系」下卷　一一八五―一一九〇頁參照。

（註五）　本書第五章「國家主義の批判」參照。

(3)　國民的自由

國民的自由の要求とは共同の言語と感情と歷史と利害とを同じくする一民族は、獨立の國家を組織しその獨立を維持することに、何等他からの强制を受けざることの要求を云ふ。國民的自由から三つの問題が起るであらう。第一は未だ獨立國家を組織せざる民族が獨立の國家を組織することである。十九世紀中頃以來白耳義、希臘、伊太利、洪牙利、波蘭その他バルカン諸邦の土耳其からの獨立運動は、何れも國民的自由に基く運動であつて、所謂「一民族卽一國家」を標榜する國民主義運動が之である。第二は自國內に異る民族を包含する場合にいかにするかの問題であつて、遠くは英國が亞米利加合衆國の獨立を承認し、加奈陀に自治を許し、近く愛蘭に自治を與へたるが如きは、第一の獨立の要求に對應して、母國が植民地又は半植民地に對して採りたる政策であり、等しく國民的自由に基くものである。第三は現に獨立せる國家相互が暴力を以て他國の意志を强制することに反對するのであり、國民的自由主義は、此の場合に帝國主義、軍國主義に對立して、平和主義の立場を採る。以上三種の問題は何れも國民的自由に關するのであり、何れも現代に於て重要性を有するが、特に現代に於て前面に現はれつゝあるは第三の問題であり、强大國相互が戰爭の危機に瀕しつゝある場合に於てである。

自由主義は必ずしも戰爭に反對しない。一民族卽ち一國家の名に於て獨立戰爭を爲したのは、それ〳〵自由主義者であつた。又外國の自由主義者も之に對して勢援を惜しまなかつた。然し現代の强大國が直面しつゝある戰爭は、自由主義とは正に對立するものと云はねばならない。蓋し戰爭はそれ自體生命身體の自由を奪ひ、財物を破壞し租稅公債を重課するのみでなく、戰爭期間は非常時の名の下に戒嚴令が布かれ、自由主義の主張するすべての自由は停止するのである。然し戰爭の弊害は旣に戰爭が發生した後のみではない、やがて戰爭が起るであらうと云ふ豫期の場合に寧ろ著しい。軍備擴張の爲に巨大の經費が投ぜられ、他の社會施設文化施設は斷念され、能率增進の名の下に獨裁政治が歡迎され、平和統一の爲に思想の壓迫が行はれ、武力權力への崇拜が漲る。すべて之等は直接人格の成長に背反し、間接には人格成長に必要なる條件の實現を阻止する。更に戰爭は屢々國內に於ける改革の氣運を鈍らすが爲に、眼を國外に轉ぜしめることを目的とし、更に戰爭はその後に革命及び反革命を伴ふ。すべて之等のことを思ふ時、凡そ戰爭と云ふものほど自由主義と對立するものはないのである。

だが自由主義はいかなる場合にも戰爭を否定するのでないことは前述した。自由主義が戰爭に反對するのは、それが人格成長の目的に反するからである、從つて絕對に戰爭に反對して他國の强制に苦しむ結果となるならば、戰爭に反對する人格成長の目的と却つて背馳すると云はねばならない。これ自由主義者が敗戰主義を主張する一部のマルクス主義者や、宗教の理由から無抵抗を主張するクェーカー信者と異る點である。從つて自由主義者は戰爭の原因を檢討して然る後態度を決せねばならないが、戰爭は相手國あつてのことであつて一國のみの爲すことではない。たとへ戰爭の原因が否定さるべきものであるにせよ、相手方も亦同一の戰爭原因を有し、その衝突が戰爭を齎らす場合には——之が現代の强大國間の戰爭の常例である——戰爭原因の檢討も亦結局益する所なきに終るだらう。所詮戰爭に對して最も必要なことは、戰爭の原因となるべきことを相互に淸算して、戰爭を惹起する危險性を排除することに在る。之が爲に仲裁々判條約、軍備縮小條約の締結や、理念としての國際聯盟の建設に努力すべきである（註六）。他方に戰爭原因の中の主要なるものとしての資本主義を變革すべく努力が向けられねばならない、こゝに於て吾々は遂に經濟的自由主義に觸れざるを得ざるに至つた。

（註六）　本書第六章「國際的不安の克服」參照。

（三）　經濟的自由主義の運命

（一）　緒　　言

經濟的自由主義（economic liberalism）とは、所有の自由營業の自由契約の自由消費の自由貿易の自由等の實現を目的とするものであり、經濟的生活に對して、國家の干渉を排斥するのみならず、保護助長の政策にも反對し、後者の立場からする保護關稅の設定に反對し、特に此の場合の自由實現は、自由貿易の名に於て經濟的自由主義の中に於て一時最も華やかな地位を占めてゐた。經濟的自由主義は單に經濟上の自由を要求する自由主義の一種に過ぎざるに拘はらず、往々にして自由主義そのものと同一視され、幾多の他の自由主義の存在は看過され、經濟的自由主義の弊害は卽ち自由主義の弊害と妄斷され、その運命は自由主義全體の運命なるかの如くに速斷された。思ふに自由主義の中で、經濟的自由主義のみにかゝる獨占的地位を與へたのは、一はマルキシズムから由來したのである。蓋しマルキシズムの唯物史觀に於ては經濟關係は一切の社會關係の基礎であり、又意識形態を決定すると考へるから、「經濟的」自由主義を以て自由主義一切の基本的なものとしたのであらう。又一は從來自由主義を檢討したものが經濟學者が大部分であり、彼等は經濟的自由主義を知るも、他の自由主義を知らなかつたのであらう。自由主義なる言葉を聞く時に、自由主義の哲學たる理想主義を聯想し、他の幾多の自由主義をも聯想するものがあると共に單に經濟的自由主義のみしか聯想しないものがある（註一）。英國人が自由主義に接する時は前者の態度を以てするが、獨逸や日本に於ては後者の態度を以てする。自由主義はその體系の規模は雄大にして、自由の項目は頗る廣汎である。經濟的自由主義のみしか知らざるものは、唯物史觀の謬見に囚はれるものか、又はその敎養の偏狹なる經濟學者に過ぎないのである。

（註一）　プレンターノの八十歳誕生記念論文集第一卷の中のウィーゼ及びヘルクナーの二論文は共に、

獨逸人の自由主義に關する謬見を抗議してゐる。(Leopold von Wiese: "Gibt es noch Liberalismus." H. Herkner: Der sozialpolitische Liberalismus. (Festgabe für L. Brentano, Bd. I. 1925)

だがたとへ經濟的自由主義は唯一の自由主義ではないにしても、自由主義の中に於て最も重要なものであることは疑はれない。蓋し經濟的自由主義は、私有財產制度と自由競爭制度とを確保し、此の二つは資本主義の社會制度の二大支柱であり、資本主義的精神、資本家專制、商品生產と相共に、現資本主義を構成する要素だからである。之等の要素は相互に密接な聯關を有するが、その社會制度は經濟的自由主義より來り、その上に資本主義的精神が初期の自由主義の哲學たる功利主義より來れるが故に、資本主義は經濟的自由主義の所產たるかの觀を呈し、資本主義の弊害のすべては經濟的自由主義に歸せられると云ふ汚名を負ふに至つた。資本主義をいかに處置するかは、前世紀後半以來に於ける最も重要な問題である。こゝに於て經濟的自由主義の運命が最も注目を惹き、恰も自由主義中の代表的のものかの如くに思はれるに至つた。經濟的自由主義は、それが唱へられた時に最も重要なのではなくて、それが清算される時に於て最も重要なものとされたのである。だが之は前世紀末のことであつて現代のことではない。人は今日屢々云ふ、資本主義即ち自由主義と。然し現代に於て資本主義を構成した當時の如き經濟的自由主義即ち所謂自由放任主義を踏襲するものはあるまい。現代の社會思想家は自由主義の體系とは無關係に自由放任主義を拋棄したか、或は自由主義の上に立つて自由放任主義を淸算したかの何れかであつて、自由放任主義に膠着するものは絕無と云ふも不可はない。資本主義を批判するものが、それと共に自由主義を批判するが、その自由主義が自由放任主義の意味ならば、自由主義自らそれを淸算してゐる。敢て他よりの批判を俟つ必要がないのである。現代に於ける自由主義者が、依然として自由放任主義を主張してゐると思ふものあらば、會々論者の無智を表白するに外ならない。吾々は此處に前世紀末に行はれた經濟主義の運命から、先づ檢討を開始せねばならない。

（二）　經濟的自由主義と社會改良主義

十九世紀の前半に於て既に資本主義は、その弊害を曝露し始めた。その弊害の何たるかは社會問題の教科書に讓らう（註二）。要するに經濟的自由主義は、人間の平等を前提として各人の經濟的自由を主張した。然しゲーテは自由と平等とを併せ與へんとするものは夢想家か山師かであると云つたが、平等ならざるものを平等として前提すること既に誤りであるが、その前提の上に立つて自由を與へる時に、不平等は愈々累增せねばならない。人間は平等ならざるべからざるものではある、然し人は今現に平等でもなければ、過去に於て平等でもなかつた。自由を與へることが人を平等ならしめる一方法だと考へるにしても、その自由が他の方面の自由でなしに經濟上の自由である時に、殊に變動の劃期的な產業革命の時に當つての自由である時に、自由は平等を齎らさないのみならず、愈々平等から距離を大きくした。勞働者と資本家との地位が對等でないことは、前述した團結の自由を認めることを餘儀なくしたが、然し團結し得る勞働者は種類が狹められて居り、又團結の自由による效果にも限界がある。かくて國家が勞資双方の間に介入して、契約の自由に干涉し、勞働者保護の立法に着手する必要に迫られた。若し經濟的自由主義の原理に膠着するならば、かゝる保護的立法は排斥されねばならない。然し眼前に見る勞働者の窮境は座視するに忍びない。かゝる人道的見地を全うせんとすれば、經濟自由主義の原理に矛盾を來さねばならない。自由主義者はこゝに至つて進退遂に谷まつたのである。

（註二）　拙著「社會政策原理」八二―九〇頁參照。

此の難境に直面して一場の活路を開いたのは、ジョン・スチュアート・ミルであつた。既に一八四八年の「經濟原論」に於て經濟的自由主義に幾多の訂正を加へた彼は、一八五九年の名著「自由論」に於て一方では思想上の自由や團結の自由に對して、今までよりもより深き基礎付けを爲したと共に、他方では自己のみに關する行爲と他人にも關係する行爲とを區別し、後者に就ては絕對的に自由なるべきを主張し得ないと唱へて、此の場合は自由か强制かと云ふ根本原理によつてゞはなくして、別にその時々の利害により決定されねばならないと云つた。彼は具體的の適用として婦人未成年者の保護立法に就ては贊成したが、成年勞働者を保護することには反對した。然し今まで自由主義とは凡そ一切のいかなる場合にも自由を主張するものと解してゐた自由主義者に對して、或る場合には自由を主張し得ないことを明かにしたことは、著者が自由主義の權威であつたゞけに與へる衝動は多大であつた。自由主義者が窮してゐた成年勞働者の保護立法に就ては、ミルの「自由論」は直接難局打開の效果を持たないが、或る種の強制を甘受することが自由主義と矛盾するものでないことは明かにされ、一道の光明前途に輝くの感を與へた。だがミルの「自由論」は難問解決の名案として決して充分ではなかつた。何よりも先づ自己のみに關する行爲と他人にも關する行爲とを區別することが不可能であり、彼自身此の區別を貫徹し得なかつた混亂を示してゐる。殊に「自由論」は功利主義の哲學から多分に離脱して、理想主義の哲學に接近し、而も功利主義を清算し得ず理想主義に傾倒し得ないと云ふ半途彷徨の間に在つた（註三）。こゝに於てミルの爲し得ざりし業績を果し、自由主義者の全き要望に添ふものが必要であつた、それがトーマス・ヒル・グリーンに待たれてゐた。

（註三）　本書第七章「ミルの自由論を讀む」參照。

グリーンは獨自の理想主義の哲學體系を提げて、ベンサム以來の功利主義の哲學を清算し、社會思想の領域に於ては、或る場合に從來の自由主義を依然として保持すべきことを認めると共に、勞働者保護の問題に關しては、自由放任主義を拋棄せよと唱へた。彼によれば吾々の社會の理想はあらゆる成員の人格の成長に在る。自由主義は此の理想に合致するが故に正當化されたのである。十九世紀前半に於ては正にさうであつた。然しグリーン當時には、經濟的自由主義あることにより、却つて此の理想に矛盾する。勞働者は資本主義より來る强制の前に、自己の人格成長の條件を缺くに至つた。曾ての自由放任主義を基礎付けた原理そのものが、今は自由放任主義の淸算を餘儀なくする。曾て國家からの强制を排除する爲に自由放任主義が是認された。今や資本主義からの强制を排除する（removal of restraint）爲に、勞働者保護立法を必要とするのだと云ふ（註四）。彼は自由放任主義を抛棄したけれども、私有財產制度と自由競爭制度を根本的に廢止しようとは思はなかつた。之等の制度を保存して唯必要ある限度に於てのみ勞働立法の形式に於て制限を加へようとしたのである。故に社會主義に非ずして社會改良主義と云はるべきものであつた。彼れの學說により自由主義者は、始めて躊躇逡巡の窮境から脫することを得た。そして自由黨は之に基いて自由放任主義から社會改良主義の政黨に發展し、一九〇六年の自由黨內閣に於て、大規模な社會政策を實施したことは周知の如くである。人はグリーンの社會改良主義を稱して新自由主義（new liberalism）と云ふ。經濟的自由主義から社會改良主義への發展は、確かにグリーンの爲した功績である。だが彼は哲人ではあつたが社會科學者ではなかつた。社會思想の基礎たる哲學を理想主義に置いたことに、彼の主要な學績はあるが、社會思想の領域は彼れの專攻する所ではなかつた。資本主義の分析に缺くる所はなかつたか。勞働者の問題は單に社會改良主義を以て解決することが出來るか。之がグリーン以後に殘された課題であつた。

（註四）拙著「トーマス・ヒル・グリーンの思想體系」下卷　一〇九〇―一一五三頁參照。

（二）社會改良主義と社會主義

社會改良主義か社會主義かの對立は、畢竟資本主義か社會主義かの對立である。固より社會改良主義は資本主義を全部的に肯定してゐるのではない、然し資本主義の根幹たる私有財產と自由競爭との二制度を維持して、唯局部的の改革を企てようと云ふのである。從つて資本主義と併立させる場合には兩者の間に相違があるが、社會主義と併立させた場合には、兩者の差異は私有財產と自由競爭とを存置するか否かの一點に係つて來る。これ私が社會改良主義と社會主義との對立が、資本主義と社會主義との對立に歸着すると云ふ所以である。況んや今日資本主義を絕對的に是認する論者は殆んど皆無であるから、往年こそ社會改良主義は、資本主義の否定的意味を持つたが、今日に於ては資本主義の肯定的意味をより強く表現してゐるのである。そこで問題は、資本主義は果して存續するの價値あるか否かにある。

資本主義が當初立脚してゐた職能を發揮してゐないことは、前世紀末に於て旣に曝露し、今日に於て愈々明かである。それは曾て私有は砂を化して黃金とする魔力を有するからと云つて、私有財產を辯護した。然し勞働するもの卽ち砂をも化して黃金と爲し得るものが、同時に所有者である時には此の言は妥當であつた。然し旣に所有と勞働とは分化して、所有するものは勞働するものでなく、勞働するものが所有するものでない時に、此の言は私有財產制度を擁護するに充分でなくなつた。況んやその後に於て富は愈々少數者に集中し、多數者はプロレタリヤに沈澱した今日、所有は多數者の勞働を刺戟する魔力たる機能を喪失した。而して他方株式會社の流行は、所有を經營からさへ分化せしめ、所有なきものが充分經營を全うし得ることを明白に證明してゐるのである。更に資本主義は各人に自由活動を與へることを以て、又自由競爭が結局消費者の爲に廉價な商品を提供することを以て、自由競爭制度を擁護した。然し現代の資本主義に於て何處に自由活動が殘されてゐるか。極めて少數寡頭の金融資本家を除いては、大產業資本家も金融資本家に支配され、中小經營は大經營に壓迫され、プロレタリアは資本家に壓迫され、自由なる活動は名に於て存するも實に於て存しない。自由競爭は資本主義自らの發展によつて否定され、カルテル、トラスト等の獨占企業と國家市町村企業との發達と關税政策とは、自由競爭を停止して、消費者への商品の價格を釣り上げてゐる。又資本主義は生產力を發展せしめると云ふことを以て、その存立意義を基礎付けて來た。然し少からざる資本家が不勞階級として勞働せず、多數の勞働者が失業者として勞働の意志あるも勞働の機會から離脫し、資本は奢侈產業に投下されて生產的投資を減じ、廣告の爲に莫大な經費を浪費し、私有制度の爲に鑛山の各人所有の境界は、双方から採掘されないでその儘拋棄され、更に需要と供給との不一致から來る過剩生產の爲に、一方に餓死するものもある傍に於て、巨大な商品は排棄される。かくして尙資本主義はその標榜した生產力發展の名を辱しめることなしと云ひ得るか。

だがたとへ資本主義がその本來の立脚地に矛盾すればとて、それだけで資本主義を葬ることは出來ない。何故なれば以上の叙述は唯資本主義の矛盾を指摘して、その信用を傷つけるに過ぎないからである。然らば資本主義は何故に存續を否定されねばならないか。すべて一切の事物の批判には、批判の基礎となるべき理想がなければならない。幸にして吾々には理想主義の社會哲學があり、あらゆる社會成員の人格成長に必要な條件を供與するか否かと云ふ標準が與へられてゐる。之によつて資本主義を批判すればどうなるであらうか。第一に社會成員の少からざる部分を占めるプロレタリアは、勞働時間は長く賃銀は少く生産過程は往々にして危險有害であり、而もいつにても失業解雇の危險に曝され、更に消費生活に於て商人から搾取されてゐる。之が彼等にとつて人格成長の條件であるとは云ひ得まい。中産階級のものはいつにてもプロレタリアに沒落する不安恐怖に襲はれてゐる、大資本家階級は生産手段を所有することによつて、プロレタリアの餘剩價値を搾取し、不勞の所得を獲取するが故に、有閑不勞の群として社會の寄生蟲となつてゐる。彼等は不勞である、だが日常の規則正しき業務こそ、正に人格成長の教室である。彼等の生活は不勞所得より成る、額に汗して獲得したものでないから、その所得は勞苦の聯想を伴はない、故に奢侈逸樂に耽溺せざるを得ない。たとへ多數の者が成長の條件を缺かうとも、少數のものが不勞有閑であることの爲に、人類不滅の輝かしい業績を擧げ得る天才を作り得るならば、或は以て慰めるに足るだらう。だが資本主義下に於ては持てる者は持てるが故に人格成長を爲し得ず、持たざる者は持たざるが故に人格成長を爲し得ないと云ふ狀況に在る。あらゆる成員の人格成長の條件を供與すると云ふ社會理想に照らして之を是認することは出來ない。第二に此の狀況の由來する所が、人間の意志とは沒交渉の天意に在るならば、人は以て諦めるであらう。だがすべて之は人間意志の作れる社會制度の結果であり、その故に人間の意志によつて變更し得るものなのである。變更し得るものが變更されずしてあるが故に、下層階級に不平と反抗があり、上層階級に不安と憂鬱とがある。上下擧げて安定を缺き疑虞の念に襲はれてゐる。これ人格成長に恰適なる雰圍氣ではない。第三に資本主義は經濟的自己責任を各人に負はしめ、貧富吉凶すべてを各人に歸せしめる。こゝに於て此の社會に住むものは必然に利己的ならざるを得ないのである。今日富を得ずんば他日の病災に具へることが出來ないからである。かくして富の追求が最も價値あるものとして、恰も富それ自體が價値付けるものにして、價値付けられるものではなくなつてゐる。之が資本主義的精神と稱される物質主義の價値觀念である。此の價値觀はやがて經濟生活から延びて、宗敎藝術學問にまで及び、人間生活の全部を化して物質主義の支配たらしめ、それに於ては人格も亦物質の爲に役立ち、それより價値付けられるものに過ぎない。これ正に人格成長を最高價値とする吾々の道德哲學と對立するものである。資本主義は人格成長の條件に供與しないのみではない、人格成長の思想そのものを抹殺するのである。最後に資本主義に於ては、富を所有するものが社會を支配し、曾ての門地や武力に代つて、今や富力が社會支配の武器となつてゐる。支配は各人の獨立の自覺を妨げ、人格成長の欲求を阻止する。況んや支配の武器が人格の優秀性に非ずして富力なるに於ておや。更に資本主義の結果として、外國の原料資源の獨占販路の獨占投資の獨占等が、帝國主義戰爭の原因となることは周知の事實である（註五）。戰爭が人格成長と凡そ對立するものなることは前述した。之を要するに資本主義はあらゆる成員の人格成長と云ふ理想に徵して、その存在を否認せざるを得ないのである。

（註五）本書第六章「國際的不安の克服」參照。

それでは以上の弊害の源泉は何處に在るか、それは私有財產と自由競爭との制度に在る。然しこゝに社會改良主義が現はれて云ふだらう、自分も亦資本主義の弊害を知る、だが私有財產と自由競爭とを撤廢せずとも、その弊害の存する限度に改革を加へることを以て充分ではないかと。こゝに於て私は社會改良主義では不充分なることを指摘する時に來た。第一に若しプロレタリアの長時間勞働や低賃銀や生産過程の危害非衛生のみに弊害があるとするならば、或は勞働立法を以てしても除去し得るかも知れない。然し資本主義の弊害を之だけに止めるからこそ改良主義は成立するのであるが、吾々が前述したやうに不勞階級の存在とその奢侈逸樂の生活と、社會に漲る不平反抗と不安憂鬱と、資本主義を貫く一筋の金線たる物質主義と、富の支配と戰爭の原因、之等に弊害を認めるものにとつて改良主義による勞働立法は果して何の效果がある。第二に資本主義の原則を許容して、その枠內に於て行ふ補綴工事は結局するに社會改良そのことさへ無效に終ると云ふ循環に陷るのである。例へば賃銀を値上げして勞働者の購買力が增加したならば、商品の需要は增加して價格を高め、結局向上された賃銀は實質に於て以前と同一に終るであらう。これ一方に於て補綴工事を施すも、資本主義の原則を存在せしめる以上、商品價格の高低が從來の法則により決定されるの外ないからである（註六）。第三に社會改良主義か社會主義かの對立に於て前者を採る時に、改良施設の經費は資本家階級の所得中よりの公課として徵收されるのであるが、その徵收がある程度に達すると、資本家はそれ以上を忍ぶならば資本家たることの所詮のない時に到達する。その時は資本家は斷然社會改良を拒絶するのみならず、寧ろ從來の改良施設をも後退せしめることを要求するに至るは、各先進國の實例に徴して明かである（註七）。その時現狀維持を甘受するか、それ以上に進展するかと云ふ二者擇一の立場に立たされる、かくて社會改良主義は問題を根本的に解決せず、唯解決を延期するに止まるのである。かくして社會改良主義は捨てられねばならない、而して私有財產と自由競爭との撤廢にまで往かねばならない、これ正に社會主義である。ミル、グリーンにより社會改良主義へ發展せしめられ、そこで停止した所を、更に竿頭一歩を進めて社會主義に到達することが、現代に於ける自由主義者の任務である（註八）。

（註六） エンゲルスの「住宅問題」(Zur Wohnungsfrage, 1872) は此の點に於て參考に値する。

（註七） 拙著「歐洲最近の動向」三六一—三六六頁參照。

（註八） 本項の說明は簡略に止まるが詳細は拙著「社會政策原理」二二七—二五三頁參照。

社會改良主義を採らないとすれば、吾々は異る扮裝を帶びてその實は社會改良主義を出でざる種々の資本主義改革案を警戒せねばならない。彼の近時唱へられる計畫經濟論や統制經濟論の如きは、一見しては資本主義に對立し根本的の變革を企圖するかの如くであるが、結局に於て資本主義の原則を維持せんとする社會改良主義の限界を逸脱するものではない。だが他方に於て社會改良主義と社會改良施設とは區別されねばならない。前者は社會改良を以て出立しそれを以て停止するものであるが、社會改良なる客觀的施設は、或は社會改良主義の立場より或は社會主義の立場より爲されることがあらう。社會主義者は曾てはその理想の實現を間近に期待した爲に社會改良を無用とし、或は社會改良は偶々現存社會への絕望を鈍らすが故にとて之に反對して來た。然し社會主義社會の到來する時まで、吾々は何等爲す所なく袖手傍觀する必要もなければ、又無爲にして過ごすことは愚策でもある。社會主義の立場に於て色々の勞働立法その他の社會改良施設は、着々として實行を圖るべきである、これ毫も社會主義と矛盾することにはならないのである。

（四）　社會主義と自由主義

人は自由主義者が經濟的自由主義を捨て、社會改良主義を採りたるさへ訝しきに、更に社會主義にまで到達することを以て異樣の感を抱くかも知れない。然し少しく自由主義の歷史を回顧する時に、自由主義と社會主義との關係が必ずしも無緣でないことを見出すであらう。アダム・スミスが自由放任主義を唱へた時に、彼れの眼前に在りし勞働者の境遇は何であつたか。エドワード三世以來の勞働法は、賃銀の最高額を限定してそれ以上の賃銀を支拂ふべからずと命令した。又その時代には勞働者はその地方に固定すべく、他地方に需要あるも移住することは出來なかつた。又ヘンリー七世以來の勞働法は、勞働者の勞働時間の最低限を定めて、之より短縮すべからずと命令した。現代の勞働法は時間の最高限を限定し賃銀の最低限を規定する、然し當時の勞働法は時間の最低限と賃銀の最高限とを命令した。これジェボンスが勞働の制限に非ずして勞働の强制（not limitation but imposition）なりと稱した所以である。自由放任主義とは之等の强制法から勞働者を解放すると云ふ趣旨が含まれてゐた（註九）。自由主義者アダム・スミスと勞働者の解放とは決して沒交涉ではなかつたのである。又他の自由主義者ジェレミー・ベンサム等が爲した業績を點檢して見よ。殘酷なる刑罰の廢止、死刑の減少、動物虐待の取締、監獄の改良、年少者の煙突掃除の禁止、殊に一八三三年に爲された奴隷解放を思ふならば、自由主義者が現代に於て國內に在る勞働者の解放を企圖することは、決して聯關がないことではない（註一〇）。

更に平等と獨占特權の打破とは、當初より自由主義の標語であつた。それなればこそ土地と稱する本來獨占的性質の財産に對しては、自由主義は始めより一般動産と區別して、その改革を唱へて來た。十九世紀の始めリカルドの地代論が說かれて以來、旣にジェームス・ミルは不勞所得なる地代の公有を主張し、爾來地代公有土地國有と云ふ思想は、未だ社會主義は勿論社會改良主義の色彩さへなかつた當時に於てすら熱心に主張されたのである。十九世紀末に於て一般の社會改良に對しては奴隸的立法として反對したハーバート・スペンサーでさへ、土地の國有に對しては熱心であつた。これ一に平等と獨占特權の打破から由來したのであつた。彼等が社會主義にまで到達しなかつたのは、勞働者の困窮に對する認識の不足と、その困窮の由來が生産手段の私有に在ることの因果關係の追究の不充分さに在つた。彼等が土地に對して表現した態度を徹底せしめれば、彼等と社會主義とを繫ぐ連鎖は乏しくはないのである（註一一）。最後に何よりも自由主義の哲學たりし功利主義の社會哲學は云つた、最大多數の最大幸福が社會の理想だと。自由主義は自由放任主義を採ることによつて、此の理想を實現することが出來ると思つたのである。又後の自由主義の哲學たる理想主義の社會哲學は云つた、あらゆる成員の人格の成長が社會の理想だと。之等の社會哲學は或る時代の狀勢に直面して、自由放任主義や社會改良主義を採らしめたが、異る狀勢に直面して社會主義にまで發展する蓋然性がある。此の理想に徹して自由放任主義は、今や生きんが爲に死んだのである。

（註　九）　拙著「勞働問題研究」三三七―三四〇頁參照。

（註一〇）　拙著「社會思想史研究」第一卷　一五八―一五九頁參照。

（註一一）　矢作博士記念論文集「農業政策の諸問題」拙稿「英國に於ける土地社會主義」參照。

だが人あつて云ふかも知れない、社會主義は生產手段の所有者から、その私有財產を收奪し、自由競爭を廢止して細密なる指揮命令に服從せしめる、之は何れも强制であつて强制を排除することを目的とする自由主義とは、凡そ矛盾し對立するものではないかと。之に對して私は次の二點に分けて答へねばならない。

第一に若し社會主義を實現するに、少數者の暴力革命に依らんとする共產主義の方法を採るならば、社會主義は卽ち强制と云ふことになるだらう。然し自由主義は一方に於て政治上の自由を主張し、多數の納得と改宗との上に於て、民衆の大多數の同意を經て、議會の多數決により社會主義を實現しようと云ふのである（本文前章（五）の(2)參照）。從つて社會主義が實現した曉は、大多數の民衆が社會主義者たる時である。彼等は私有財產と自由競爭との廢止の必要を自ら確信してゐる。故に彼等にとつて社會主義の實行は、他律ではなくて自律であり、强制ではなくて自由である。なるほど社會主義者ならざる少數の反社會主義者にとつては、他律であり强制でもあらう。然し前章に述べた如く、多數の意志が全部の意志であると云ふ多數決の原理を採る限り、彼等も亦自由であると看做されねばならない。若し多數決の原理に反對だと云ふならば、彼等は現存社會に於て私有財產を脅威する竊盜や强盜をも處罰することは出來まい。何故なれば强竊盜の處罰に對しても少數の反對者は考へられるからである。而も刑法を實施して强竊盜を處罰し得るは、多數決の原理を採用することによつてのみ可能なのである。要するに若し吾々にして暴力革命を以て社會主義實現の方法とするならば、社會主義と自由主義とは必然に對立するであらう。然し彼の形式上の自由の一たる政治上の自由を以て、社會主義實現の方法とするが故に、强制と自由とを調和することが出來るのである（本文前章（四）參照）。

第二に強制を認めることは、必ずしも自由主義と矛盾することにはならない。以上の形式上の自由は強制と自由とを調和するとしても、依然として社會主義の實施は強制であることには變りはないだらう。だが然し多少の強制さへも認めないと云ふことは、自由主義の本來の趣旨には含まれてゐないことが注意されねばならない。此の點に於て自由主義と無政府主義とは異る。後者は強制を絶對に排除せんとする、之は論理に於て徹底するが、人間性の現實に於て行ふべからざる空想であるが故に、自由主義は無政府主義と袂を分つのである。自由主義は既に思想に於ては絶對に自由だが、實踐に於ては必ずしもさうではないとして來た。例へば暴力革命を彈壓することは、自由主義が始めより認めてゐる。又多數者の制定した刑法に違反した犯罪人を檢擧し投獄することは明かに強制であるが、而も自由主義は之に反對してはゐない。國家に租税を納附することは、或るものにとつて否大多數のものにとつて、自由でなくて強制であるかも知れない。更に戰爭すら國民的自由の爲にする場合には、自由主義はそれを是認するのである。自由主義を以て一切の強制を排除するものと解して、それと社會主義との矛盾を云云するは、論者の獨斷であると云はねばならない。自由主義が唱へられた初期に於ても、自由主義に反對する獨占特權者は強制を感じたに違ひない、微少なりとも強制をなからしめんとするならば、凡そ自由主義は無爲無能に終るの外はない。主義は常に戰の叫びである。唯問題はその戰ひがいかにして又いかなる徑路を經べきかと云ふことのみに在る。社會主義は必ずしも自由主義と矛盾しないのみではない。社會主義は資本主義の強制から民衆を解放せんとするのである。強制を國家からの強制とのみ解することに、永く自由主義者は惰性に囚はれて來た。然し近世當初に於て信仰の自由を唱へた自由主義者たりし宗教改革者は、國家からの強制でなしに教會からの強制を排除せんとしたのであつた。ミルは「自由論」に於て警戒すべきは、國家の強制よりも寧ろ、社會の多數の白眼と批評とから來る強制であると云つたが、強制の種類も亦時代により異らざるを得ない。現代に於ける強制は國家からと資本主義からとから來る。後者の強制を排除するがの社會主義である。

社會主義と自由主義との關係が以上の如しとして、それでは社會主義は自由主義自體の發展と云ふべきか、或は自由主義の基礎哲學たる理想主義が、現代に於ては自由主義に代へて社會主義を採らしめると云ふべきであるか。資本主義から強制を排除すると云ふ立場から云へば、社會主義が現代に於ける自由主義と云へないことはない。然し用語はそれに伴ふ傳統上の聯想があるから、久しく慣用として社會主義と自由主義とを對立させて來たからと云ふならば、社會主義を自由主義の發展と云はずして、自由主義者は現代に於ては社會主義を採ると云つても差支はない。要するに之は說明方法の問題であつて、實質に於て異る所はないのである。

（五）社會主義界の對立

以上の如くに說き來れる社會主義は、或は自由主義的社會主義（liberal socialism）或は理想主義的社會主義（idealistic socialism）と呼ぶも宜しからう。だが之を議會主義と結合する社會主義なるが故にとて、單に社會民主々義（social democracy）と呼ぶは適當ではない。何故なれば此の言葉は既に或る種のマルキシズムに對して使用されてゐるからである。然らば此の社會主義は他の社會主義といかなる相違性を持つであらうか。

先づそれは空想的社會主義ではない、何故なればそれは現存資本主義を解剖するに、嚴密なる科學を持つからである。本文の目的には必要ないから資本主義の解剖を略いたが、空想的社會主義の如くに未來社會の理想のみを描いて、現存社會の分析を等閑に附してはゐない。又空想的社會主義の如くに、現存社會の支配者に啓蒙宣傳して社會主義を實現せんとする空想を抱かない、民衆の多數の力によつて議會に於て實現を圖らんとするからである。それでは現代の代表的社會主義とされるマルキシズムとは如何なる點に於て異るか。共に生產手段の私有を主張することに於て共通であるが、兩者間の差異は次の三點に在る。

第一にマルキシズムの哲學は唯物辨證法である。此の點はマルキシズム中の共產主義に就ては明瞭であるが、社會民主々義のマルキシズムに就ては必ずしも明かでない。曾て獨逸社會民主黨に屬するグスタフ・マイアー敎授は、吾々は今日皆理想主義者だと云つたが、なるほど國家論に就ては殆んどすべて、その他の問題に就ても多數の社會民主主義者が理想主義的色彩を多分に帶びて來たことは事實であるが、依然としてその哲學を理想主義と斷定するに足りない。之に對して吾々の社會主義の哲學は明白に理想主義である。

第二に共產主義は暴力革命を以て實現の方法とし、政權奪取の後に於ては無產者の獨裁を布き、實踐のみならず思想にも反對者を彈壓せんとする。此の點に於て吾々の社會主義は實現の方法を政治上の自由を以てし、政權掌握後に於て反對者の實踐は取締るが思想に就ては自由を與へ、少數獨裁を布く必要なく依然として議會制度を活用する。マルキシズム中の社會民主主義は實現方法を議會に依らんとし、無產者獨裁を否定するのであるが、その思想上の自由と政治上の自由との根據を何處に求めるのであるか。單に現在の狀勢よりして止むをえないといふならば、いつにても革命獨裁に轉向する危險性がある。政治上の自由と思想上の自由とは究極する所理想主義の社會哲學に根據を置かなければ成立し得ないのである。唯物辨證法を採りつつ之等二種の形式上の自由を主張する所に、マルキシズムの社會民主々義の弱性がある、之が同じマルキシズムの共產主義に對立して不利なる立場に陷つた所以である。眞の社會民主主義は、唯理想主義の上に立つてのみ可能なのである。

第三に吾々の社會主義は形式上の自由の外に、實質上の自由として經濟上の自由を除く外一切を包含する。而して之等の自由主義と社會主義とは綜合した一體を形成し、その根柢に理想主義の哲學を持ち、渾然たる體系を爲してゐる。之に反してマルキシズムに於ては政黨の綱領として多くの實質上の自由を掲ぐるも、之は單に自由主義政黨の爲し得ざりしことを自らが代つて承繼するに止まつて、その自由主義と社會主義との間に、有機的な聯關を缺いてゐる。これ獨逸社會民主黨の歴史に於て、或は自由主義に重點を置いて社會主義を忘却し、或は社會主義に主眼を傾けて自由主義を敵視し、常に困迷と惑亂とを重ねた所以であり、又之が共産黨との分裂を來した一因でもある。これ一に自由主義と社會主義とを密接不可分の關係に統一してゐなかつたからである（註一二）。

（註一二）　拙著「歐洲最近の動向」中の「獨逸社會民主黨とマルキシズムの修正」參照。

吾々の社會主義を標榜する現實の政黨を求めれば、稍々之に近きものとして英國勞働黨を擧げることが出來る。その理想主義は組織と體系とを缺き、その資本主義の解剖は不充分ではあるが、マルキシズムと對立して世界の社會主義界を二分してゐる（註一三）。自由主義は自由黨から去つて今やその完全の負擔者を勞働黨に見出したのである。本文はマルキシズムを批判する場所ではない（註一四）。だがその唯物論はヘーゲルの觀念論や希臘正教を有する國に於てこそ對立の妙を發揮すれ、資本主義の物質主義に對立させた時に唯同巧異曲に終るではないか。前に自由主義や空想的社會主義の哲學が一時代を劃した國に於てこそ、唯物論者はその哲學との矛盾に於て、暗々裡に理想主義を借用して唯物論より來る大過なしに止まり得るが、現代日本の如く前に自由主義なく空想的社會主義なかりし國に於て、又國家主義と利己的個人主義とのみ支配した國に於て、唯物論はその文字通りに受容され、人をして袖手傍觀と道德的頽廢とに驅るの外はない。而して吾々の胸奥の琴線に觸れて人を社會改革に鞭つ理想主義こそ、正に社會主義運動に必要なものでなくてはならないのである。飜つて自由主義を見るに、自由主義を生命とする自由黨なき國に於て、自由主義の未だ完全に實現されない國に於て、自由主義は社會主義黨の肩に擔はれねばならない。それが爲には自由主義と社會主義とを打つて一丸とした思想こそ必要である。自由主義を弊履の如くに捨つるには、既に日本も亦餘りに自由主義的となつてゐる。而も自由主義と社會主義とを分裂不統一の狀に放置する時に、二兎を追うて一兎をも得ないのは、獨逸社會民主黨の歷史が語る所であり、コミンテルンが挫折したるも亦之に因るのである（註一五）。現代日本に於てマルキシズムに對立して、自由主義的社會主義こそ最も要望されるものでなければならない。

（註一三）　拙著「英國勞働黨のイデオロギー」參照。

（註一四）　拙著「社會政策原理」三五四—四二五頁參照。

（註一五）拙著「歐洲最近の動向」中の「コミンテルンの崩壞」參照。

自由主義は數百年間連綿として發展し來れる社會改革の思想である。その主張は社會各方面の問題に亙り、その基礎は底深き世界觀に及ぶ大規模の思想體系である。その理想主義の道德哲學と、社會哲學と、その形式上及び實質上の自由主義と、その社會主義とを顧みて、誰か自由主義は現代に於て時代錯誤と云ひ得るか。自由主義がその使命を果すべきは、正に現代に於て殊に現代の日本に於てゞある。自由主義は最近に於て更に課題を重課された。自由主義が眠るの時は未だ到達してはゐないのである。

昭和九年十月及び十一月號「社會政策時報」

昭和九年十二月十五日印刷
昭和九年十二月二十日發行

フアツシズム批判奥付

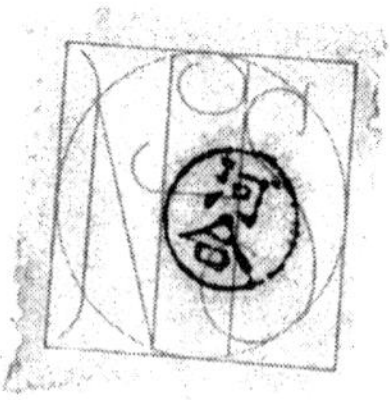

著者　品川區大井庚塚町四九四八　河合榮治郎

發行者　東京市京橋區京橋三ノ四　鈴木利貞

印刷者　東京市小石川區久堅町一〇八　君島潔

東京市京橋區京橋三ノ四
發行所　株式會社　日本評論社
電話京橋六一九一―四
振替東京一一六

河合榮治郎著作目錄

書名	發行年	定價	發行所
一、勞働問題研究（絕版）	大正九年	五・〇〇	岩波書店
二、社會思想史研究（第一卷）	大正十三年	三・〇〇	岩波書店
三、在歐通信	大正十五年	二・〇〇	改造社
四、英國勞働黨のイデオロギー	昭和四年	〇・五〇	千倉書房
五、トーマス・ヒル・グリーンの思想體系（上）	昭和五年	四・〇〇	日本評論社
六、トーマス・ヒル・グリーンの思想體系（下）	昭和五年	五・〇〇	日本評論社
七、社會政策原理	昭和六年	一・五〇	日本評論社
八、大學生活の反省	昭和六年	一・八〇	日本評論社
九、書齋の窓から	昭和七年	一・二〇	日本評論社
十、學生思想問題（蠟山教授との共著）	昭和七年	〇・四〇	岩波書店
十一、歐洲最近の動向	昭和九年	二・五〇	日本評論社
十二、フアツシズム批判	昭和九年	一・六〇	日本評論社

河合榮治郎著

歐洲最近の動向

四六判上製
四八〇頁
定價二圓五十錢
送料十錢

危機を孕む最近の歐洲は、外面的混亂に眩惑されることなく、却つて底流を直觀し云はゞその「動向」を捉へようとするものに對してのみ、眞にその世界史的意義を顯示する。動亂のよつて來る所はもとより戰後各國の疲弊を契機とする政治的社會的な軋轢にあるが、著者の分析は中にも自由主義の歷史的使命を餘す所なく剔抉し、さうしてこの分析を媒介として英獨露に於ける國民主義的乃至獨裁主義的傾向の起源と現勢と將來とが驚くべき鋭さをもつて說明豫測せられ且批判せられてゐる。かやうな事態が多少とも世界各國共通の運命であることに想到するとき、歐洲の危機は直に世界の危機であるが、就中所謂中間國家に所屬するこの國に對して、その當面の問題を直接の對象とした「ファッシズム批判」並びに本書に於ける著者の分析と批判とが與ふる敎訓の重大さに就ては、思ふに多言を必要としないであらう。

河合榮治郎著

社會政策原理

菊判上製
四七六頁
定價一圓五十錢
送料十二錢

「フアッシズム批判」及び「歐洲最近の動向」の讀者は少くとも、現代の世界的危機の重要なる一契機として所謂「社會問題」が數へられねばならぬことを承認するであらう。さうして右二書の著者がこの問題に對してつねに明確なる態度を持して來たことを見落さなかつたに相違ない。社會問題に對する著者の見解を包括的體系的に叙述したものがこの「社會政策原理」であるが、これを類書と識別する顯著なる特徴は、それが一定の社會哲學、更に遡つては一の世界觀によつて原理的に基礎づけられてゐる一事である。理想主義はいまやその故郷「美はしき魂」の領域から跳り出でて、混迷と闘爭との現實界變革のための原理としてあらはれた。社會的改革に關する限り殆んど無力であると難ぜられた理想主義は本書によつて嚴重にその非難に抗議し、自己のみが却つて唯一の變革の原理であることを證明してゐるのである。

河合榮治郎著

トーマス・ヒル・グリーンの思想體系

理想主義は本質上社會改革に無關心な哲學ではなく、たとへば「實踐理性優位」の敎說から推知されるやうに、却つてまさに社會改革の原理である。かゝるものとしての理想主義の一典型として著者はオツクスフオードの哲人T・H・グリーンを捉へる。從つて著者の考察は單に認識論や道德哲學の範圍に跼蹐することなく――この範圍に於ても著者の考察は稀にみる洞察力を示してゐる――進んでグリーンの社會思想に及び、それと道德哲學認識論との有機的聯關を鮮明ならしめる。かくして自由主義や社會主義と理想主義との必然的結合が指摘されるとき、本書は旣にグリーンの哲學そのものの敍述の域を出て、著者自らによるグリーン哲學の發展、否まさにグリーンに托して展開した著者の「思想體系」そのものにほかならぬ。「フアツシズム批判」其他の根柢に橫はりこれらの諸著をして光彩あらしめた底流は本書二卷の中にその全き姿を呈露してゐるのである。

菊判上製
上卷六〇〇頁
下卷七二〇頁
定價 上卷四圓
下卷五圓
送料 各冊二十錢

河合榮治郎著

書齋の窓から

四六判上製
二二〇頁
定價一圓二十錢
送料十錢

著者の隨筆集である。先の「大學生活の反省」が大學に籍をおく學徒としての著作を表すものとすれば、此書は專ら著者の人間性――その和かにして且つ波うてる人格を端的に浮彫せるものといふことが出來よう。その頭腦にではなく、むしろその心臓に觸れることによつて、われらは著者の中にわれらの魂の反響を見出し、われらの暖かき心の友を感ずるのである。この意味に於て此書は何よりも先づ人生と自然とに對する著書の觀照の記錄であり、惱の告白であり、又喜びの日記である。

ファッシズム批判《ひはん》

2018年 5 月22日　新装復刻版第 1 刷発行
◆底本：1934年12月20日発行

著　者　河合《かわい》 栄治郎《えいじろう》
発行者　串崎 浩
発行所　株式会社日本評論社
〒170-8474　東京都豊島区南大塚 3-12-4
電話　03-3987-8621（販売）
印刷所　デジタルパブリッシングサービス
製本所　デジタルパブリッシングサービス
装　丁　精興社

Printed in Japan
ISBN 978-4-535-59613-9

JCOPY 〈(社) 出版者著作権管理機構 委託出版物〉
本書の無断複写は著作権法上での例外を除き禁じられています。複写される場合は、そのつど事前に、(社) 出版者著作権管理機構（電話 03-3513-6969、FAX 03-3513-6979、e-mail：info@jcopy.or.jp）の許諾を得てください。また、本書を代行業者等の第三者に依頼してスキャニング等の行為によりデジタル化することは、個人の家庭内の利用であっても、一切認められておりません。